rororo

Zu diesem Buch

Die neuesten Studien der Berliner Charité beweisen: Über 90 % aller Frauen haben «ihn» schon mal vorgetäuscht – dabei ist er doch im Wortsinn der Höhepunkt der schönsten Nebensache der Welt. Woran liegt es also, dass so viele Frauen nicht kommen – und wie kann man das ändern? Beatrice Poschenrieder entlarvt in diesem Buch die verbreitetsten Orgasmusmythen, geht den Ursachen für Orgasmusstockungen auf den Grund und verrät natürlich auch, wie man sie beseitigen kann.

Die Autorin

Beatrice Poschenrieder hat Journalismus und «ein bisschen Psychokram» studiert. Seit Anfang der Neunziger arbeitet sie als freie Journalistin und Autorin mit den Themenschwerpunkten Partnerschaft, Erotik, Gesundheit, Psychologie. Darüber hinaus beantwortet Beatrice Poschenrieder im Internet, in Zeitschriften und im Fernsehen Fragen rund um Sex und Liebe und erteilt Intensivberatung per Telefon und E-Mail (www.liebesberaterin.de). Bei rororo außerdem von ihr erschienen: «Der beste Sex aller Zeiten» (61590) und «Wer rettet die Liebe?» (62260).

Hiermit möchte ich auch der Berliner Frauenärztin Dr. Beatrix Klingsöhr herzlich dafür danken, dass sie mir in gynäkologischen Fragen zur Seite stand und das komplette Buch gegengelesen sowie mit fachlichen Korrekturen versehen hat,

Beatrice Poschenrieder

Stöhnst du noch oder kommst du schon?
Der sichere Weg zum Orgasmus

Rowohlt Taschenbuch Verlag

ORIGINALAUSGABE

Veröffentlicht im Rowohlt Taschenbuch Verlag, Reinbek bei Hamburg, April 2006 | Copyright © 2006 by Rowohlt Verlag GmbH, Reinbek bei Hamburg | Umschlaggestaltung ZERO Werbeagentur, München (Foto: Andy Caulfield / Getty Images) | Satz Proforma PostScript (QuarkXPress) bei KCS, Buchholz/Hamburg | Druck und Bindung Druckerei C. H. Beck, Nördlingen | Printed in Germany | ISBN 13: 978 3 499 62071 3 | ISBN 10: 3 499 62071 5

5. Auflage Mai 2009

Inhalt

Vorwort **7**

Kapitel 1: Orgasmacken **11**

Kapitel 2: Orgasmythen **17**

Kapitel 3: Orgasmanie **25**

Kapitel 4: Orgasmusfake **36**

Kapitel 5: Orgasmushemmer beim Solosex:
Ursachen und Lösungen **45**

Kapitel 6: Orgasmushemmer beim Partnersex:
Ursachen und Lösungen **69**

Kapitel 7: Orgasmus selbstgemacht **170**

Kapitel 8: Orgasmustechniken **186**

Kapitel 9: Orgasmittel **216**

Kapitel 10: Orgasmen für Fortgeschrittene **235**

Vorwort

Warum noch ein Orgasmus-Buch?

Gibt's davon nicht bereits genug? Könnte man meinen. Aber die meisten davon sind entweder zu theoretisch, zu lang, nicht schön zu lesen oder treffen einfach nicht den Kern ... Und sie scheinen noch zu wenige Menschen angesprochen oder zu wenig genützt zu haben. Ich gebe seit vielen Jahren Liebes- und Sexberatung im Internet, und an der unglaublichen Anzahl der Anfragen zum Thema «Orgasmusprobleme» kann ich sehen, dass auf diesem Gebiet durchaus noch eine Menge Informationsbedarf besteht. Außerdem wird immer wieder deutlich, wie groß der Druck auf die Frauen ist, orgasmusfähig zu sein – oder die anderen das zumindest glauben zu lassen.

Erstaunlich viele Leute beiderlei Geschlechts denken, dass es bei einer Frau so zuverlässig klappen sollte wie bei einem Mann – man müsste nur diesen einen Hebel in oder an der Frau finden (körperlich oder seelisch), ihn umlegen, und alles wäre bestens. Aber dem ist eben fast nie so! Deshalb finden Sie im ersten Kapitel die wissenschaftliche Erklärung, warum Männer so leicht kommen und Frauen nicht, im zweiten Kapitel die verbreitetsten «Orgasmythen» und im dritten unter anderem, was ein Orgasmus überhaupt ist. Allein diese Basisinfos werden Ihnen helfen zu verstehen, dass es meistens nicht reicht, sich ein paar Kniffe oder eine andere Einstellung anzueignen. Ein Vibrator im Haus erspart noch keinen Handwerker, und Hemmungslosigkeit bringt wenig, wenn der Liebhaber nicht passt. Je besser Sie Bescheid wissen über die Kapriolen weiblicher Erregung und Höhepunkte, desto größer ist die Chance auf sexuelle Erfüllung und mehr Spaß im Bett.

Überhaupt, der Spaß: Den lassen sich viele vermiesen durch falsches Leistungsdenken à la «Ich bin eine Versagerin, wenn ich nicht komme». Zudem ist oft gar nicht der ausbleibende Orgasmus das Problem, sondern dass die Betroffenen generell keinen Spaß im Bett haben. Auch hier wird Ihnen mein Buch helfen, die Zusammenhänge aufzudecken.

Sicherlich können Sie sich auch nur einzelne Kapitel herauspicken, etwa das achte mit den Stellungen und Praktiken. Aber vielleicht geht's Ihnen dann wie den Frauen in meiner Beratung, die mich nach den orgasmusförderlichsten Positionen fragen. Und wenn ich dann nachhake, stellt sich heraus, dass die tollsten Stellungstipps kaum etwas nützen werden, weil zum Beispiel viel zu wenig Vorspiel stattfindet und die Erregung noch nicht mal für ein «Aah» und «Uuh» reicht, geschweige denn für einen «O». Oder es zeigt sich, dass viele dieser Frauen noch nie einen hatten, auch nicht von eigener Hand.

Deshalb beschäftigt sich der wichtigste und umfangreichste Teil dieses Buches mit den *Ursachen* für Orgasmusstockungen – beim Solo- und beim Partnersex. Wenn Ihnen mein Ratgeber etwas bringen soll, dann bitte ich Sie auf Knien: Lesen Sie das ganze Buch oder zumindest Kapitel 5 und 6! Sie bekommen dort wertvolle Infos, die Ihnen nicht nur fürs Kommen, sondern in vielerlei Hinsicht etwas bringen werden. Sie erfahren etwas

- über die weibliche Anatomie und ihre erregbarsten Bereiche;
- wie das Kommen bei Frauen überhaupt klappt und welche Möglichkeiten es dafür gibt;
- was da alles stören kann und wie wir uns sogar oft selbst im Wege stehen.

Zugegeben, das kostet ein bisschen Zeit und Einsatz – nicht nur das Lesen, sondern auch das Umsetzen! –, aber Sie werden sehen: Es lohnt sich.

Betrachten Sie's wie das Kochen: Sie lesen ein Kochbuch, suchen sich ein Rezept heraus, besorgen die Zutaten, nehmen sich etwas Zeit zur Zubereitung ... Das eine schmeckt, das andere weniger, okay – aber eins steht fest: Würde man immer das Gleiche machen, würde es irgendwann gar nicht mehr schmecken. Wenn Sie hingegen etwas ganz Neues wagen, kann am Ende etwas überraschend Gutes herauskommen. Vielleicht sogar ein kulinarischer Höhepunkt. Nicht immer, aber immer öfter – je besser Sie die Kunst des Kochens (und auch die des Liebens) beherrschen.

Herzlichst,
Ihre Beatrice Poschenrieder

PS: Im Text finden Sie viele Beispiele von reell existierenden Personen aus meiner Beratung und meinem Bekanntenkreis, aber zum Schutz dieser Menschen habe ich die Namen geändert.
PPS: Bitte verzeihen Sie meine manchmal politisch nicht ganz korrekte Ausdrucksweise. Wortspiele, Ironie, Zotiges, Klischees und Übertreibungen sollen das Ganze unterhaltsamer und anschaulicher machen. Denn Trockenheit und Humorlosigkeit kommen weder dem Lesespaß noch dem Sex zugute.

LIEBE MÄNNER,
klasse, dass Sie diesen Ratgeber in der Hand halten und aufgeschlagen haben! Ich wende mich im Text zwar meist an die Frauen, aber er enthält auch einige Kästen für Sie, verehrter Leser. Und ich denke, der Rest des Buches dürfte auch interessant und lehrreich für Sie sein, um die komplizierte weibliche Sexualität noch besser zu ergründen und meisterhaft damit umzugehen.

An ein paar Stellen kommen Geschlechtsgenossen von Ihnen nicht allzu gut weg; aber das sind einzelne Beispiele, um zu verdeutlichen, was (oder wer) Frauen beim Gipfelsturm behindern kann. Allein dass Sie bis hierhin gelesen haben, zeigt mir, dass Sie sicherlich nicht dazugehören! Oder nicht mehr lange …

Viel Spaß beim Schmökern und Praxistest wünscht
die Autorin

Kapitel 1
Orgasmacken

Sie kommen nicht leicht?
Willkommen im Club!

Was glauben Sie – wie viele Frauen haben so ihre Schwierigkeiten mit dem Orgasmus? Also kommen gar nicht, selten, nur manchmal; kommen nur beim Solosex, nicht aber beim gemischten Doppel; kommen nur bei einem bestimmten Partner und nur mit einer ausgefuchsten Stimulation; kommen zu früh oder ewig nicht (nicht mitgezählt die, die reiner Verkehr unbefriedigt lässt!)?

Bevor ich an diesem Buch arbeitete, schätzte ich, zwei Drittel, und dachte, das wäre vielleicht sogar etwas hochgegriffen. Nachdem ich intensiv recherchiert und zudem eine Menge Leute befragt hatte, revidierte ich meine Schätzung: Der Anteil liegt eher gegen 80 %!

Im Klartext: Vier von fünf Frauen haben «Orgasmusprobleme». Kann man da wirklich noch von «Problem» sprechen, wenn es so viele betrifft?

Sagen wir einfach, dass der Zieleinlauf bei der weiblichen Mehrheit eine komplizierte Angelegenheit ist. Obwohl das mittlerweile vielfach belegt ist und sich längst verbreitet haben sollte, gibt es immer noch Leute, die das anzweifeln. Es ist ja auch nicht einfach zu begreifen, warum's bei den Damen nicht genauso reibungslos (bzw. reibungsmäßig) klappen sollte wie bei den Herren. Schließlich sind Frauen auch nur Menschen. Und fast jeder Mann mit etwas Erfahrung hatte mal eine Partnerin, die nur ein bisschen Verkehr brauchte, und – schwupp! – befriedigt. Da liegt es nahe zu denken: «Na also, geht doch! Dazu ist ja wohl

JEDE Frau in der Lage. Wenn nicht, sind die eben irgendwie gestört.»

Die Wahrheit ist: Genau diese «Gestörten» sind normal und die Orgasmusbomben die Ausnahme (wobei Letztere zum Teil nicht mal echt sind ...).

Statistiken und Umfragen aus aller Welt bestätigen die Zickigkeit des weiblichen Höhepunkts. Zusammengefasst ergeben sich ungefähr folgende Durchschnittswerte[1]:

Höchstens vier von zehn Frauen können durch reinen Verkehr kommen, und dann auch nicht unbedingt jedes Mal (Frauen bis 28: nur drei von zehn!). Nimmt man noch Stimulation per Hand oder Mund hinzu, ist das Liebesspiel immerhin für zwei von drei Frauen befriedigend – vorausgesetzt, der Partner weiß, wie sie's braucht. Weiß er's nicht, gehen weitaus mehr Frauen leer aus. Die Selbstbefriedigung gelingt ca. 90 % der Frauen, was bedeutet, dass ein Zehntel nie kommt (etwa die Hälfte davon ist sexuell durchaus offen, die andere Hälfte kann mit Sex wenig anfangen).

Ich zweifle diese Zahlen auch deshalb nicht an, weil sie meine jahrelangen Erfahrungen mit dem Thema widerspiegeln: durch meine Beratungstätigkeit, Interviews mit Frauen, Aussagen von Fachleuten.

Klar, bei den *Männern* sieht es ganz anders aus: Mindestens 90 % der 16- bis 45-Jährigen haben keine Probleme mit dem Kommen, im Gegenteil geht es bei vielen zu rasch; und die, die länger brauchen, kennen durchaus Wege, wie's auch schneller ginge. Und: Fast alle Männer können (wenn sie wollen) bei fast jedem Verkehr mit fast jeder Frau kommen; manche können's sogar genau timen. Beides ist auf weiblicher Seite sehr selten.[2]

---

1 Meine Quellen in Sachen Orgasmusdaten waren u. a.: Charité-Studie 2005, Focus 2004, Matador 2004, freundin 2003 und 1998, Allegra 1998, Hite-Reports der 70er, 80er und 90er Jahre, Glamour USA 1998, Petra 1994 und 1996, Eltern 1993, Rolf Degen, «Das Höchste der Gefühle» und eigene Befragungen bzw. Interviews.
2 Die meisten der Frauen, die bei fast jedem Akt gipfeln, schaffen das nur, weil

Warum um Himmels willen ist das so? Ist die Natur wirklich so ungerecht? Ja, ist sie. Sie hat den Erguss des Mannes mit dem orgastischen Hochgefühl verknüpft – als starken Anreiz, so viele Akte wie möglich einzuleiten wie auch zu beenden und damit seinen Samen breit zu «streuen». Je öfter er also explodiert, desto besser für das Fortleben der Menschheit. Bei der Frau ist eine solche Verknüpfung nicht unbedingt nötig: Sie hat jeweils nur ein Ei, und wenn das befruchtet ist, ist sowieso nicht mehr drin. Und sie kann ohne jeglichen Höhepunkt, ja sogar ohne jede Lust schwanger werden.

Warum haben Frauen dann überhaupt einen Orgasmus? Dazu gab's schon alle möglichen Theorien, etwa dass durch ihn ein Sog in der Gebärmutter entstünde, durch den das Sperma hochgezogen würde. Oder dass wir seinetwegen lieblose von sorgsamen Männern unterscheiden könnten. Doch diese Thesen, wie auch fast alle anderen in diesem Zusammenhang, wurden mittlerweile widerlegt. Wenn der weibliche Orgasmus biologisch einen Sinn machen würde (also z. B., dass der Samen besser zur Gebärmutter gelangt), dann hätten sich im Lauf der menschlichen Entwicklung die orgasmusfähigen Frauen besonders erfolgreich fortgepflanzt, und wir hätten viel mehr von ihnen, als es der Fall ist. Nur unserer modernen Aufgeklärtheit haben wir es zu verdanken, dass heute mehr als nur eine Hand voll Frauen das Privileg des Höhepunkts beim Paar-Akt genießen dürfen.

Es fragt sich ja auch: Wie kommt's, dass viele Frauen, die mit

---

ihr Partner genau den richtigen Dreh raushat. Bei neuen Liebhabern sieht die Trefferquote weitaus spärlicher aus. Umfragen besagen, dass etwa jede zweite Frau «beim Sex regelmäßig kommt»; dabei wird aber weder präzisiert, ob der Sex auch Mund- und Handarbeit beinhaltet, noch was «regelmäßig» meint: jedes Mal? Jedes zweite? Einmal pro Monat? Wird hingegen erfragt, wie viele Frauen durch bloßen Koitus (fast) immer kommen, fällt die Quote viel niedriger aus; sie liegt eher unter 20 %. Und die Zahl derjenigen, die dazu keinen speziellen Partner brauchen, sondern bei fast jedem Mann Befriedigung finden, liegt definitiv unter 10 %.

Sex frei und lustvoll umgehen, ihre Gipfelhindernisse haben, während es wiederum Gehemmte und Lustlose gibt, die sehr leicht kommen? Legt das nicht nahe, dass Orgasmusfähigkeit auch viel mit Zufall zu tun hat? Dass die Natur manchen viel davon zuteilt und manchen wenig?

Und damit sind wir bei der einzigen Orgasmustheorie, die noch nicht widerlegt wurde und auch mir die wahrscheinlichste scheint:

Der weibliche Orgasmus ist eine Art Nebenprodukt oder Überbleibsel: Der Embryo im Mutterbauch besitzt in den ersten Schwangerschaftswochen die Anlagen für beide Geschlechter. Erst durch das Hinzukommen von Hormonen bildet sich nach und nach «männlich» oder «weiblich» heraus. Beim Mann entwickelt sich unter anderem der Penis, der bei der Frau zwar im Ansatz vorhanden ist, aber klein und versteckt bleibt (Klitoris). Die Frau bekommt unter anderem einen Busen, der wiederum beim Mann nur im Ansatz vorhanden ist (Brustwarzen). Biologisch machen Brustwarzen beim Mann wenig Sinn, da er ja nicht stillen kann – aber sie sind eben Reste des embryonalen Basismodells. Und ähnlich verhält es sich mit dem Orgasmus. Er ist eigentlich dem Manne zugedacht, aber auch bei der Frau im Ansatz, als Möglichkeit, vorhanden – bei der einen mehr, bei der anderen weniger. Leider hat er nur selten die Funktionstüchtigkeit wie beim Mann.

Dass diese Theorie stimmt, zeigen auch folgende drei Punkte:

1) Ein Teil der Flüssigkeit, die das Sperma ausmacht, kommt aus Drüsen, die in die männliche Harnröhre münden (Prostata und andere Drüsen). Einige Frauen besitzen noch Reste dieser Drüsen und können ejakulieren, obwohl dies der Fortpflanzung natürlich wenig nützt.
2) Eine aktuelle Studie des St. Thomas Hospital in London ergab, dass die Orgasmusfähigkeit eineiiger Zwillinge frappierend oft

übereinstimmt – dass also die Anatomie mindestens genauso wichtig ist wie z. B. der Partner oder die Gefühlswelt der jeweiligen Person.
3) Bei den meisten *männlichen* Säugetieren gibt es Anzeichen für einen Höhepunkt – bei den Weibchen, selbst wenn sie ihre Lust deutlich zeigen, sieht's hingegen düster aus: Unter allen Tierarten scheinen nur vereinzelte Affenfrauen in den Genuss zu kommen. Und zwar am ehesten bei ausgiebigen, lustvollen Spielen mit Geschlechtsgenossinnen – und nicht beim normalen Geschlechtsakt, der in der Regel ohnehin rasend schnell vorbei ist.

Wie Menschen haben Tiermännchen Zitzenreste und Tierweibchen Penisreste (= Klitoris); aber die verhelfen nicht mal zum Orgasmus, jedenfalls nicht bei der Begattung, wie die Anthropologin Frances D. Burton schon in den 70er Jahren feststellte. Dabei haben Tiere gegenüber Menschen sogar den Vorteil, dass ihre Klitoris näher an der Scheide liegt. Bei uns hat sich das hochsensible Knöpfchen vermutlich so weit nach vorn verlagert, weil unsere Babys im Verhältnis zu Tierbabys ungewöhnlich groß sind; eine nah an der Scheide liegende Klitoris könnte bei der Geburt verletzt werden oder die Schmerzen ins Unerträgliche steigern.

Falls dieses Kleinod also bei den Tieren überhaupt einem «Zweck» dient, dann eher der Lust, also als Anreiz, eine Begattung zuzulassen und so lange dabeizubleiben, bis der Begatter seinen Samen abgegeben hat.

Fazit: Es ist Quatsch, Ihre eigene Orgasmusfähigkeit an der der Männer zu messen – oder an der anderer Frauen. Ungerecht ist ja nicht nur, dass Männer viel leichter kommen, sondern dass auch die Verteilung von Frau zu Frau so ungleich ist. Ob und wie weit sich die weibliche Orgasmusfähigkeit entfaltet, hängt von vielen Faktoren ab: von körperlichen Gegebenheiten, von ihrer Libido und Erregbarkeit, von ihrer Selbsterkundungsbereitschaft, von ihrem Alter, ob der Partner geschickt ist und passt (umso dankbarer sind wir über einen, der nicht nur lernbereit ist, sondern sogar nachhakt oder sich selbst auf die Suche nach geeigneten Techniken begibt!), und, und, und ...

Wenn auch Sie zu den «Benachteiligten» gehören, wird Ihnen dieses Buch jede Menge hilfreiche Erkenntnisse und Methoden vermitteln, um die Hindernisse oder auch Mühen zu verkleinern.

Kapitel 2
Orgasmythen

Stimmt was nicht mit mir?

«Noch ein bisschen, gleich ... mach weiter ... ich bin kurz davor ... gleich ... hmmm, es fühlt sich gut an! Gleich bin ich so weit ... gleich ...» – aber es passierte einfach nicht. An den Koituskünsten meines damaligen Freundes Thomas war nichts auszusetzen, variantenreich war's auch. Warum, verflucht nochmal, bekam ich dabei keinen Höhepunkt wie eine normale Frau?

«Wie eine normale Frau», das dachte ich damals wirklich, mit 20. Es müsste doch jeder normalen gesunden Frau gelingen, beim Verkehr zu kommen, glaubte ich. Thomas auch.

Er war zwar in der Lage, mich per Hand oder Mund zu befriedigen, aber bei der «natürlichsten Sache der Welt» klappte es einfach nicht. Also übten wir. Wir glaubten, es müsse nur lang genug dauern; also lernte er, seinen Erguss so lange hinauszuzögern, bis mein Intimbereich ganz wund und taub war und ich völlig verkrampft. Was wiederum dazu beitrug, dass ich immer öfter keine Lust hatte.

Ich hatte völlig aus den Augen verloren, dass Sex zu unserem Vergnügen da ist. Aber da war erstens dieses nagende Gefühl, dass ich einen «Defekt» hatte, zweitens, die Natur hatte es doch sicher so eingerichtet, dass die Frau beim Begatten ebenso wie der Mann kam, oder? Drittens war Thomas so sehr dran gelegen, mir «Erfüllung» zu schenken. Und ich selbst wollte es ja auch endlich einmal erleben, zumal man immer mal wieder hörte, dass der «vaginale Orgasmus», also der beim Verkehr, viel stärker und «tiefer» sein sollte als der über die Klitoris.

Erst viele Jahre später stieß ich zufällig auf einen Artikel, in dem berichtet wurde, dass das Innere der Scheide ziemlich unempfindlich ist und der Orgasmus viel eher über die Klitoris ausgelöst wird.[3]

Zuerst bezweifelte ich das ein wenig, und zwar weil die meisten Männer, mit denen ich verkehrt hatte, es als Selbstverständlichkeit hingestellt hatten, dass eine Frau durch Penisstöße befriedigt werden könne. Manche hatten sogar beteuert, dass ihre vorigen Partnerinnen «nicht so kompliziert» gewesen seien wie ich ... (Kein Wunder, dass ich anfing, gelegentlich zu faken. Auf die Idee, dass das auch andere Frauen taten, kam ich damals nicht.)

Aber ab da schärfte ich meine Aufmerksamkeit, las den «Hite-Report» und andere Publikationen über weibliche Sexualität, fragte meine Schwestern und Freundinnen ... und siehe da, verdammt viele Frauen schienen «defekt» zu sein.

Diese Erkenntnisse waren bahnbrechend für mich und mein erotisches Erleben: weg von Zwang und Mühsal, hin zu selbstbestimmter Sexualität und Freude daran. Wenn Sie jetzt erwarten, dass sich durch meine «mentale Entspannung» die Explosionen praktisch von selbst einstellten, muss ich Sie enttäuschen. Aber allein dass ich mir ab da, ohne mich doof zu fühlen, erlaubte, meinen Bettpartnern zu vermitteln, was ich brauchte, wurde mein Liebesleben viel besser – und gipfelreicher.

Meine befreiende Offenbarung ist zwar schon lange her, und man sollte meinen, dass sich diese Dinge mittlerweile herumgesprochen haben, aber es gibt immer noch erschreckend viele Frauen und Männer, die ähnlichen Mythen anhängen wie ich und

---

[3] Das hatte der berühmte Sexualwissenschaftler Alfred Kinsey schon 1953 bei seinen Forschungen herausgefunden. Masters und Johnson kamen 1962 zu denselben Erkenntnissen; ebenso der große «Hite-Report» Mitte der 1970er Jahre. Aber es dauerte noch ziemlich lange, bis die Forschungsergebnisse bei uns Verbreitung fanden.

meine Jungs vor 15 bis 25 Jahren. Deswegen liste ich hier nochmal die häufigsten Ammenmärchen über den Orgasmus auf.

Mythos 1:
Im Prinzip kann jede Frau durch Verkehr kommen

Stimmt nur für drei bis vier von zehn Frauen (und dann auch nicht jedes Mal). Manche dieser Frauen kommen generell leicht (die Glücklichen!), manche haben einen empfänglichen Bereich in der Scheide, manche erfahren durch die Anatomie ihrer Schamlippen oder ihres Kitzlers genug Reizung desselben – aber meist auch nur in bestimmten Stellungen. Und natürlich hängt's auch von den Körperformen und den Fähigkeiten des Partners ab.

Noch bis vor vierzig Jahren glaubten viele Leute allen Ernstes, eine Frau sei «frigide», wenn sie beim schlichten Rein-raus nicht kam. Und selbst heute fällen einige das vernichtende «Frigide»-Urteil über Frauen, die nicht kommen (warum auch immer). Ich komme Ihnen jetzt nicht damit, dass Sigmund Freud das verbockt hat, indem er die Scheide als Gegenstück zum Glied erklärte und den vaginalen bzw. koitalen Orgasmus als den einzig wahren. Es gibt etliche Männer, die Freud gar nicht kennen und trotzdem dasselbe denken – einfach weil es für sie so nahe liegt. Und leider betrachten nicht wenige von ihnen deshalb das Vorspiel und eine gezielte Stimulation der Klit als überflüssig.

Mythos 2:
Jeder Orgasmus geht von der Klitoris aus

Das haben Sexualwissenschaftler vor ein paar Jahrzehnten in die Welt gesetzt als Widerspruch zur damals gängigen Überzeugung, dass weibliche Wonne nur via Vagina erfolge. Aber wie Mythos 1 stimmt auch diese Theorie nur teilweise. Die Mehrzahl von uns ist zwar «kitzlerbetont» – aber eben nur die Mehrzahl und längst nicht alle. Ich kenne Frauen, die sagen: «Dieses Gefummle an der Klitoris bringt mir gar nix!» Die kann man eher über den G-Punkt oder andere Zonen in der Scheide erfreuen, oder auch über Anus, Brust, Mund und weitere Körperbereiche. Gelegentlich kommen Frauen sogar ohne körperliches Zutun: über die Phantasie oder im Schlaf.

Viele Frauen können nur einen der genannten Wege beschreiten, ebenso vielen sind mehrere Möglichkeiten gegeben.

Mythos 3:
Jede Frau kann über den G-Punkt kommen – man muss ihn nur finden

Ein paar Fachleute behaupten, jede Frau besitze einen G-Punkt, andere sprechen von einer G-Zone, wieder andere meinen, nur vereinzelte Glückliche wären G-begünstigt ... Ich persönlich glaube, dass die meisten von uns so einen Bereich haben (in der einen oder anderen Form – siehe Kapitel 8: «G-Punkt: Gibt's den überhaupt?»), aber er funktioniert nur bei einem Teil von uns: wie so oft abhängig von anatomischen Gegebenheiten, Zufall, Glück, einem Lover, der die richtige Technik und/oder die richtige Penisform hat ...

Und ich denke, zuverlässig tut er's nicht mal bei jeder zehnten Frau.

Mythos 4:
Der vaginale O ist stärker als der klitorale

Wahlweise lautet dieser Mythos auch: «G-Punkt-Gipfel sind am geilsten» oder ähnlich. Trifft aber wieder mal nur auf einen Teil der Frauen zu. Von denen, die sowohl über die Klitoris als auch über die Scheide gipfeln, sagen manche, der vaginale sei stärker, und manche, der klitorale. Vielleicht wird der vaginale oft subjektiv als der intensivere erlebt, weil man dabei mit dem Geliebten eng verbunden ist oder weil die Scheidenzuckungen beim Orgasmus mit «Füllung» (Penis, Finger, Dildo …) noch besser spürbar sind.

Fühlt sich ein Orgasmus über die Scheide überhaupt anders an als über die Klitoris? Auch hier sind die Meinungen geteilt. Viele merken da keinen großen Unterschied, manche empfinden es ungefähr so: Der über die Klitoris ist hell, klar, kräftig, der über die Scheide ist «tief», dumpf und irgendwie schwer zu orten.

Bei Frauen, die immer nur klitorale Höhepunkte hatten, sind die ersten vaginalen oft nur schwach. Sie können mit den Jahren ausgeprägter werden, wenn frau damit umzugehen lernt.

Übrigens: Für manche fühlt sich auch ein «oraler O» anders an als der über Handarbeit.

Mythos 5:
Wenn Frauen ejakulieren, kommen sie besonders heftig

Der Bezug stimmt hier nicht ganz. Richtiger ist es andersrum: Wenn eine Frau besonders heftig kommt, ist die Wahrscheinlichkeit einer Ejakulation höher – falls sie überhaupt die Anlagen dazu hat.

Oder um es noch deutlicher zu sagen: Dass weibliche Orgasmen mit Ejakulation als besonders intensiv beschrieben werden, liegt vermutlich daran, dass der Erguss meist nur bei einem sehr intensiven Höhepunkt stattfindet. Wenn überhaupt. Nur wenige Frauen haben Reste dieser Drüsen, die beim Mann Flüssigkeit zum Sperma beisteuern. Bei manchen mögen sie recht ausgeprägt sein, sodass das Ejakulat schon mal einen deutlichen Fleck auf dem Laken hinterlässt, bei anderen sind sie so winzig, dass sie gar nichts oder nur Tröpfchen abgeben.

Mythos 6:
Der Mann muss nur lang genug durchhalten ...

Wie bereits angedeutet, haut das nur für manche Frauen hin. Einige von ihnen (sehr wenige!) brauchen nur ein paar Minuten, andere der Vaginalkommerinnen mindestens eine Viertelstunde.

Allerdings gibt es wohlmeinende Männer, die es so verbissen versuchen, bis die Begattete heimliche Stoßgebete zum Himmel schickt: Möge er endlich fertig sein! Da bleibt bei beiden die Lust auf der Strecke. Und ein Marathon von einer halben Stunde oder gar mehr erhöht keineswegs die Chance auf einen O, sondern nur auf Trockenheit, Wundheit und Sitzprobleme am nächsten Tag.

Finden Sie heraus, ob Sie überhaupt beim bloßen Beischlaf kommen können, wenn ja, wie lang er dauern muss und mit welchen Stellungen. Wenn nein – was genau brauchen Sie? Stehen Sie selbstbewusst zu Ihren Eigenheiten, lassen Sie sich nicht einschüchtern durch Bemerkungen wie «Meine Ex konnte in der und der Stellung immer» oder auch folgenden Spruch:

Mythos 7:
Frau muss bloss genug entspannen, dann klappt's schon

Es kommt vielmehr drauf an, WANN sie entspannt ist. Eine entspannte Atmosphäre sowie Entspannung zur Einleitung des Sex: prima. (Denn wenn gewisse Ängste schon beim Vorspiel dazu führen, dass sich die Unterleibsmuskulatur verkrampft, dann behindert das erstens Durchblutung wie auch Erregung, und zweitens kann der Verkehr wehtun.) Aber mit wachsender Erregung werden einige Muskeln sogar unwillkürlich betätigt und helfen, die zum Orgasmus nötige Spannung aufzubauen, die sich dann im Höhepunkt wohltuend entlädt.

Sprich, sich entspannen, um zu kommen, ist genau so ein Blödsinn wie folgender Mythos:

Mythos 8:
Es liegt allein an der Psyche

Was mich wirklich ärgert, sind wohlmeinende Sexratgeber oder -berichte, in denen so getan wird, als sei die Fähigkeit zum Orgasmus eine reine Kopfsache. Klar sind die Gedanken und die Einstellung wichtig, aber es liegt viel seltener an der Psyche, als solche Berichte einem weismachen wollen. Es gibt etliche Frauen mit massiven Psychoproblemen (selbst Missbrauchte), die orgasmisch sind, und etliche Frauen mit gesundem Ich, die es nicht sind.

«Du hast wohl eine Blockade», mutmaßen auch die Männer gern und meinen damit: zu gehemmt, zu komplexbehaftet, zu verkrampft, zu orgasmusfixiert, was auch immer. Einer warf mir sogar mal vor, ich strenge mich nicht genug an (Tatsache ist, ER strengte sich nicht genug an!). Die Schnuckis, die uns so was weismachen wollen, sind entweder ignorant, bequem, unsicher oder befürchten, ihr kleiner Freund könnte uns nicht genügen. Oder manchmal sind sie selbst zu orgasmusfixiert. Frauen erspüren, wenn einer ungeduldig an ihnen herummanipuliert, zumal, wenn er «Komm schon» keucht – und schon läuft gar nichts mehr.

Ein derart fixierter Typ unterliegt dem

Mythos 9:
Ohne O ist der Sex für sie mies und er ein Versager

Für die meisten Männer ist ein Akt ohne Orgasmus genauso wie einer «ohne Reinstecken»: kein richtiger Sex. Diese Denke übertragen sie auch auf Frauen. Manche von uns übernehmen das, setzen sich unter Druck und kommen schon deshalb schwerer. Aber die Mehrzahl sieht das lockerer, sie sagt: Ich brauche nicht unbedingt einen, um Spaß im Bett zu haben und mich befriedigt zu fühlen – laut einer Umfrage der Universitätsklinik Charité in Berlin trifft das auf zwei Drittel der Frauen zu! Überhaupt: Ein Höhepunkt macht den Akt nicht automatisch zum Staatsakt; es gibt auch verzichtbare Orgasmen mittels lauwarmen Beischlafs.

Mythos 10:
Gleichzeitige Orgasmen sind die besten und schönsten

Gutes Timing hat durchaus Vorteile … Denn kommt er zuerst, ist die Sache gelaufen. Kommt sie zuerst und er rödelt weiter, stellt sich bei ihr möglicherweise ein Missempfinden ein – so eine Art genitaler Überdruss. Schafft man's zusammen, können beide entspannt wegdämmern, und keiner muss in die Verlängerung gehen. Schön und gut, aber simultan klappt es bestenfalls bei eingespielten Teams oder per Zufall. Partout im Duett kommen zu wollen, kann zum Leistungssport ausarten, und der Genuss geht flöten – bei Frauen meist auch der Höhepunkt.

Manche haben auch die romantisierende Vorstellung, dass man bei einem gleichzeitigen Höhepunkt irgendwie «total miteinander verschmelzen» würde. Ich glaube, das wird nur sehr, sehr wenigen Paaren zuteil. Beim Orgasmus sind die meisten Leute so auf sich konzentriert (oder auch weit weg), dass sie den Partner kaum wahrnehmen.

KAPITEL 3
ORGASMANIE

WARUM SIND BLOSS ALLE SO BESESSEN DAVON?

«Ich bin nun schon ein Jahr mit meinem Freund zusammen und hatte noch nie einen Orgasmus! Das entwickelt sich langsam zum ernsthaften Problem, da er sich für unfähig hält und sich immer mehr verkrampft! Und ich natürlich auch! Dieser Orgasmus-Kampf zerstört unsere ganze Beziehung!»
Sandra, 27

«Meine Freundin hat nur selten einen Höhepunkt – was mache ich bloß falsch?»
Alexander, 30

«Ich bin über 30 und hatte noch nie multiple Orgasmen. Stimmt was nicht mit mir?»
Christine, 32

«Ich habe ein großes Problem! Mein Freund und ich haben schon zwei Jahre Sex, es ist wunderschön, aber ich bin noch nie gekommen! Da fehlt doch dann immer was, oder? Ich kann nicht mit ihm darüber reden, und schon gar nicht mehr nach 2 Jahren, sonst würde ich ihn nur verletzen, und er denkt vielleicht, dass es an ihm liegt. Ich denke, es liegt an mir, aber wie nur?»
Nelly, 20

In meiner Internet-Liebesberatung werde ich mit Anfragen dieser Art nahezu überschüttet. Viele Frauen, die gar nicht oder nur unter Mühen kommen, scheinen ein verbissenes Streben in ihrem Kopf zu haben, sie müssten mit den Männern (oder ihrem Mann) gleichziehen. Das ist, wie wenn sie ins Fitnessstudio gingen und dieselben Gewichte heben wollten wie die anwesenden Jungs: Das Scheitern ist vorprogrammiert. Die Jungs sind ja nicht nur anatomisch begünstigt – sie haben auch schon jahrelang fleißig trainiert! (Ja, auch im Sexuellen …)

Meine verzweifelten Leserinnen wissen das aber nicht, und sie lassen sich vom Partner oder von anderen Leuten verrückt machen. Das gilt vor allem für Frauen mit wenig Erfahrung. Mädchen, die sich gerade erst an Sex herantasten, glauben, es müsste sich dabei automatisch ein Höhepunkt einstellen, der ein markerschütterndes Erlebnis ist, bei dem man völlig außer sich gerät, schreit, sich aufbäumt, seine Nägel ins Fleisch des Partners krallt …

Viele dieser Vorstellungen haben wir der verzerrten Darstellung von Sex in den Medien und in der Pornographie zu verdanken. Die Mädels sehen Spielfilme, in denen die Akteurin kurz auf ihrem Partner herumreitet und dann in wilde ekstatische Höhepunkte ausbricht. Die Jungs gucken sich «Adult»-Seiten im Internet an und erzählen ihrer Freundin, dass normale Frauen durch Kneten ihrer Brüste und dreiminütiges Stoßen oder Analverkehr kommen.

Was ist ein Orgasmus überhaupt?

Ein Orgasmus passiert, wenn die sexuelle Erregung sehr stark wird und eine gewisse Schwelle überschreitet. Rein körperlich betrachtet, ziehen sich im Becken nur ein paar Muskeln zusammen (= Kontraktionen). Man kann sich das beim Mann ein bisschen wie einen Blasebalg vorstellen, der mehrmals von innen betätigt wird: Die Muskeln üben Druck auf all die Drüsen aus, die zum Sperma beitragen, quetschen sie ein wenig und befördern das Gemisch nach draußen.

Frauen haben beim Orgasmus exakt dieselben rhythmischen Kontraktionen.

Dieser Vorgang ruft ein Gefühl von «ganz nett» bis «Waaaaahnsinn!» hervor. Wohlfühlhormone breiten sich aus und sorgen für Entspannung – beim einen nur ein bisschen, beim anderen so sehr, dass er im Nu einschläft. Auch das kommt öfter bei Männern vor, wohingegen viele Frauen, wenn sie erst einmal in Fahrt sind, nicht mehr genug kriegen können. Doofe Natur.

Bei manchen Leuten ist der Kopf oder das Gefühl sehr am Zustandekommen eines O beteiligt, bei manchen reicht eine bestimmte mechanische Stimulation. So ein *mechanischer Orgasmus* ist aber meist nur kurz und klein und bleibt im Unterleib stecken. Männer erleben ihn viel öfter, Frauen haben ihn vornehmlich, wenn sie sich durch Vibrationen reizen. Dann gibt's noch den *holprigen Orgasmus*, der einen nach einigem Gestolpere gerade mal so über die Schwelle schubst, und den *krampfigen Orgasmus*, der nur mit Ach und Krach erreicht wird, nachdem schon der ganze Körper so angespannt, ja verkrampft ist, dass sich hinterher nicht diese allumfassende schöne Entspannung einstellt. Diese drei Arten zählen für mich zur Kategorie «verzichtbar» (wobei manche sicher sagen, besser so was als gar nix). Von daher ist der Orgasmus oft gar nicht so orgastisch, und ich frage mich, warum so viel Gedöns darum gemacht wird.

Fühlt er sich nun gut an ... oder wie?

Die 20-jährige Bianca wollte von mir wissen:

«*Woran merke ich überhaupt, dass ich einen orgasmus habe? seh ich dann nur noch sternchen, wird mir heiß, wird mir kalt? mein freund denkt bestimmt, dass ich einen habe, weil ich halt immer ein bisschen ‹rumquietsche›. ich weiß nicht, ob das von alleine kommt oder ob ich da nachhelfe. vielleicht ist das ja doch ein orgasmus, was ich da habe, aber ich hab mir das wesentlich toller vorgestellt!*»

In Biancas Alter habe ich mich auch immer gefragt, ob dieses recht nette (oder auch wilde) Gefühl in meinem Unterleib beim Paaren und mein unwillkürliches Stöhnen dazu ein Orgasmus sein könnte. Aber ich glaube, wenn man dann mal einen echten gehabt hat, weiß man genau, dass es einer war.

Einen zu beschreiben, ist nicht einfach, weil das Gefühl und die Intensität sehr variieren. Mal ist es nur ein kleiner Hügel, mal ist es eine große weiche Woge, die einen dahinträgt, oder ein spitzer Gipfel jagt den nächsten, und man ist ganz ekstatisch. Oft geht es als angenehmes Kitzeln oder Ziehen im Unterleib los und dehnt sich von da mehr oder weniger weit über den Körper aus. Ein warmes, himmlisches Wohlgefühl, eine Süße, die mit keinem anderen physischen Gefühl zu vergleichen ist.

Paul Joannides, Autor des Sexratgebers «Wild Thing», beschreibt es so: «Manche Leute erleben den Orgasmus als eine einzige springflutartige Gefühlswelle, die von einer Reihe kurzer Nachbeben begleitet wird; andere erfahren ihn als eine Serie von Wellen, genitalen Niesern oder Ausbrüchen von Licht, Farbe, Wärme, Energie. Wieder andere beschreiben ihn als etwas, das in ihnen hinaufkriecht und langsam ihre Sinne überflutet.»

Manche bäumen sich auf oder krallen sich irgendwo fest (mögen keine Hoden in der Nähe sein!), manchen gehen Zuckungen durch den ganzen Körper, wieder andere werden ganz steif und still.

Die Dauer eines weiblichen Höhepunkts liegt zwischen ein paar Sekunden und mehreren Minuten.

Übrigens: Sternchen hab ich dabei noch nie gesehen.

Ist er «das, wonach wir alle streben»?

Jedenfalls behauptet das Rolf Degen, Autor des Orgasmus-Buches «Vom Höchsten der Gefühle». Ich denke, das ist eine eher männliche Sicht.

Ich kenne mehrere Frauen, die extrem leicht kommen, aber sie haben weder mehr Spaß im Bett, noch sind sie schärfer auf Sex als andere Frauen.

Anderes Beispiel: Ein amerikanischer Arzt namens Stuart Meloy entdeckte, dass er mit Elektro-Impulsen auf bestimmte Stellen in der Wirbelsäule bei einer Patientin Orgasmen auslösen konnte, sooft er (bzw. sie) wollte, und entwickelte ein entsprechendes Gerät, das in den unteren Rücken implantiert und per Fernbedienung gesteuert wird. Als er die amtliche Genehmigung zu klinischen Versuchen erhielt, dachte Meloy, die weiblichen Freiwilligen würden sich darum reißen. Aber Meloy ist eben ein Mann, und für Männer scheint der Orgasmus eine ungleich höhere Bedeutung zu haben als für Frauen: Gerade mal zwei meldeten sich zum Testen an.

Was sagt uns dies? Der Höhepunkt allein interessiert uns nicht; der Weg dorthin ist für uns wichtiger. (Wenn wir schnell und problemlos gipfeln könnten, würden uns viele Zärtlichkeiten, schöne Vorspiele und ausgedehnte genussvolle Akte entgehen!) Frauen werden meist erst dann «orgasmusbesessen», wenn sie sich von anderen anstecken oder was einreden lassen. Perfekte Beispiele dazu sind die Briefe von Sara (S. 144f.) und von Marcel, 23:

«Ich habe meiner Freundin (19) schon viele Orgasmen beschert. Sie teilt sie ein in a. kleine, b. mittlere, c. Super-Orgasmen. Leider habe ich es noch nicht geschafft, ihr mehrfache zu besorgen. Wohlgemerkt beim Verkehr!

Neulich redeten wir über unsere sexuelle Vergangenheit. Dabei kam heraus, dass sie bei einer Kurzaffäre mit einem Kerl viermal hintereinander gekommen ist (in der Reiterstellung). Die letzten zwei Mal allerdings mit Schmerzen, da sie nicht mehr feucht genug war.

Ich weiß genau, wo ihr G-Punkt liegt, und ich bin der erste Mann, der sie durch Lecken zum klitoralen Orgasmus gebracht hat. Ich will eben der perfekte Liebhaber sein. Das Buch mit diesem Titel hab ich schon gelesen. Ich bin ziemlich erfahren und weiß genau, wie ich sie heiß mache, und das ist sie dann auch wirklich. Aber das Sahnehäubchen fehlt mir. Sie ist vollkommen zufrieden, das weiß ich.

Vor ein paar Tagen hab ich sie zur Reiterstellung aufgefordert, und sie sagte, das sei ihr peinlich, weil sie Angst habe, etwas falsch zu machen, da ich weitaus erfahrener bin als sie. Eine Woche später probierte sie's, aber sie spürte mich nicht in sich! In der Missionarsstellung dagegen ist sie viel entspannter. Ich mache ihr wirklich Mut und versuche, sie locker zu machen ... Kann es daran liegen, dass sie sich zu viel Gedanken macht bei mir, wenn sie AKTIV ist, weil ich eben jetzt ihr Freund bin und nicht just for fun? Ich würde sie einfach auch gerne mehrere Orgasmen erleben lassen. Wir Männer wollen eben nur das Beste, wenn es um die Partnerin geht. Wäre eine weitere Lösung, ihr mehr Zeit zu geben, sodass sie sich lockerer macht? Wir sind sechs Monate zusammen.»

Ich hab eher das Gefühl, dass Marcel sich lockerer machen muss! Es ist ja löblich, dass er sich viel Mühe gibt, aber das klingt alles so ehrgeizig, dass es schon in Stress ausartet! Und der überträgt sich auch auf seine Freundin. Wie soll sie sich denn da richtig fallen und gehen lassen? Wobei sie im Prinzip locker genug ist, denn sonst könnte sie gar nicht kommen.

Sie hatte bis jetzt nur einen einzigen Mehrfachen, und der war höchstwahrscheinlich Zufall. Außerdem könnte es sein, dass der One-Night-Lover einfach die richtige Penis-Anatomie hatte, um ihr so was zu verschaffen, und recht stattlich gebaut war. Darauf weist hin, dass es ihr nach einer Weile wehtat und sie nicht mehr feucht genug war (passiert bei dicken Lümmeln eher mal).

Hingegen von Marcel spürt sie in der Reiterstellung zu wenig und fühlt sich auch sonst dabei unwohl, also sollte er sie einfach damit in Ruhe lassen. In der Altersklasse seiner Freundin haben die meisten Mädels sowieso noch Orgasmusprobleme, und von einem Mehrfachen können fast alle nur träumen. Sie stellen sich irgendwann von selbst ein, falls die Frau dazu in der Lage ist (viele sind's nämlich nicht!) und der Lover passt.

Ich frage mich sowieso, ob SIE überhaupt Wert auf einen mehrfachen O legt? Ich wette, nein. Marcel sagt ja selbst: Sie ist vollkommen zufrieden – nur IHM fehlt das «Sahnehäubchen». Insofern bezieht sich sein Streben nicht auf seine Freundin, sondern auf seinen eigenen Ehrgeiz, «der perfekte Liebhaber» zu sein. Vermutlich definiert sie auch «das Beste» anders als er, und es wäre ihr lieber, er drängt sie nicht und macht keinen …

… SEXSTRESS!

Ich erschrecke nicht nur über die Orgasmus-Fixiertheit, sondern generell über den Sex-Leistungsdruck, der mir so oft entgegentritt. Von Männern wie von Frauen. Am meisten bedaure ich die ganz jungen Leute unter 18 oder 20. Sie sind aufgewachsen in einer völlig übersexualisierten Welt, die ihnen den Eindruck vermittelt, als ob man nur dann akzeptabel ist, wenn man möglichst viel, möglichst raffinierten, möglichst orgasmischen Sex hat. Alles andere zeugt von Versagen und Verklemmtheit.

Aber auch erfahrenere Frauen können sich von diesem Leistungsdruck nicht freimachen. Allein der Dauerbeschuss mit Statistiken und Umfragen: x-mal die Woche tut es der Durchschnitt, die «normale» Frau also, folgern wir. Diese und jene Praktiken betreibt sie, an dem und dem Ort, mit so und so vielen Bettpartnern sollte sie es getan haben …

In dieser Hinsicht war's früher entspannter.

Ich will keineswegs die Zeit zurückdrehen. Unsere Großmütter, zum Teil noch unsere Mütter, lebten in einer Sphäre, die alles andere als frauenlustfreundlich war. Die Pille und die Sex-Revolution der 60er und 70er Jahre haben uns ein großes Geschenk gemacht: sexuelle Selbstbestimmung. Aber nun, da die Schleusen geöffnet sind, werden wir überflutet. *Sex sells.* Filme, Fernsehen, Werbung, Internet, überall nacktes Fleisch und Ekstase. Zeitschriften-Artikel und Ratgeber-Bücher, die uns sagen, wie wir zu sein und was wir zu tun haben. Für viele ist sogar schon der Konsum von Pornomaterial selbstverständlich geworden. Angesichts der ganzen Tabulosigkeiten und ungezügelten Begierden, die da rundherum vorgeführt werden, beschleicht einen schnell das Gefühl, prüde und altmodisch zu sein. Um «gut im Bett» zu sein, wird einiges gefordert. Teils sogar vom eigenen Partner.

All das bringt uns in Zugzwang. Immerhin definieren wir uns über unsere Umgebung und über das, was uns als «normal» gezeigt wird.

Insofern stellt sich die Frage: Haben wir sie wirklich schon, die sexuelle Selbstbestimmung? Ist aus der Freiheit, alles und jeden ausprobieren zu können, nicht ein «Müssen» geworden? Oder haben viele von uns einfach noch nicht gelernt, sich selbstbewusst diesem Zwang zu widersetzen? Denn sexuelle Freiheit beinhaltet ja auch die Freiheit, *nicht* mitzumachen; die vielen Möglichkeiten *nicht* zu nutzen; seine eigenen Bedürfnisse und Grenzen wahrzunehmen und dazu zu stehen.

Mir ist klar: Das ist nicht einfach. Denn hinter dem steten Abklopfen, was «normal» ist, steht die Angst, abzuweichen – und deshalb letztlich verstoßen und verlassen zu werden. Aber: Riskiert man wirklich Einsamkeit, wenn man seinen eigenen sexuellen Stil lebt?

Und dann ist da noch die Angst, einen «Defekt» zu haben. Die kommt am häufigsten auf bei Frauen mit Orgasmusstockungen und bei Männern mit Erektionsstörungen – wobei diese ja oft denselben Hintergrund haben: die Weigerung zu «funktionieren» und das Vermeiden von Unangenehmem.

Verkehr ist immer noch ein Sichöffnen, ein Ganz-nackt-Sein, das Intimste, was man mit einem Menschen teilen kann: Es macht verletzbar, körperlich und seelisch. Außerdem bedeutet jeder neue Partner Stress. Die Freiheit des Bed-Hopping zieht auch nach sich, dass er schon etliche andere hatte und vergleichen kann. Und schon fragt man sich: Muss ich ihm dies oder jenes bieten, damit ich gefalle? Die Hemmungslose geben? Schneide ich neben bzw. nach den anderen gut ab?

Aus diesem Blickwinkel ist Sex nicht mehr ein schöner und höchst intimer Austausch zwischen zwei Menschen, die sich sehr gern haben, sondern er verkommt zum Leistungssport und zur Handelsware: Gebe ich dir möglichst heißen Sex, gibst du mir Anerkennung und Zuwendung.

Das betrifft auch längere Beziehungen. Da wird oft alles Mögliche angestellt, um die Erotik am Brennen zu halten. Und wenn sie trotzdem allmählich erlischt, kommt Panik auf, ob das auch für die Liebe gilt.

Hier liegt die Annahme zugrunde, dass man nur dann eine stabile Beziehung hat, wenn man regelmäßig miteinander schläft, und zwar bitte schön mit Leidenschaft und Abwechslung. Mindestens zweimal die Woche. Ich weiß nicht, wie diese Angaben zustande kommen. Für Dauerpaare sind sie meines Erachtens zu hoch. Für viele ist «einmal im Monat» oder noch weniger durchaus in Ordnung – vorausgesetzt, es ist einvernehmlich abgesprochen. Denn Totschweigen zieht oft Missverständnisse nach sich. Warum nicht das Kind beim Namen nennen: «Liebst du mich trotzdem, wenn wir nicht so oft miteinander schlafen?»

Ich bin keineswegs gegen das Ausleben der eigenen Sexualität, gegen häufigen Verkehr und Experimente. Ich bin allerdings dagegen, Sex zu haben, der mit Unbehagen verbunden ist. Das Unbehagen entsteht, wenn man sich dem Druck von außen unterwirft (vonseiten des Partners, der Mitmenschen oder der «Allgemeinheit»). Dieser Druck stört die Lust, das ungetrübte Fühlen, das Genießen, die Hingabe.

Dann stellt sich die Frage: Will ich das wirklich, oder denke ich nur, dass ich das tun muss? Und in letzterem Falle: Muss ich das tun, weil «man» es so macht oder weil mein Partner es will?

Eins ist klar: «Weil man es so macht», sollte nie ein Grund sein. Der Partner schon eher. Aber auch hier gilt es abzuwägen: Womit fühle ich mich wohl und womit nicht? Und miteinander zu reden: Geht es tatsächlich um den Sex – oder um etwas anderes? Sexualität, die mit Unersättlichkeit, Katzenjammer, einem Gefühl der Leere oder mit Unbehagen verbunden ist, ist aufgesetzte Sexualität. Sie verdeckt tiefere Sehnsüchte – nach Intimität, Berührung, Bestätigung, Wärme, Angenommenwerden, Geborgenheit, Liebe.

Für viele Männer ist Verkehr nicht nur Lustbefriedigung, sondern auch *der* Weg, Nähe zur Partnerin herzustellen. Das gilt als männlich. Als unmännlich hingegen gilt es zum Beispiel, nur zu schmusen, zu streicheln und zu kuscheln. Obwohl die Männer tief drinnen einen genauso starken Wunsch danach haben wie Frauen. «Erlaubt» sind Zärtlichkeit und Miteinanderspielen nur in der ersten Verliebtheit. Danach werden sie zunehmend reduziert – aufs Vorspiel. Dabei sind sie für eine lange und gute Beziehung viel wichtiger als der Beischlaf. Eine erfahrene Paarberaterin sagte mir einmal: «Kaputte Partnerschaften erkenne ich nicht am fehlenden Beischlaf, sondern daran, dass die beiden nicht mehr miteinander schmusen.»

Und: Liebevoller Sex, heute oft als «Kuschelsex» oder «Blümchensex» verpönt, muss keineswegs fade sein. Wenn zwei Leute «Liebe machen», also mit Leib *und* Seele dabei sind, wenn sie sich einander gänzlich hingeben, kann ein ganz schlichter Akt von viel größerer Intensität und Qualität sein als das, was man gemeinhin als eine wilde, hemmungslose Nummer definiert.

Trauen wir uns zu sagen: Ja, für mich ist Sex mit Gefühl verbunden. Stehen wir zu unseren Hemmungen, Wissenslücken, mangelnden Erfahrungen. Und zu dem, wonach uns eigentlich dürstet.

Kapitel 4
Orgasmusfake

Wie viel Schauspiel ist im Spiel?

«Orgasmus-Lüge – 9 von 10 Frauen haben es schon getan!», titelte die Bild-Zeitung im November 2004. Sie bezog sich auf eine Studie der Universitätsklinik Charité in Berlin.

»Charité enthüllt die Stöhn-Lüge», so die Schlagzeile im Berliner Kurier, der Mitleid mit den Genarrten zeigt: «Die betrogenen Männer bekommen davon gar nichts mit.»

Also nein, wie schrecklich, diese verlogenen Weibsbilder ... welcher kann Mann denn überhaupt noch trauen?!

Immer wieder lesen wir in Umfragen, dass die meisten Frauen faken – eine beträchtliche Anzahl sogar regelmäßig. Das klingt so, als ob unglaublich viele von uns mit voller Absicht und Hinterlist ihren Schatz täuschen. Dementsprechend fühlen sich die Männer auf den Schlips getreten und weisen es vehement zurück, den Fakes aufzusitzen. Etliche von ihnen lieben ja ihre Partnerin und möchten nicht glauben, von dieser arglistig getäuscht zu werden.

Fragt sich also: Simulieren tatsächlich so viele Frauen?

Teilweise. Oft denken die Männer einfach, die Bettgefährtin sei gekommen, weil sie besonders laut stöhnte, zuckte, sich wand, danach erschöpft in die Kissen sank o. Ä. (oder wie Bianca, die ich in Kapitel 3 erwähnte, schrieb: «Mein Freund denkt bestimmt, dass ich einen habe, weil ich halt immer ein bisschen rumquietsche»).

Die Umfrage-Frage müsste also nicht lauten: «Wie oft haben Sie schon vorgetäuscht?», sondern: «Wie oft dachte Ihr Partner, Sie hätten einen Orgasmus gehabt, aber Sie hatten gar keinen?»

Die wenigsten Männer haken nach. Sie denken eher: Wenn sie nichts sagt oder keine Anzeichen von sich gibt, dass sie Nachschlag möchte, wird sie schon befriedigt sein. Und wir tischen ihnen auch nicht unbedingt die Wahrheit auf. Vor allem bei flüchtigen Abenteuern (eine Nacht bis ein paar Wochen). Neuen Lovern mag frau ungern gleich eine ausführliche Gebrauchsanweisung für ihre Intimteile verpassen.

Aber auch in längeren Beziehungen kommt es vor, dass Frauen ihren Partner im Glauben lassen, sie seien rundum befriedigt. Das liegt zum Teil daran, dass die Betreffenden denken, ihre Geschlechtsgenossinnen kämen viel leichter. Weil kaum eine mit ihren ausbleibenden Orgasmen hausieren geht. Folge: Jede meint, sie sei die Einzige ohne O, daher «unnormal» oder sexuell zu anspruchsvoll, und der Partner könnte sie deswegen verlassen.

Ein 36-Jähriger sagte mir neulich, er hätte ein paar Jahre in Moskau gelebt und habe auch jetzt nur noch russische Freundinnen, *«weil die im Bett nicht so rumzicken wie die deutschen und fast alles mitmachen und immer kommen»*. Ich fragte ihn, ob er sich in Letzterem sicher sei. Immerhin ist es in Russland auch ziemlich verbreitet, sich vom Frauenarzt das Jungfernhäutchen wiederherstellen zu lassen, um einem neuen Partner vorzugaukeln, er habe eine Unberührte vor sich. Das erhöht dort oftmals den Marktwert.

Er guckte ungläubig und machte eine wegwerfende Handbewegung. *«Auf jeden Fall hab ich keine Lust auf eine Frau, die nicht kommen kann. Das wird dann irgendwie so mühsam und verkrampft, und ich muss mich statt auf meinen eigenen Spaß immer auf ihren Orgasmus konzentrieren. Also ich könnte keine Beziehung mit so einer haben ...»*

Ich schätze, genau deswegen mag es Bevölkerungsgruppen geben, wo sexuelle Genügsamkeit und das Vortäuschen von Orgasmen gang und gäbe zu sein scheinen. Vielleicht besonders solche, wo Frauen auf einen Versorger angewiesen sind (von Südamerika habe ich ganz ähnliche Geschichten gehört!).

Ergo: Leute beschönigen oft ihr Sexleben. Glauben Sie nicht alles, was Sie lesen oder hören, nicht mal von Freundinnen.

Ist Faken okay? Oder nicht?

Lou Paget, Autorin von «Der Super-Orgasmus», ist strikt dagegen: «Wenn Sie einem Mann signalisieren, dass das, was er gemacht hat, bei Ihnen funktioniert, speichert er diese Information sofort ab und wird dieselben Aktionen bei nächster Gelegenheit wiederholen. Wenn Sie also einen Orgasmus vortäuschen, hat er unwissentlich Dinge gespeichert, die Sie gar nicht befriedigen. Und das bringt Ihnen beiden nichts.»

Vielleicht sollte eine Frau gar nicht erst anfangen zu faken, denn sonst speichert er nicht nur falsche Methoden ab, sondern es besteht auch die Gefahr, dass sie sich irgendwann offenbaren muss und er dann verletzt ist und unschön reagiert, was ihren Psychostress beim zukünftigen Sex vergrößert und ihre Chancen auf Befriedigung noch mehr verringert.

Aber es kommt auch drauf an, wie oft Sie schauspielern, ob ihn das überhaupt interessiert und ob Sie nur eine Affäre haben oder andere gute Gründe ...

Die häufigsten Gründe für den O-Schwindel laut Charité-Studie (Anmerkungen in Klammern von mir!):

- 41 % geht's um Bestätigung für ihren Partner. (Ich vermute, da sind auch die dabei, die ihm einfach ein gutes Gefühl geben möchten, und die, die lange Diskussionen à la «Woran lag's denn?» vermeiden wollen; und die, deren Kerl eine Krise kriegt, wenn er's «nicht bringt».)

- 25 % beenden damit den Koitus (oder was auch immer er gerade macht – und zwar weil es sich allmählich unangenehm anfühlt oder öde wird!).
- 16 % meinen, es ihrem Partner schuldig zu sein (zum Beispiel weil er sich so ins Zeug gelegt hat).
- 14,7 % trauen sich nicht, ihrem Partner zu sagen, dass sie keinen Orgasmus hatten. (Vielleicht sogar nie einen haben; vermutlich soll er nicht denken, er hätte eine defekte Frau neben sich, bei der seine Anstrengungen vergebliche Liebesmüh sind. Oder die Betreffende kann nur auf eine bestimmte – in ihren Augen seltsame – Art kommen, die man zu zweit nur schwer anwenden kann und die sie sich schämt ihm mitzuteilen. Oder sie hat anfangs simuliert, um ihn nicht zu verschrecken, und die Kurve nicht gekriegt, es ihm zu sagen.)

Meines Erachtens ist es in zwei Fällen okay, Orgasmus-Ausfälle zu verheimlichen:

1) Sie wollen Zeit gewinnen, Ihren eigenen Weg zum Gipfel zu finden. Rachel Swift, Autorin des Ratgebers «Ich komme, wann ich will», befürwortet das: Es befreit die Frau vom Leistungsdruck und gibt ihr Zeit, durch Übungen beim Solosex ihre Reaktionsfähigkeit zu verbessern und ihr Repertoire an Methoden zu erweitern.
2) Eigentlich haben Sie keine O-Probleme, aber manchmal geht's eben nicht (etwa wegen Müdigkeit, Stress, Alkoholgenuss), und Sie wollen Ihren Liebsten nicht enttäuschen, der sein Bestes gegeben hat. Ein Fake kann durchaus zur Stabilität der Beziehung beitragen, weil es Männer einfach glücklich macht, die Partnerin befriedigen zu können.

Das gut gemeinte Verheimlichen kann aber auch schwer nach hinten losgehen, wie folgendes Beispiel zeigt ...

Mr. X, 24, ist seit einem halben Jahr mit seiner Freundin, 20, zusammen. Beim Sex hapert's. Er glaubt:

«Das Problem liegt darin, dass ich einen eher kleinen Penis habe. Ich kann meinen Orgasmus auch nicht lange hinauszögern. Daher bringe ich mir gerade selber bei, zu kommen, ohne zu ejakulieren. Danach kann ich dann ziemlich lange. Zu lange für sie. Sie hat mir gesagt, dass sie mich nach einiger Zeit nicht mehr spürt. Das liegt wohl daran, dass mein Penis nach meinem Orgasmus nicht mehr so hart ist. Dann dauert es nicht mehr lang, und sie hat ihren. Sagt sie. Ich glaube, sie täuscht ihn nur vor: um aufhören zu können und um mich nicht zu enttäuschen, denke ich. Für mich ist es sehr wichtig, sie zu befriedigen und dass sie Spaß hat. Das hab ich ihr auch gesagt. Aber wenn sie schon nach zehn Minuten aufhört, zweifle ich daran, dass sie Spaß hat. Warum sie aufhört? Weil sie (angeblich) ihren Orgasmus hatte, keine Lust mehr hat, mich nicht mehr richtig spürt.

Wenn ich mit ihr darüber sprechen will, ist das alles immer ein wenig verkrampft. Sie meint, ich würde ein großes Drama draus machen. Aber mich belastet das sehr. Daher denke ich schon über Trennung nach.»

Sie spielt ihm was vor, damit er sie nicht verlässt, und er will sie verlassen, weil sie ihm was vorspielt. Und das ist nicht das einzige Missverständnis. Er glaubt, dass Frauen mehr Spaß haben, wenn der Verkehr lange dauert. Zumal das selten stimmt, bringt es auch nicht viel, wenn er lernt, ohne Erguss zu kommen – da sein Penis danach nicht mehr steif genug ist und sie *noch* weniger von ihm spürt. Was er lernen könnte, ist, seinen Erguss rauszuzögern – oder noch besser, zu kommen, wann ER will, und nicht, wann sein Anhang will. Das kann man lernen!

Außerdem sollte er sich nicht auf seinen Penis verlassen, um sie zu befriedigen – zumal das mit einem «Kleineren» ohnehin nicht so einfach ist. Dazu kommt, dass sie sich sicher durch seinen Drang, sie zu befriedigen, bedrängt fühlt. Und da eine Frau dann sowieso kaum kommen kann, simuliert sie lieber. Na ja, und um den Beischlaf abzukürzen, der ihr nichts mehr bringt.

Er sagt: «*Wenn ich mit ihr darüber sprechen will, ist das alles immer ein wenig verkrampft.*» Ich habe den Eindruck, dass alles Sexuelle zwischen den beiden ein wenig verkrampft ist. Da ist viel zu wenig Lust, Spaß, Spiel. Aber genau diese drei Zutaten bräuchten sie.

Woran erkennt man, dass die Frau wirklich einen Orgasmus hat?

In meinen Interviews sagten die meisten Männer Dinge wie: Ihre Muskulatur spannt sich kurz davor sehr an, ihr Körper wird ganz steif, sie stöhnt lauter, sie macht seltsame Geräusche (zum Beispiel keuchen, jaulen, quietschen), sie kriegt einen ekstatischen Gesichtsausdruck, sie krallt sich in die Laken ... Einer sagte auch: «Sie wird mucksmäuschenstill.»

Im Prinzip stimmt das meiste zwar, aber es sind alles Anzeichen, die sich auch recht leicht vortäuschen lassen. Ein bisschen sicherer sind folgende Hinweise: Ihr Dekolleté rötet sich, ihr Atemrhythmus verändert sich, sie schwitzt, sie zuckt unwillkürlich, ihre Anspannung löst sich ... Aber: Diese Symptome treffen lang nicht auf alle Frauen zu!

Was ist Fake, was ist Natur? Schauen wir uns die Tiere an.

Bei einigen Affenarten zeigt sich der Höhepunkt so: Ganz kurz davor werden schnelle Beckenstöße eingeleitet, dann versteift sich der Körper, bäumt sich oft nach vorn oben, der Atem wird lauter und rhythmisch, der Gesichtsausdruck tranceähnlich, der Mund formt ein «O». Nicht unbedingt wahrnehmbar, aber messbar sind ein erhöhter Puls und das unwillkürliche Zusammenziehen der Scheiden- und Anusmuskulatur.

Diese Muskelbewegungen gelten beim Menschen als untrüglichstes Zeichen des Orgasmus – bei Mann und Frau. Spürbar sind sie oft nur als heftige Zuckungen des Penis oder der Scheide. Um es genau zu sagen, ziehen sich die Muskeln im Unterleib ein paar Mal zusammen, und zwar im Abstand einer knappen Sekunde.

Wenn Sie also perfekt simulieren wollen, ist das einer der wichtigsten Punkte.

Wie sag ich's meinem Freunde ...?

Sie haben regelmäßigen Sex mit einem netten Kerl, aber er weiß noch nicht, dass Sie bis jetzt leer ausgingen? Mein wichtigster Tipp: Warten Sie nicht zu lange damit, ihn aufzuklären, und lügen Sie nicht. Nichts zu sagen, ist das eine – vorsätzlich die Unwahrheit zu sagen, das andere.

Je länger eine Frau vortäuscht und sich in Lügen verstrickt, desto schwieriger ist es, da wieder rauszukommen – ganz klar. Nach zwei Monaten zu gestehen: «Schatz, ich war bis jetzt zu schüchtern, es dir zu sagen», mag noch gehen. Aber nach einem Jahr oder sogar mehreren Jahren: «Ich hab dir die ganze Zeit was vorgemacht» – auweia. Vielleicht fühlt er sich komplett verkohlt, weil sie ihn die ganze Zeit angelogen hat, vielleicht fühlt er sich degradiert zu einem dumpf rammelnden, schwanzfixierten Blödmann, dem sie nicht zutraut, dass er es kapiert, wie sie zu befriedigen ist. Vielleicht ist er sogar ein solcher Blödmann, aber das möchte sie ihm aus dem einen oder anderen Grund nicht unter die Nase reiben.

Auf jeden Fall wird er geschockt sein und infrage stellen, ob Sie je den Sex mit ihm genossen haben. Deswegen ist das das Erste, was Sie ihm versichern müssen: «Der Sex mit dir war immer wunderbar/total toll/technisch einwandfrei ...», oder so was.

Und wie sollen Sie ihm beibringen, dass Sie bis jetzt keine Orgasmen hatten? Durch liebevoll ausgedrückte Ehrlichkeit. Sagen Sie ihm etwas in der Art von: «Es ist schwierig für mich, in Anwesenheit eines anderen zu kommen. Ich hab dich darüber im Unklaren gelassen, weil ich nicht wollte, dass du denkst, der Sex wäre für mich nicht schön. Oder dass du denkst, mit mir wäre sexuell was nicht in Ordnung. Ich dachte, ich brauch einfach noch Zeit, und der Orgasmus würde sich irgendwann von selbst einstellen – was aber nicht passiert ist.»

Und wenn Sie schon mal dabei sind, können Sie ihm auch gleich ein paar Hinweise geben, was er besser machen soll. In diesem Buch gibt's ebenfalls jede Menge davon. Lesen Sie einfach weiter und lassen Sie ihn mitlesen.

Ein Wort an die Männer

Es hat sich also herausgestellt, dass Ihre Partnerin simuliert. Autsch. Was Sie jetzt keinesfalls tun sollten, ist, den falschen Ehrgeiz zu entwickeln, ihr zu einem «echten» O verhelfen zu müssen. Das würde sie so unter Druck setzen, dass sie doch wieder schauspielert – nur raffinierter.

Genauso verhält es sich generell bei Fragen wie «Bist du (wieder nicht) gekommen?» oder «Wie können wir dir endlich einen Orgasmus machen?». Besser wäre es, allgemeiner zu fragen: «Hast du Ideen, was wir beim Sex ausprobieren könnten?» – «Was kann ich tun, um dir im Bett eine Freude zu bereiten?» – «Hast du irgendwelche sexuellen Wünsche? Hab keine Scheu, mir alles zu sagen.»

Paul Joannides, Autor des Sexratgebers «Wild Thing», rät: «Statt zu versuchen, Ihre Partnerin zum Orgasmus zu hetzen, sollten Sie besser herausfinden, was ihr körperliches Wohlbehagen bereitet. Im Gegensatz zu dem, was Sie mutmaßen, kann das auch eine lange Umarmung sein, ein ausgedehntes gemeinsames Bad oder einfach der Verzicht darauf, ihr sofort zwischen die Beine zu grapschen, wenn Sie geil sind.»

Verwenden Sie reichlich Zeit darauf, herauszufinden, was sie erst in lustvolle Stimmung und dann in Ekstase versetzt. Der Rest findet sich irgendwann von selbst.

Kapitel 5
Orgasmushemmer beim Solosex:
Ursachen und Lösungen

Oft fragen mich Frauen, ob sie denn erst lernen müssen, sich selbst zu befriedigen, um orgasmusfähig zu werden. Nun ja: Nicht unbedingt, denn etliche Frauen haben ihren ersten Höhepunkt nicht von eigener Hand, sondern durch ihren Partner – aber es hilft enorm! Vor allem denen, die noch nie einen hatten. Denn im Prinzip ist es einfacher, es mit sich selbst auszuprobieren und zu erleben, als vor «Publikum» zu explodieren. Und je mehr Sie sich antrainieren, auf alle möglichen Arten zu kommen, desto eher ist auch etwas dabei, was Ihr Partner gut anwenden kann.

Hier erst mal der Übersicht halber eine Liste der möglichen Faktoren:

A) Ihnen ist nicht nach Selbstbefummeln
B) Ihr Unterleib zeigt kaum Reaktionen
C) Müdigkeit, Erkrankung, Alkohol, Drogen, Medikamente
D) Masturbation erregt Sie zu wenig
E) Falsche Stelle
F) Falsche Technik
G) Sie sind zu trocken
H) Sie kommen nur mit einer ganz bestimmten Methode
I) Sie schaffen's bis kurz davor, kommen aber nicht über die Schwelle
J) Sie setzen sich selbst unter Druck

a) Ihnen ist nicht nach Selbstbefummeln

Jeder Frau nützt es, zur «Mastur-Masterin» zu werden. Aber wie jede Meisterschaft erlangt man sie nur durch Lernen und Üben.

Wenn eine Frau sich nie anfasst, denken viele Leute gleich: Die hatte bestimmt in ihrer Jugend eine Gehirnwäsche, dass das widerlich und unanständig ist und dass das nur die ewig notgeilen Kerle tun.

So etwas kann vorkommen, nur, falls das wirklich der Grund ist, zeigt sich die verinnerlichte Einstellung meist auch in anderen Bereichen der Sexualität. Zum Beispiel dass die Betreffenden oft nicht um des Vergnügens willen mit einem Mann schlafen, sondern um ihn zu binden oder zu etwas zu bewegen. Die werfen auch gern mit Wendungen um sich wie «Er hat mich nur benutzt», «Männer wollen doch nur das eine», «Ich hab ihn mal wieder rangelassen»; und sie lehnen viele Praktiken von vornherein ab, weil sie sie abstoßend finden oder sich dabei «nuttig» vorkommen.

Aber sind es immer Scham, Schuldgefühle und sexualfeindliche Erziehung, die Frauen vom Selfservice abhalten? Ist eine gleich verklemmt, weil sich ihre Hand nur selten in den eigenen Schritt verirrt?

Ich glaube, nicht, denn fehlende Lust an der Selbstbefriedigung betrifft auch die, die beim Zweiersex mit Leidenschaft und Experimentierfreude dabei sind. Wir sind weder unnormal, wenn unser Höhepunkt ausbleibt, noch, wenn wir wenig masturbieren. In beider Hinsicht lassen wir uns zu sehr von männlichen Mustern irritieren. Laut Umfrage befriedigen sich 43 % der deutschen Frauen unter 50 nie und 32 % seltener als einmal im Monat. Insgesamt tun's also drei Viertel von uns sehr selten bis nie! Fast derselbe Prozentsatz von Männern onaniert hingegen oft bis ständig. Und zwar am meisten in «verkehrsberuhigten» Zeiten. Denn

Spermien sind nur dann fruchtbar, wenn sie beweglich sind, und nur beweglich, wenn sie frisch sind – daher muss der Samen alle paar Tage erneuert werden und der alte raus. Drum haben Männer ständig «Druck», den sie durch Beischlaf oder Handorgeln loswerden. Im Frauenkörper sorgt der Zyklus für die Erneuerung: Indem er jeden Monat ein Ei bereitstellt und die Gebärmutter mit blutreichem Gewebe auspolstert, in das sich das befruchtete Ei einnisten kann. Findet keine Zeugung statt, wird das Ei samt Nistgewebe mit der Regelblutung abgestoßen und innerhalb von zwei Wochen aufs Neue bereitgestellt. Für die Fortpflanzung ist weibliche «Eigenliebe» also nicht so wichtig – weibliche *Lust* schon, vor allem, wenn ein Partner da ist: Je öfter die Frau zur Paarung bereit ist, desto wahrscheinlicher eine Zeugung.

Deshalb gerät bei vielen Frauen, die solo sind, der Sex immer mehr in Vergessenheit. Aber sobald sie wieder jemanden haben, erwacht ihr Trieb aus dem Dornröschenschlaf und stürmt mit voller Wucht los: Beischlaf, sooft man zusammen ist, und für die Zeit dazwischen wird selbst Hand angelegt.

Immerhin hat regelmäßiger Sex viel Gutes, auch eigenhändiger: Er entspannt, stärkt das Immunsystem, harmonisiert den Hormonhaushalt, durchblutet den Unterleib, macht sexuell reaktionsfähiger etc. pp. Das alles fördert ja auch die Fruchtbarkeit. Wahrscheinlich deswegen tun's sogar Affenweibchen.

Dass bei vielen Frauen einfach wenig Drang nach autoerotischen Übungen da ist, illustriert der Brief der 17-jährigen Luise:

«Ich dachte, ich würde nie rausfinden, was ein Orgasmus ist. Aber vor kurzem probierte ich mal Selbstbefriedigung aus. Hat sogar geklappt! Es hat zwar ziemlich lange gedauert, doch dann hatte ich ein schönes Gefühl und auch Muskelkontraktionen in der Scheide. Also eigentlich wie ein echter Orgasmus, nur ziemlich kurz (liegt es an meinem Alter?). Ich fand es irgendwie gar nicht sooooo wahnsinnig toll oder berauschend. Seitdem habe ich auch überhaupt keine Lust mehr auf Selbst-

befriedigung. Mein Freund sagt, dass es bei ihm auch nicht mehr als ein Kribbeln im Bauch ist. Da frag ich mich jetzt, warum Jungs immer so geil darauf sind, zu kommen.»

Trieb, Eroberungsdrang, Spermastau? Wobei viele ja auch größere Orgasmen erleben. Dass Luises etwas knapp ausfiel, kann durchaus an ihrer Jugend liegen. Die großen stellen sich selten von allein ein – frau muss gelernt haben, mit ihrem Körper umzugehen. Aber es ist ja schon mal erfreulich, dass sie überhaupt kommt – da hat sie schon vielen Mädels ihres Alter was voraus.

«Das bringt mir nichts», «Das fühlt sich komisch an», «Das hab ich nicht nötig», höre ich oft von Frauen als Argumente gegen die Masturbation. Abgesehen davon, dass in solchen Äußerungen tatsächlich oft noch etwas von der altmodischen Ablehnung mitschwingt, fühlt es sich nur dann «komisch» an, wenn frau es nicht richtig macht (dazu unten mehr). «Nötig» haben wir's alle nicht, aber Schokolade zu essen, haben wir auch nicht nötig und tun's trotzdem. Bringen kann es eine Menge, vor allem für den Spaß zu zweit. Wenn Sie schon nicht um Ihretwillen üben wollen, dann tun Sie's Ihrem Schatz zuliebe. Er wird sich freuen, wenn Sie zur Gipfelstürmerin werden.

Was natürlich auch sehr viele Frauen davon abhält, sich Orgasmusfähigkeit anzutrainieren, ist: Sie haben zu wenig Zeit, Muße, Gelegenheit; zum Beispiel ist eine Frau mit Mann und Kindern fast nie allein. Selbst bei berufstätigen Singles ist das manchmal nicht ganz einfach. Marlene, eine Bekannte von mir, klagt: «Werktags stehe ich um halb sieben auf und bin immer in Eile, weil ich in meinem Job gut aussehen muss und einen langen Arbeitsweg habe. Morgens geht also gar nicht. Nach der Arbeit mache ich Sport oder treffe mich mit Freunden oder habe Geschäftsessen. Auch das Wochenende ist immer randvoll: Ich muss mich um meinen Haushalt, mein Styling, meine verwitwete Mutter und meine Freunde kümmern. Ich sinke sieben Tage die Woche abends erschöpft ins Bett und bin schlichtweg zu müde zur Selbstbefriedigung.»

Bloß: Wenn Sie Ihrem Orgasmus wirklich auf die Sprünge helfen wollen, müssen Sie sich etwas Zeit und Gelegenheit für regelmäßige Solosex-Versuche schaffen. Sie würden ja auch nicht erwarten, dass Sie ohne Üben Gitarre spielen können.

> BESSERE BEDINGUNGEN ...
> Mein Tipp: Handy, Telefon, Türklingel, Fernseher und Radio abschalten, Haustiere raus aus dem Schlafzimmer und Tür zu! Falls Sie Kinder haben, sind natürlich Zeiten günstig, in denen die Kleinen schlafen oder in Betreuung sind (schicken Sie zur Not ruhig mal Ihren Partner oder Babysitter mit den Kids für ein, zwei Stunden auf den Spielplatz, ins Kino, ins Schwimmbad o. Ä.!).

B) IHR UNTERLEIB ZEIGT KAUM REAKTIONEN

Ist das komplizierte sexuelle Zusammenspiel von Blutgefäßen, Nerven und Muskeln gestört, reagiert der Unterleib zu wenig auf Stimulation. Wenn er sich wie taub anfühlt, kann das daran liegen, dass die Reizleitung zwischen Genitalien und Gehirn nicht funktioniert. Z. B. weil bei einer Unterleibsoperation versehentlich Nerven durchtrennt wurden. Oder wegen einer Erkrankung, die die Nerven beeinträchtigt (z. B. Nervenleiden wie Multiple Sklerose). Oder weil die Frau aus einem der Länder stammt, wo die weibliche Beschneidung noch üblich ist. Kennzeichen, dass ein Nervenproblem zugrunde liegt: Ihr Intimbereich spürt auch «normale» Berührungen (z. B. beim Waschen) nicht oder kaum.

Ebenso mindert alles, was die Durchblutung verändert, die genitale Empfindung: Diabetes, Gefäßerkrankungen, zu hoher/zu niedriger Blutdruck und einige andere Erkrankungen, aber auch Rauchen, Alkohol, Stress, Ängste u. a.

Die Klitoris ist ja ein Schwellkörper, und zwar nicht nur das winzige Knöpfchen, was wir außen sehen – sie hat Fortsätze nach innen[4], die sich bei Erregung mit Blut füllen und sehr zu weiterer Erregung und zum Orgasmus beitragen. Auch die Scheide hat Schwellkörper; sie machen den Eingang weiter, um das Eindringen zu erleichtern, und im Innern plustern sie die Scheide auf, um mehr Platz für den Penis zu schaffen. Die erhöhte Durchblutung der Scheidenwände erhöht auch die Befeuchtung. Findet das alles nicht oder zu wenig statt, fühlen sich alle möglichen sexuellen Aktionen fade oder unangenehm an. Als weitere Ursache kommt ein Mangel des Hormons Testosteron infrage (siehe dazu S. 126).

Es kann aber auch sein, dass das Gehirn die Empfindung aus seelischen Gründen unterdrückt – die Taubheit ist psychosomatisch, das heißt, seelische Probleme oder Abwehr drücken sich auf körperlicher Ebene aus. Oft betrifft es Frauen, die zu viele negative Erfahrungen im Zusammenhang mit Sex gemacht haben.

Die 58-jährige Ingrid erzählt:

«Meine ganze Kindheit hindurch wurde mir vermittelt, dass Sex etwas Schmutziges, Unschönes ist, aber dass Frauen es über sich ergehen lassen müssen, wenn sie verheiratet sind. Und so war das dann auch bei mir. Ich hab jungfräulich geheiratet und leider einen Mann erwischt, mit dem's im Bett selten Spaß gemacht hat, weil er kein Gefühl für mich hatte und weil er dauernd Sachen wollte, die mir total gegen den Strich gingen. Ich hab das 30 Jahre über mich ergehen lassen und allmählich total dichtgemacht. Ich fühle da unten gar nichts mehr, egal ob ER mich anfasst oder ICH mich. Das hab ich auch meinem Mann klar gemacht. Der Bereich ist tot. Für mich ist das völlig okay, denn so hab ich Ruhe.»

---

[4] Diese Fortsätze werden bis zu 9 cm lang!

Für Ingrid ist der jetzige Zustand zwar in Ordnung, aber ich finde, keine Beziehung, keine materielle Versorgung und kein guter Ruf sind es wert, jahrzehntelang schlechten Sex über sich ergehen zu lassen. Sollten Sie mitten in einer solchen Situation stecken, wie Ingrid sie hinter sich hat, dann tun Sie's ihr bitte nicht gleich! Sondern ändern Sie so schnell wie möglich etwas. Das Lesen dieses Buches ist ein guter Schritt, denn es liefert Ihnen viele Hilfestellungen.

c) Müdigkeit, Erkrankung, Alkohol, Drogen, Medikamente

Müdigkeit kann nicht nur den Drang nach Eigenliebe hemmen, sondern auch – falls Sie's trotz Schlafbedürfnis versuchen – den Orgasmus selbst. Viele Frauen masturbieren, wenn überhaupt, erst kurz vorm Einschlafen und wundern sich dann, dass sich kaum etwas tut. Tja, die Genitalien sind genauso müde wie der Rest des Körpers – und deshalb nicht mehr so reaktionsfähig. Das gilt auch für eine generelle Erschöpfung (durch Dauerstress, Schlafmangel u. Ä.).

Auch Erkrankungen, Medikamente und Drogen können Ihr Empfindungsvermögen beeinträchtigen. Diabetes, Bluthochdruck, Nervenleiden, Herz- und Gefäßerkrankungen habe ich im vorigen Punkt bereits genannt, weitere sind unter anderem Depressionen und Angstzustände – sowie alle Medikamente dagegen.

Einige der chemischen Mittel gegen Depressionen bzw. zur Antriebssteigerung oder Stimmungsaufhellung fördern die Bildung von Prolaktin. Das Hormon Prolaktin ist jedoch ein altbekannter

Lust- und Orgasmusblocker![5] Insofern müsste ein Mittel, das die Prolaktinausschüttung hemmt, diesen negativen Effekt wieder aufheben. Dass das funktioniert, haben Sexualwissenschaftler um Tillmann Krüger von der Eidgenössischen Technischen Hochschule in Zürich durch Tests herausgefunden (das Mittel heißt Cabergolin; es wird unter anderem stillenden Müttern verabreicht, um ihnen das Abstillen zu erleichtern.) Ob es auch als «Lustturbo» dienen könnte, wird derzeit diskutiert.

Was Alkohol betrifft, kann eine kleine Menge davon (etwa ein Gläschen Sekt oder ein halbes Glas Rotwein) lockern – aber schon ein Tick zu viel ist einer der effektivsten Orgasmusverzögerer, die's gibt! Exakt dasselbe betrifft Haschisch, Gras und einige andere Drogen.

Ferner ist es völlig logisch, dass Ihr Körper nicht «volle Lust voraus» hergibt, sobald er irgendwo wehtut, durch Krankheit oder Ähnliches nicht in der Balance ist – kurzum, Sie sich nicht wohl fühlen.

ÜBUNG: EIGENWAHRNEHMUNG

Horchen Sie in Phasen sexueller Anlaufprobleme ruhig öfter in sich hinein: Wie fühlen Sie sich? Legen Sie sich hin, atmen Sie ein paar Mal tief durch, und dann gehen Sie Ihren Körper von Kopf bis Fuß Stück für Stück durch: Was empfinden Sie an den jeweiligen Stellen? Wo hakt's, welcher Bereich ist verspannt oder vernachlässigt? Und: Was können Sie tun, damit Sie sich besser fühlen?

---

5 Am meisten Prolaktin wird übrigens produziert, wenn Frauen stillen – siehe auch Seite 163.

d) Masturbation erregt Sie zu wenig

Dann zählen Sie zu den Frauen, deren Genitalien bei guter Stimulation durch einen Partner sehr wohl reagieren – aber nicht oder fast nicht bei Eigenberührung. Das kann daran liegen, dass keine «Grunderregung» da ist – was beim Solosex ein wenig schwieriger ist als mit einem Schatz, der zärtlich küsst und kost ...

Für manche Frauen funktioniert es, sich selbst an allen möglichen Körperstellen zu streicheln und sich (mit geschlossenen Augen) vorzustellen, es sei jemand anders, der da gerade zugange ist. Anderen heizen richtig derbe Phantasien besser ein. *Erotische Vorstellungen spielen für die erfolgreiche Selbstbefriedigung eine tragende Rolle!* Und zwar zur Einleitung wie auch beim Endspurt. Falls Ihr Kopf da zu wenig in petto hat oder Ihre eigenen Phantasien Sie zu wenig antörnen, dann benutzen Sie «Fremdmaterial»: sexy Bilder (aus Magazinen, Büchern, Katalogen, dem Internet ...), Filme, Videos oder DVDs, erotische Lektüre – Tipps dazu finden Sie auf den Seiten 182–185.

e) Falsche Stelle

Vielleicht fühlt es sich nicht gut an, weil Sie nicht am rechten Ort tätig werden! So Sie zu den Frauen gehören, die am Kitzler wenig, aber vaginal viel empfinden, nützt es natürlich nichts, wenn Sie außen an sich herummanipulieren. Genauso gibt es Mädels, die «Fingern» für den richtigen Weg halten, weil ihnen ein Unerfahrener seinen Finger in die Scheide gesteckt hat; oder auch solche, die die Damen in Pornos mit länglichen Gegenständen in sich herumfuhrwerken sahen und dann glauben, das wäre der Königsweg zum selbst gemachten Glück (wo sich doch die Pornomiezen damit im Nu zum Abheben bringen!). Nun ja, in der Realität funktioniert das bei wenigen Frauen – ich schätze, bei unter zehn Prozent; die meisten sind mit einer Stimulation des Kitzlers oder seiner Umgebung besser bedient.

Ich erwähne seine *Umgebung*, weil bei etlichen Frauen zwar der Kitzler eigentlich die richtige Stelle ist, aber wieder doch nicht – einfach weil er für direkte Berührung zu empfindlich ist.

Testen Sie, ob es etwas bringt, wenn Sie mit der ganzen Hand ein Stück des Venushügels und des oberen Teils der Schamlippen umfassen und das Ganze rhythmisch bewegen, und zwar so, dass der Kitzler mitstimuliert wird. Oder wenn Sie Ihre Finger nicht direkt auf ihm, sondern daneben oder oberhalb davon platzieren. (Weitere Anregungen in Kapitel 7!)

F) FALSCHE TECHNIK

Manche Frauen imitieren die Art der Kitzlerstimulation, die ein Kerl an ihnen ausgeübt hat oder die sie in einem Sexfilm gesehen haben, an sich selbst. Leider ist beides oft zu hart, zu heftig, zu grob! Und dann passiert zum Beispiel das, was Franca, 18, beschreibt:

«Ich versuche seit einiger Zeit, mich selbst zu befriedigen. Und zwar indem ich meinen Kitzler reibe. Leider komme ich nie zum Höhepunkt, denn mein Unterleib verkrampft sich immer so, dass es gar nicht mehr schön ist. Was mach ich falsch, ist etwas mit mir nicht in Ordnung?»

Ich antwortete ihr, dass sie möglicherweise zu stark und zu direkt reibt, und gab ihr eine Anleitung, wie Sie sie in Kapitel 7 finden. Und ich riet ihr, nicht einen Orgasmus herbeizwingen zu wollen, sondern zuerst einmal ganz zart anzufangen und herumzuprobieren, was sich *wirklich* schön anfühlt.

AN-, NICHT ENTSPANNEN!

«Zum Kommen muss frau entspannen», hört man dauernd. Das betrifft aber eher den Kopf und die Situation! Je mehr Sie sich dem Gipfel nähern, desto stärker steht Ihr Körper unter Spannung wie ein Panther vor dem Sprung. Vor allem der Unterleib oder, noch exakter, die Beckenbodenmuskeln. Die verlaufen zwischen den Beinen und umschließen Harnröhre, Scheide und Anus. Erst beim Anrollen der ersten Gipfelwelle wird «losgelassen». Was enorm dabei hilft: Beckenbodentraining (siehe S. 59f.).

Ein weiterer Fehler ist, die Technik dauernd zu wechseln, etwa die Bewegung mal hin-her, mal kreisend, mal klopfend auszuführen. Variationen sind prima, um herauszufinden, was Ihren Unterleib überhaupt in Wallung bringt; aber wenn sie sich zum Höhepunkt streicheln will, fährt die weibliche Mehrheit besser, die Technik beizubehalten, die den größten «Geilheitsgewinn» hergibt. Und das betrifft auch den Rhythmus.

Selbst Luftholen kann eine Rolle spielen. Etliche Frauen halten unwillkürlich den Atem an, sobald es auf den Orgasmus zugeht – für manche funktioniert das, andere machen damit buchstäblich dicht (Tipps dazu in Kapitel 10).

Aber selbst die beste Technik nützt manchmal nichts, falls es an Folgendem scheitert:

g) Sie sind zu trocken

Am ehesten wird eine Frau ja feucht durch die Anwesenheit eines Partners und dessen körperliche Zuwendungen; da dies beim Solosex wegfällt, kommt logischerweise weniger Befeuchtung auf. Aber das Hantieren an trockenen Genitalien kann sich geradezu unangenehm anfühlen oder zumindest lange nicht so gut, wie wenn's «wie geschmiert» läuft!

Ihre eigene Schmiermittelfabrikation kommt in Gang, indem Sie sich durch Selbststreicheln und erotische Vorstellungen in Stimmung bringen, oder Sie können sich ein wenig Feuchte aus der Scheide holen. Falls es dort auch ziemlich trocken zugeht, kommen folgende Ursachen infrage:

1) Mangel am weiblichen Hormon Östrogen (z. B. durch Wechseljahre oder Menopause, starkes Rauchen, Untergewicht, Mangelernährung oder Diäten, Leistungssport, oder Sie verhüten mit einer Pille, die nicht zu Ihnen passt).
   Tipp: Beim Frauenarzt einen Hormonstatus machen lassen. Er kann auch östrogenhaltige Scheidencreme verschreiben, die vielen recht gut hilft.
2) Sie sind älter als 35. Leider ist der «Fortpflanzungsapparat» das, was an einer Frau am schnellsten altert, und so kann's eben auch kommen, dass die Drüsen, die die Feuchte erzeugen, nicht mehr so gut arbeiten.
3) Viele Frauen trinken viel zu wenig, was sich auf die Feuchtigkeit des ganzen Körpers auswirkt (so auch auf die Hydrierung der Haut, auf den Speichel, die Scheidenlubrikation usw.). Ich spreche nicht von Alkohol, sondern von der Flüssigkeit, die man im Laufe des Tages zu sich nimmt. 2 bis 3 Liter am Tag sollten es mindestens sein, bei Sportlerinnen auch mehr!

Übrigens: Alkohol und Koffein trocknen den Körper aus.

4) Sie benutzen ständig Hygieneprodukte, die die Vulva trockenlegen, wie Slipeinlagen, Binden, Tampons.
5) Die Haut Ihrer Vulva ist durch zu häufiges Waschen und den Gebrauch von Seifen oder Waschgels ausgelaugt, oder Ihre Vaginalflora leidet durch Scheidenspülungen.
6) Sie sind nicht erregt genug (Sie haben sich selbst nicht in Stimmung gebracht, sich kein Vorspiel gegeben, Gedanken oder Geräusche lenken Sie ab ...).
7) Langes Radfahren, langes unbequemes Sitzen, im Schritt sehr enge Kleidung.
8) Einige Erkrankungen (z. B. Fieber, Scheideninfekte) und einige Medikamente (z. B. Antihistaminika) – siehe auch Punkt C!

Tipp: Nehmen Sie zum Solosex ein Gleitmittel hinzu – das wirkt oft Wunder! Am besten eignen sich speziell für den Sex konzipierte Gleitgels (Tipps in Kapitel 9). Zur Not tun's auch Vaseline und unparfümierte Öle (etwa Salatöl), aber bitte nicht Cremes oder Lotionen (die sind zum Einziehen gemacht, und das tun sie leider auch ziemlich schnell; die meisten enthalten außerdem Parfüme, die Ihre sensible Zone reizen können!).

H) Sie kommen nur mit einer ganz bestimmten Methode

Oftmals sind das irgendwie «unverfängliche» Techniken, die wenig mit Selbstbefummelung und schmutzigen Machenschaften zu tun haben. Zum Beispiel

- die Beine fest zusammenzuklemmen, eventuell auch aneinander reiben,

- sich an etwas zu reiben, etwa auf dem Bauch liegend an der Matratze oder am Kissen,
- das Laken zwischen den Beinen durchzuziehen,
- «natürliche» Vibrationen, z. B. in oder auf einem Fahrzeug,
- der Strahl der Handbrause oder des Wasserhahns beim Baden oder Duschen.

Falls Ihre Methode hier einzuordnen ist, wäre es gut, wenn Sie in sich gehen, ob Sie einen (moralisierenden) Richter im Hinterkopf haben, der Sie davon abhält, sich mit den Fingern, Spielzeug u. Ä. ein Höchstmaß an Eigenlust zu verschaffen. Falls dem so ist, dann verbieten Sie dem Richter den Mund! Und fangen Sie an, lustvoll mit sich herumzuexperimentieren!

Andere Frauen fassen sich zwar sehr wohl selbst an oder benutzen Sexspielzeug, aber haben zu wenig Eigeninitiative oder Gelegenheit, um sich andere Techniken anzueignen. Obwohl es positiv ist, dass sie überhaupt einen Weg wissen, sich selbst sexuell zu beglücken, ist es schade, dass sie auf einen einzelnen fixiert sind. Denn erstens beschränkt das ihre Chancen, zusammen mit einem Partner zu kommen, zweitens macht es einfach mehr Spaß, auch andere Methoden zur Hand zu haben – allein und zu zweit.

1) Sie schaffen's bis kurz davor, kommen aber nicht über die Schwelle

Wenn Sie nicht darüber gelangen oder nur mit knapper Not, scheitert's sehr oft an diesem Punkt:

- zu schwache Beckenbodenmuskulatur

Wie ich bereits erwähnte, ziehen sich beim Höhepunkt die Muskeln zwischen den Beinen – Beckenboden- oder PC-Muskeln genannt – rhythmisch zusammen. Leider sind sie bei sehr vielen Frauen nicht wirklich trainiert – und dann kann sich eben auch nicht viel zusammenziehen! Die Gleichung ist ganz einfach: *schlapper Beckenboden, schlapper Orgasmus.*

Gründe für eine lasche Beckenbodenmuskulatur:

- zu wenig Sport,
- zu wenig Sex bzw. zu wenig Orgasmen (häufige Höhepunkte trainieren diese Muskeln!),
- Erschlaffung durch Geburt,
- Alterungsprozesse, vor allem wenn eine Veranlagung zu schwachem Bindegewebe besteht.

BECKENBODENTRAINING

Um Ihren Scheideneingang herum befinden sich Muskelstränge, die auch dazu dienen, Harnröhre und Anus zu schließen bzw. zu öffnen. Versuchen Sie mal beim Wasserlassen, den Urinstrahl zu unterbrechen – genau das ist der Muskel, den Sie trainieren wollen. Um ihn ganz sicher zu orten, legen Sie einen Finger in den Scheideneingang und versuchen, ihn durch Anspannen der Scheide zu umschließen. Bei guter Muskulatur wird es Ihnen fast mühelos gelingen. Sprich, der Finger spürt den Druck der Scheide, und die Scheide spürt den Widerstand des Fingers. Falls das bei Ihnen nicht so ganz hinhaut, besteht akuter Trainingsbedarf!

Übung Nr. 1: Sie spannen die Muskeln an wie beim Umschließen des Fingers, und zwar mehrmals hintereinander. Am besten so oft wie möglich (okay, in Krämpfe darf's nicht ausarten!). Zum Beispiel 10 bis 20 Wiederholungen, dann 3–5 Minuten Pause, dann nochmal ein Satz von 10 Wiederholungen, nochmal Pause, nochmal ein Satz.

Übung Nr. 2 («Fahrstuhlfahren»): Dabei stellen Sie sich vor, Sie ziehen den Scheideneingang nach innen/oben, und zwar in drei «Etagen». Also erst nur ein kleines Stückchen hoch (1. Stock), dann noch eins (2. Stock). Danach langsam wieder runter – 1. Stock, Erdgeschoss – und in den Keller. Davon machen Sie 8 bis 15 Wiederholungen, Pause und nochmal ein bis zwei Sätze.

Übung Nr. 3: Legen Sie sich rücklings auf eine feste Unterlage (Matte, Teppich o. Ä.), winkeln Sie die Beine an und stellen Sie die Füße hüftbreit auf, sodass Sie bequem liegen und Ihr Rücken sich gut anfühlt. Jedes Mal beim Ausatmen stellen Sie sich intensiv vor, dass Sie etwas durch die Scheide nach innen ziehen – wenn Sie mit dem Körper mitgehen, wird sich jedes Mal Ihr unterer Rücken ein kleines bisschen runden und Ihre Hüfte einen Tick anheben. Beim Ausatmen lassen Sie wieder locker und legen die Hüfte wieder ab. 10 bis 15 Wiederholungen, Pause, nochmal ein bis zwei Sätze.

Übung Nr. 4: Unterbrechen Sie bei jedem Harnlassen den Strahl – bitte nicht gänzlich, sondern nur für eine Sekunde. Machen Sie das ruhig mehrmals, also: laufen lassen – stoppen – laufen lassen – stoppen usw.

Wie oft sollten Sie trainieren? Am besten mehrmals täglich, aber mindestens einmal am Tag (!). Die Übung 1 und 2 können Sie auch ganz unauffällig machen, zum Beispiel beim Fernsehen, Telefonieren, Autofahren, bei der Arbeit, im Bus ...

Sie steigern nicht nur die Orgasmusfähigkeit, sondern auch die Durchblutung und Gesundheit des gesamten Unterleibs. Sie straffen die Scheide, wenn sie durch eine Geburt geweitet ist, und helfen bei Blasenschwäche.

Ausführlichere Anleitungen und Hintergrundinfos finden Sie im Buch von Helle Gotved: «Beckenboden und Sexualität».

Den Beckenboden können Sie übrigens auch durch spezielle Geräte kräftigen, zum Beispiel durch Liebeskugeln – die gibt's in vielerlei Ausführungen in Sexshops, aber Qualität und Funktionalität schwanken enorm (Tipps dazu in Kapitel 9). Oder durch Elektrostimulationsgeräte – das sind tamponförmige Kolben aus Metall, die ganz leichte Schwachstromstöße abgeben und so die Muskulatur stimulieren. Tun nicht weh und werden vom Frauenarzt verschrieben.

Das Loslassen klappt einfach nicht

«Zurzeit versuche ich von eigener Hand, endlich mal einen Orgasmus zu haben. Das hatte ich sonst nie so ausführlich versucht, weil ich eigentlich immer einen Freund hatte und so nie das Bedürfnis dazu hatte. Es klappt auch immer besser, aber kurz davor ist es plötzlich entweder nicht mehr schön, oder es bleibt auf dieser angespannten Lustwelle, geht aber nicht weiter. Ich bin immer mächtig angespannt und komm nicht rüber in die Entspannung. Ich denke, mir fehlt nur das Loslassenkönnen, aber wie macht man das? Ich hatte erst zweimal im Leben einen Orgasmus, und zwar im Traum und auch nur ganz leicht. Das war so, dass ich aus dem Schlaf halb aufgewacht bin und dann gekommen bin, ohne etwas dazu zu tun. Also funktioniert es wohl, ich weiß nur nicht, wie. Bin echt schon verzweifelt.

Miriam, 26.

Diese Frau hat genug Beckenbodenmuskulatur – wahrscheinlich benutzt sie sie sogar zu sehr! Mein Spezialtipp für Miriam war:

«Versuch mal, sobald du auf dieser ‹angespannten Lustwelle› bist, dich bewusst zu entspannen, atme tief durch und mach währenddessen stetig weiter mit deiner Selbststimulation. Lass den Unterleib dann wieder ein bisschen Anspannung finden und wieder Entspannung und wieder leichte Anspannung...

Ein wenig Spannung für den Endspurt ist zwar fein, aber wenn sie viel zu hoch ist, blockiert die Muskulatur!

Spiele stattdessen mit deinem Körper und deiner Lust, lass sie hochkochen und wieder ein bisschen runterkommen und so weiter. Wie kleine Wellen, die sich irgendwann zu einer großen Welle aufbäumen.»

> HIER NOCH EIN EXTRA-KNIFF. WICHTIG!
> Wenn wir davon ausgehen, dass der weibliche Orgasmus ein Überbleibsel der eigentlich männlichen Anlage ist, müsste bei uns physiologisch etwas ganz Ähnliches passieren. Ist auch so. Gleich ist nicht nur das rhythmische Zusammenziehen der Unterleibsmuskulatur, sondern auch eine Bewegung, die eher nach außen geht! (Beweise dafür gibt es durchaus, z. B. die weibliche Ejakulation.)
> Das heißt: Wenn Sie merken, dass Sie ganz kurz vorm Überschreiten der Schwelle sind, kann es helfen, die Scheidenmuskeln nach unten fallen zu lassen. Oder auch mit diesen Muskeln pumpende Bewegungen zu machen und sie dann nach außen zu drücken. Schon allein dafür ist es wichtig, dass dort überhaupt eine brauchbare Muskulatur vorhanden ist!

ES DAUERT ZU LANG

«Ich mache so lang an mir rum, dass mir schon die Hand oder der Arm einschläft, und das Gefühl am Kitzler ist auch nicht mehr gut», schrieb mir Petra, 22.

Ich empfahl ihr erstens, etwas *Vibrierendes* zu versuchen – das hievt viele Frauen über diese Schwelle, die vorher unüberwindbar schien, und sind sie da erst mal drüber, klappen meist auch «Handgemachte» eher. Zweitens riet ich ihr, zum Solosex unbedingt ein Gleitmittel zu benutzen – es fühlt sich einfach besser an und verhindert, dass einem nach zehn Minuten die Kleine Doris abstirbt (gut geeignet für längere Sessions sind Gleitmittel auf Silikonbasis, z. B. «Slick'n'Slide» oder «Eros Bodyglide»).

Eine Woche später schrieb Petra zurück, dass der Vibrator bei ihr nur Missempfindungen auslöse. Durch Nachhaken ergab sich, dass sie ein Toy mit ziemlich starken Schwingungen direkt an ihre empfindlichste Stelle gehalten hatte – das war zu viel! Als ich ihr riet, dort Gleitmittel aufzutragen und das Ding eher außen oder auf die geschlossenen Schamlippen zu halten, klappte es!

«Es dauert ziemlich lange, so 20 min. Ist das normal?»

Ja. Das verkürzt sich, je besser frau (bzw. ihr Körper) mit Selbstbefriedigung umgehen lernt.

Angst vor Kontrollverlust

«Ich versuche seit sechs Jahren zu kommen – vergeblich», klagte mir Marthe, 22. *«Mein Problem, glaube ich, ist: Ich habe Angst vor dem Orgasmus! Auch wenn ich eigentlich nichts anderes will. Ich habe Panik, die Kontrolle zu verlieren! Aber ich weiß nicht, warum und was ich dagegen machen kann.*

Ganz, ganz selten passiert es, dass ich plötzlich irgendwie weg von der Welt bin und total erschöpft und bewegungsunfähig. Ein leicht wellenartiges Gefühl. Es überkommt mich im wahrsten Sinne des Wortes, sodass ich das eigentliche tolle Gefühl gar nicht richtig auskosten kann...»

Für mich klingt das durchaus nach einem Orgasmus. Vielleicht noch nicht so groß und so entspannend, wie er sein könnte, wenn sie diese Angst nicht hätte, aber immerhin...! Ich riet ihr zu mehr Geduld. «Dein Kopf wird die Kontrolle immer mehr aufgeben, je vertrauter dir das Gefühl und der ganze Vorgang wird. Die Frage ist: Warum hast du dabei Angst vor Kontrollverlust? Was könnte passieren? Befürchtest du, du könntest zu laut werden und die andern hören es?»

Sie bejahte das und sagte außerdem, sie hätte mal gehört, «dass manche Frauen dabei Urin verlieren oder so was». Ich sagte ihr, dass das nur bei ganz wenigen Frauen vorkommt, aber wenn es sie so beunruhige, könne sie ja ein Handtuch unterlegen oder den Slip anbehalten, der eine Damenbinde enthält. Und was das Lautwerden betrifft, sollte sie eine ruhige Stunde abwarten, in der sie ganz allein zu Haus ist, und sich unter die Bettdecke verziehen.

Petra wird irgendwann merken, dass sie selbst bei einem dicken Höhepunkt durchaus noch in der Lage ist, ihre Laute, Bewegungen usw. zu kontrollieren – gesetzt den Fall, sie will es. Wenn Leute ihren Orgasmus beschreiben als «Ich gerate völlig außer mir» oder ähnlich, dann ist das nur, weil sie WOLLEN, dass sämtliche Kontrolle fernbleibt.

J) Sie setzen sich selbst unter Druck

In manchen der aufgeführten Briefe klang ja schon an, dass das ein häufiger Grund ist, warum Masturbation einfach nicht klappen will. Und selbst gebrauter Erfolgsdruck wiederum hat selten nur eine einzelne Ursache – fast immer hängen mehrere zusammen und bilden für die Betroffene ein undurchschaubares Dickicht, vor dem sie steht wie der sprichwörtliche Ochs vorm Berg. Wie knifflig so etwas sein kann, zeigt mein Briefwechsel mit Jana, 28:

«Liebe Beatrice,

ich habe mit großem Interesse in deiner Internet-Beratung herumgelesen und mich immer wieder neu motivieren lassen, mich und meinen an-

orgasmischen Körper nicht aufzugeben. Allerdings bin ich erstaunt, den Hinweis auf Swifts Buch zu finden.[6]

Ich finde es sehr anregend, jedoch bin ich bisher immer an dem Punkt gescheitert, an dem sie erklärt: ‹Lernen Sie, sich selbst zum Orgasmus zu bringen.› Grmpf. Genau das will ich ja lernen. Fliegen Sie diesen Airbus nach New York, und dann zeige ich Ihnen, wie man ein Flugzeug startet ...

Gibt es einen Trick, um diese Hürde zu überwinden? Ich habe nie großes Interesse an Selbstbefriedigung gehabt und fühle dabei auch nicht wirklich was. Mein Kopfkino zeigt Pfannen, Einkaufszettel und vielleicht eine Folge ‹Lost›, aber nie wirklich erotisches Zeug.»

Ich checkte eine ganze Liste möglicher Störfaktoren mit ihr durch. Ergebnis: Sie ist gesund, fühlt sich ganz gut in ihrem Körper, hat keine nennenswerten Sexhemmungen, hat weder Unterleibserkrankungen noch schreckliche Erfahrungen noch sexualfeindliche Erziehung hinter sich, raucht nicht, trinkt nicht, und das Liebesspiel mit ihrem jetzigen Freund macht ihr meistens Spaß.

Erste Anhaltspunkte: Von sich aus hat sie allerdings einen eher schwachen Sextrieb, d. h., sie ergreift sehr selten die Initiative zum Paarakt und verspürt auch keinen Drang nach Masturbation. Die probiert sie nur ab und zu in der Hoffnung, überhaupt mal in Orgasmusnähe zu kommen. Und ihre Genitalien scheinen nur recht schwach oder zögerlich auf Stimulation zu reagieren.

Diverse vibrierende Gegenstände hat sie auch schon getestet:

«Hin und wieder, wenn ich den Vibrator zwischen mich und eine Bettdecke klemme und diese ganz fest an mich drücke, hebe ich tatsächlich ein wenig ab. Aber der Absturz kommt garantiert, eine falsche Bewegung, ein falsches Geräusch auf der Straße, und schon kann ich den Vibrator wieder weglegen. Lustschreie kamen dabei noch keine auf.»

---

6 «Ich komme, wann ich will».

Sie ist also sehr leicht ablenkbar. Ich fragte sie, ob sie manchmal gezielt Sexphantasien oder erotisches Material benutzt.

«Ich habe eine ansehnliche Sammlung von Pornobildern im PC, die mich durchaus anmachen, nur irgendwie vergesse ich sie ständig. Ich stolpere zwar hin und wieder drüber, wenn ich am PC arbeite, aber dass ich mir mal gezielt was anschaue, ist Ewigkeiten her. Ich fasse mich dabei sowieso nie an, denn das macht jeder Erregung wieder ein Ende. Ich hab auch schon Pornos allein oder mit meinem Freund angesehen. Als Filme reizen mich Pornos nicht, vielleicht liegt es aber auch nur an der häufig dämlichen Handlung und dem gezeigten Frauenbild.

Ich kann mir alles vorstellen, von blauen Hula-Tänzerinnen bis hin zu Unterwasser-Städten mit jodelnden Nilpferden. Ich kriege auch die härtesten Pornos hin, aber egal, was ich mir vorstelle, es wirkt nicht oder kaum auf meinen Unterleib.»

Ich riet ihr, sich ein paar Mal bewusst direkt vorm Masturbieren stimulierende Bilder anzusehen, diese dann während des Solosex zu einem Film auszubauen und wirklich zu versuchen, gedanklich dabeizubleiben (sowie ablenkende Faktoren weitestgehend auszuschalten). Zwei Monate später schrieb sie mir:

«Ich habe bestimmt schon zehnmal angefangen, dir zu schreiben, und immer wieder anders: mal totaler Frust, mal hoffnungsvoll.

Die Übungen gehen schleppend voran, vor allem, weil ich nie wirklich Lust darauf habe. Anders gesagt, wenn ich Lust habe (was vorkommt), schlafe ich mit meinem Freund, anstatt zum Vibrator zu greifen. Wenn mein Freund mal nicht da ist und ich versuche zu üben, ist es eher eine Art Pflicht (die aber auch schon zweimal recht erfolgreich verlief).

Nur traue ich mich noch nicht, auch mal die Selbstbefriedigung zu üben, wenn er zu Hause ist. Ich habe Angst, er würde mich dann als besessen betrachten. Ich kann mich dabei einfach zu wenig fallen lassen. Das mit den Phantasien klappt auch immer noch zu wenig, irgendwie sind die Bilder oft wieder weg, sobald ich im Bett bin, und ich sehe dann eher den Riss in der Decke oder denke, dass das Katzenklo mal wieder geleert werden muss.

Meine beiden erfolgreichen Pflichtübungen verliefen so, dass ich mich selbst dabei beobachtete, wie ich ins Kissen fiepte, mein Herzschlag war irgendwo zwischen meinen Beinen, alle Gedanken an Katze, Einkauf, Müll runter etc. waren ganz weit weg, und als dann das heftige Gefühl vorbei war, war ich ganz ruhig und entspannt und sehr erfreut, dass es so weit geklappt hat.

Ich habe festgestellt, dass es viel bringt, sich mal ernsthaft derartig intensiv mit der eigenen Vorgeschichte zu befassen. Ich sehe auch häufiger Parallelen zu alten Bemerkungen und jetzigen Sorgen, die ich dann schnell beiseite schaffen kann.»

Ich fragte sie: «Wieso ‹besessen›? Welche alten Bemerkungen und jetzigen Sorgen?»

Sie erwiderte, sie habe schon eine wahre Orgasmus-Besessenheit entwickelt, weil es eben einfach nicht ginge. Zudem machte sie sich Sorgen, dass andere diese Besessenheit an ihr entdecken würden, und deshalb traute sie sich unter anderem nicht, ihrem Freund wirklich reinen Wein einzuschenken über ihre Probleme und ihn um ein langes, variantenreiches Vorspiel zu bitten: «*Mir ist es irgendwie peinlich, mich derartig um meinen eigenen Orgasmus zu bemühen.*» Und hinter alldem stand wiederum, dass ihr langjähriger Exfreund ihr immer wieder eingeredet hatte, sie sei «gestört, krank und frigide». Unglücklicherweise war sie mit ihm als 15-Jährige zusammengekommen, er war ihr Erster, aber hatte kein Feeling für sie, sodass ihr Körper auf seine Ansätze, «es ihr zu besorgen», nicht reagierte. Er suchte alle Schuld bei ihr, und sie glaubte das auch, weil sie keine sexuellen Erfahrungen (auch nicht mit sich selbst) hatte.

Auf der einen Seite war sie auch heute noch im tiefsten Innern überzeugt, nicht kommen zu können, weil sie eben gründlich gestört sei; andererseits hatte sie beim Zweier- und beim Solosex unablässig dieses «Es muss doch endlich klappen» im Kopf und machte sich schreckliche Sorgen, dass sie in alle Ewigkeit «gestört, krank und frigide» bleiben würde.

Ich antwortete ihr:

«Dass dein Ex dich als ‹gestört, krank und frigide› bezeichnet hat, ist unfassbar und hat vermutlich das Problem überhaupt erst entstehen lassen. Streich diese Ausdrücke aus deinem gedanklichen Wortschatz! Da ist überhaupt nichts Wahres dran! Du bist nicht gestört, nur weil du nicht kommen kannst. Es ist einfach eine bedauerliche Tatsache, dass die Natur die Erregbarkeit und Orgasmusfähigkeit so ungleich verteilt hat. Und mir ist in den vielen Jahren meiner Berufserfahrung noch nie eine Frau begegnet, die wirklich ‹frigide› ist (also körperlich und seelisch völlig unempfänglich für sexuelle Reize). Ich hasse dieses Wort wirklich und wünschte, es würde endlich aus den Köpfen der Leute verschwinden!

Hiermit gebe ich dir ein paar Hausaufgaben, und ich bitte dich ganz dringend, sie einzuhalten, wenn unsere gemeinsame Arbeit nicht vergebens sein soll:

Lege ‹Projekt O› für mindestens acht Wochen komplett auf Eis. Schalte die störenden Gedanken konsequent aus, indem du sie durch sexuelle ersetzt. Nimm dir anregende Bilder direkt mit ins Bett, auf dem PC nützen sie dir nichts, und es bringt auch nichts, dich an deinem Schreibtisch selbst anzufassen, weil die Situation zu unsexuell ist. Schick deinen Freund öfter mal mit Kumpels um die Häuser und schaff dir im Bett eine rundum erotische Atmosphäre (Ruhe, schönes Licht, Wärme; Vibrator, Gleitmittel und anderes bereitlegen ...).

Du sollst mit dir selbst herumexperimentieren und ‹üben›, sooft es geht; und zwar nicht mit dem ‹Ziel Orgasmus›, sondern mit dem Ziel der, auf gut Deutsch gesagt, größtmöglichen Geilheit.»

Drei Wochen später vermeldete Jana den ersten Orgasmus ihres Lebens.

Kapitel 6
Orgasmushemmer beim Partnersex: Ursachen und Lösungen

Die Hauptursache für Orgasmusschwierigkeiten ist natürlich, wie schon in Kapitel 1 angedeutet, dass die meisten von uns einfach nicht die anatomischen Voraussetzungen haben, um ruck, zuck durch schlichtes Rein-raus oder mechanisches Gerubbel zu kommen. Das verkompliziert die Sache und macht den weiblichen Gipfelaufstieg zu einer hochsensiblen und störanfälligen Angelegenheit – die alle möglichen Faktoren behindern können. Dieses Kapitel wird Ihnen helfen, Ihre eigenen Hindernisse zu erkennen und damit umgehen zu lernen.

Hier zunächst die Übersicht der möglichen Störfaktoren (nähere Erläuterungen zu jedem Punkt weiter unten):

a) Keiner weiß so recht, wie – nicht mal Sie selbst
b) Ungenügende Erregung durch zu wenig Vorspiel
c) Sie sind erregt, aber er hält nicht lang genug durch
d) Ihr Partner geht nicht auf Sie ein
e) Ihr Partner ist unsensibel oder unerfahren
f) Zu wenig Bettkommunikation
g) Die sexuelle Wellenlänge stimmt nicht
h) Falsche Stelle
i) Falsche Technik
j) Sie sind zu trocken
k) Müdigkeit, Erkrankung, Alkohol, Drogen, Medikamente
l) Schmerzen oder unangenehme Gefühle im Intimbereich
m) Sie fühlen sich nicht wohl mit Ihrer Verhütung
n) Hormonelle Einflüsse
o) Die Störenfriede im Kopf

p) Sie können sich nicht richtig hingeben
q) Haben Sie eine «Blockade»?
r) Sie schaffen's bis kurz davor, kommen aber nicht über die Schwelle
s) Harndrang oder Urinaustritt
t) Seit der Geburt des Kindes keinen Orgasmus mehr
u) Sie kommen zu schnell
v) Sie sind noch sehr jung

a) Keiner weiss so recht, wie – nicht mal Sie selbst

Vielleicht hat's mal einer per Zufall geschafft, aber bei allen anderen geht's einfach nicht. Vielleicht hatten Sie auch noch nicht viele Partner – oder keinen, der einfühlsam und spielfreudig genug war, um von alleine auf «Ihre» Methode zu kommen. Denn eigentlich wissen Sie selbst gar nicht, wie …

Falls Sie nicht nur beim Paarlauf unbefriedigt bleiben, sondern auch beim Singlesex, bitte ich Sie, zuerst Kapitel 5 zu lesen.

Vielleicht befriedigen Sie sich auch nur auf eine ganz bestimmte Art, die er schlecht nachmachen kann oder die Sie ihm nicht mitteilen mögen. Marie, 23, erzählt:

«Ich bin seit vier Jahren mit meinem Freund glücklich. Der Sex ist echt schön, meistens werde ich auch total heiß, und es ist dann sehr guuuutt! Trotzdem komme ich nicht. Selber machen – kein Thema! Habe allerdings immer dieselbe Technik: an etwas reiben (Kissen, Stofftier etc.). Ich kann nicht kommen, wenn ich es mit dem Finger versuche.

Genauso ist es, wenn mein Freund es (echt einfühlsam und geduldig) versucht. Ich kann ihm leider nicht genau sagen, wie er es machen soll, weil ich es ja selbst nicht mal schaffe, mich mit der Hand zu befriedigen.

Das mit dem Kissen klappt auch nur, wenn ich auf dem Bauch liege. Auf dem Rücken: zwecklos! Ganz schön eingefahren, was?!

Mittlerweile versuche ich es gar nicht mehr anders, weil ich sonst irgendwann frustriert aufgeben muss. Genauso frustriert und unter Druck fühle ich mich, wenn mein Freund es versucht.»

Ich riet ihr zu versuchen, diese «Fixierung» (sich auf dem Bauch liegend reiben) aufzulösen, indem sie herumexperimentiert, ob sie nicht auch auf andere Arten kommen kann. Und zwar am besten beim Solosex, weil es im Bett mit dem Freund zu viele Hindernisse gibt – Gedanken, Unsicherheit, Nicht-fallen-Lassen usw. (siehe auch Kapitel 5, Punkt H, und Kapitel 7).

Meine Idee für den Beischlaf: «Probier mal, wenn du deinen Freund reitest, ob du eine Möglichkeit findest, dich so zu stimulieren wie bei deiner Masturbation (also indem du deine sensible Stelle an ihm reibst). Vielleicht, indem du dich flach auf ihn legst? Und eventuell etwas dazwischenklemmst?»

Eine andere Frau schrieb mir, ihre einzige Möglichkeit zu kommen bestehe darin, die Beine fest zusammenzupressen und die Muskeln zu kontrahieren.

Mein Vorschlag: testen, ob für sie eine Stellung mit zusammengenommenen Beinen funktioniert, bei der sie dann dasselbe macht wie bei der Selbstbefriedigung. Etwa: Sie liegt auf dem Rücken in der Missionarsstellung, er dringt ein, sie nimmt erst das eine Bein, dann das andere nach innen zwischen seine Beine. Dann kann er vorsichtig anfangen zu stoßen – vorsichtig deshalb, weil er in dieser Position schnell herausrutscht. Und sie soll die Augen schließen und sich auf ihre Kontraktionen (und ihre Sexphantasien?) konzentrieren.

Dasselbe könnte auch in einer seitlichen Position klappen.

b) Ungenügende Erregung durch zu wenig Vorspiel

Hier ist er – der größte Stolperstein auf dem Weg zum Höhepunkt!

Denn der heißt ja schließlich nicht von ungefähr so, stellt er doch den Höhepunkt einer starken körperlichen und/oder geistigen Erregung dar. Ergo: Bei zu wenig Erregung kein Orgasmus. Völlig logisch. Trotzdem scheinen viele Frauen zu glauben, er müsste sich irgendwie von alleine einstellen, selbst wenn das Liebesspiel in etwa so antörnend ist wie Wäschewaschen.

Und mancher Mann wiederum glaubt, die Frau könne im Prinzip so kommen wie er: durch Koitus oder zielgenaues Hantieren an den Genitalien. Also geht er den kürzesten Weg zum Geschlechts-, Oral- oder Handverkehr und wundert sich, wenn nichts passiert.

Was viele Männer wie auch Frauen übersehen, ist, dass die weiblichen Intimteile meist erst für sexuelle Reizung empfänglich werden, wenn bereits eine gewisse Grunderregung besteht. Und diese stellt sich nicht unbedingt ein, indem der Partner schnurstracks ans Eingemachte geht. Ohne diese Initialzündung löst das Hantieren an der Brust und im Schritt oftmals keine Wohlgefühle aus, sondern vielleicht sogar Abwehr.

Diese Grunderregung oder Initialzündung ist ja nichts anderes als die Bereitschaft zum Sex, dieses «Ich will es jetzt haben». Das ist bei der Mehrzahl der Männer fast immer von selbst da, bei den Frauen eher nicht. Natürlich gibt es einige Ausnahmen: Der Lover ist frisch oder nur selten zu haben, man ist schwer verliebt, hat günstige hormonelle Schübe (etwa während des Eisprungs oder der Schwangerschaft), die sexuelle Chemie passt so gut, dass allein sein Geruch oder ein Kuss das Begehren auslöst ...

Aber die Mehrzahl der Akte findet ja in festen Beziehungen statt, wo man eben nicht mehr so heiß aufeinander ist und das

Feuer erst entfacht werden muss. Und das fängt erst gar nicht an zu lodern, wenn das Vorspiel zu kurz und nicht nach Ihrem Gusto ist.

> #### Ein Wort an die Männer
> Falls Ihre Partnerin immer weniger aufs Vorspiel reagiert, kann das daran liegen, dass Sie zu oft den bewährten Weg einschlagen. Zum Beispiel, indem Sie das bei Männern recht beliebte «3M-Programm» (Mund – Möpse – Muschi) abspulen: Ein paar Minuten wird geküsst, währenddessen knöpft man sich schon mal die Brüste vor und steuert dann unverzüglich den Zielort an, um dort alsbald in die Hauptverkehrsstraße einzufahren. Unser Urteil: verzichtbar! Denn das vermittelt der Frau, dass es dem Gefährten nicht so sehr um sie geht – sondern darum, möglichst schnell «das Eine» zu kriegen.
> Außerdem können sich Vorlieben auch ändern. Von daher bleibt unsere Lust länger frisch, wenn Sie viel Abwechslung ins Vorspiel bringen, regelmäßig auf Erkundungsgang gehen (vom Scheitel bis zur Sohle!) und vor allem immer mal wieder Körperteile einbeziehen, die nicht direkt mit Sex zu tun haben.

Warum bloß hat die Natur es so eingerichtet, dass Männer viel schneller startklar sind und Frauen meist eine wie auch immer geartete Vorbereitung brauchen?

Dazu gibt es zwei Erklärungsansätze: Erstens ist für Frauen Kopulation sehr oft mit Schmerzen verbunden, und Erregung senkt die Schmerzempfindlichkeit enorm. Zweitens bietet das Vorspiel den Frauen eine gewisse Zeitspanne, in der sie noch abspringen können, falls sich zeigt, dass der Partner nicht passt oder irgendwelche Defekte (etwa Krankheiten) hat.

Zudem ist es eine Tatsache, dass der weibliche Trieb viel schwächer ausgeprägt ist als der männliche,[7] deshalb muss bei uns viel öfter erst mal das Verlangen geweckt werden, überhaupt erregt werden zu wollen. Und zwar entweder gezielt vom Partner durch Zuwendung und Anfassen oder auch mal durch starke individuelle Reize, etwa eine erotische Szene in einem Film.

Sprich: Vor der gezielten sexuellen Stimulation brauchen viele Frauen eine umfassendere Stimulation – des Kopfes, des Körpers, des Gefühls.

Ich bin immer wieder erstaunt, wie viele Frauen krampfhaft nach Erklärungen und Rechtfertigungen suchen, warum sie hierin anders sind als die Männer. Liebe Mädels: Ihr braucht keine Entschuldigung dafür, dass ihr mehr Einstimmung auf Sex braucht – ihr seid **normal**!

Ziemlich typisch ist die Geschichte der 20-jährigen Verena:

«Mit meinem Freund (20) bin ich nun schon drei Jahre zusammen, wir sind verliebt wie am ersten Tag. Es gibt nichts, was zwischen uns nicht stimmt, bis auf dieses kleine Wörtchen Sex. Da gehen unsere Ansichten leider auseinander – er findet es schön, ich nicht, auch wenn ich ihm das nie so offen gesagt habe. Ich weiß nicht, woran es liegt, aber ich empfinde beim Geschlechtsverkehr mit ihm wirklich gar nichts. Das Einzige, was ich hin und wieder spüre, sind Schmerzen (vermutlich wegen unseres Größenunterschieds von ca. 35cm). Ich warte dann immer darauf, dass er endlich fertig ist, und danach könnte ich heulen. Er weiß, dass es ab und zu wehtut – dass ich nichts spüre, weiß er nicht. Wir können zwar eigentlich über alles reden, aber ich habe Angst, dass er denkt, er wäre ein Versager, wenn ich es ansprechen würde.

Gibt es vielleicht irgendwelche Tricks, dass es besser wird? So macht mir das nämlich wirklich keinen Spaß. Außerdem schlafen wir deshalb

---

[7] Rund ein Drittel der Frauen sagen: Von mir aus müsste ich keinen Sex haben, ich selbst verspüre *nie* Lustimpulse. Nimmt man noch die Frauen hinzu, denen es *manchmal* bis *oft* so geht, werden es noch viel mehr.

nur noch alle zwei bis drei Wochen miteinander – irgendeine Ausrede finde ich immer – und das wiederum findet er nicht so toll. Ich erwarte ja keine Höhenflüge, aber wenigstens, dass mir nicht mehr davor graut, mit ihm zu schlafen.»

Herrje – mir graut schon davor, das allein zu lesen ... Ich fragte sie:
1) Hattest du vor deinem jetzigen einen Freund, mit dem Sex besser war?
2) Hast du beim Liebesspiel mit deinem Freund einen Orgasmus?
3) Masturbierst du? Falls ja, benutzt du dabei erotische Phantasien?
4) Wie empfindest du das Vorspiel mit deinem Freund? Ist es dir lang und einfühlsam genug?
5) Hast du eine Theorie, warum Sex dir keinen Spaß macht?

Ihre Antwort: «*Ich hatte vorher nur einen Freund, mit dem ich auch geschlafen habe. Verkehr war nicht besonders aufregend (ziemlich kurz), aber wenn wir nur rumgemacht haben, hat er mich voll befriedigt.*

Bei meinem jetzigen Freund ist es so, dass es eigentlich immer auf Verkehr hinausläuft. Selten hören wir vorher auf, weil ihm das nicht ausreicht. Da ich dabei nicht viel spüre, komme ich auch nie zum Orgasmus. Beim Petting schon. Aber das Vorspiel ist viel zu kurz und irgendwie auch nicht aufregend genug, um so weit zu kommen. Es ist immer das Gleiche, aber ich weiß nicht, wie ich das ändern könnte. Du vielleicht?

Ich masturbiere öfter und benutze dabei auch Phantasien (die sind zum Teil ganz schön derb!). Das macht mich an!

Eine Theorie? Ich weiß nicht. Vielleicht hab ich zu viel negative Gedanken, denke, dass es eh nie besser wird, aber wie soll ich auch anders denken, wenn es immer wieder gleich abläuft?

Vielleicht sag ich ihm auch zu wenig, was ich mag oder wie er's anders machen soll. Aber ich trau mich irgendwie nicht, denn während des Sex ist er sehr auf sich fixiert.»

UNGENÜGENDE ERREGUNG DURCH ZU WENIG VORSPIEL

Ich sagte ihr: «Wenn eure Beziehung so gut ist, wie du sie darstellst, ist das doch die beste Basis, mit ihm ein gründliches Gespräch über euer Liebesleben zu führen. Er wird zwar ein bisschen geschockt sein, dass dir euer Sex nicht zusagt, aber: Wie kann es sein, dass er nicht merkt, was da mit dir los ist? Du befürchtest, dass er sich als Versager fühlt, doch in der Hinsicht ist er tatsächlich ein Versager! Gut, das musst du ihm nicht gleich sagen, aber da er bereits weiß, dass du beim Verkehr oft Schmerzen hast, kannst du das als Ausgangspunkt nehmen und ihn um seine Hilfe bitten. Die Schmerzen kommen nämlich sicher nicht von eurem Größenunterschied, sondern daher, dass du nicht erregt und weich und feucht bist.

Wie mir scheint, hast du im Prinzip eine intakte Sexualität: Du kannst mit dir selbst durchaus Lust empfinden, hast erotische Phantasien, bist auch orgasmusfähig. Allerdings liegt es ja zum Teil auch an dir, ihm deutlich zu vermitteln, wie er dich zu Höhenflügen bringt.

Leider sind die meisten *jungen* Männer sexuell eher ichbezogen. Das ist oft weniger Absicht oder Egoismus, sondern vielmehr dem starken männlichen Trieb in diesen Jahren geschuldet. Bei vielen hat man das Gefühl, sobald das Programm ‹Sex› angeschaltet ist, laufen sie wie auf Autopilot mit dem Fahrziel ‹mein Orgasmus›. Da müssen wir Frauen fast mit dem Holzhammer rangehen: ‹Hallo, Schatz, ich bin auch noch da!›

Also musst du ihm Folgendes beibringen: Wenn er will, dass Sex öfter als nur alle zwei bis drei Wochen stattfindet und es dir auch Spaß macht, brauchst du mehr Vorspiel, mehr Abwechslung, weniger Verkehrsfixierung. Wenn du keine Lust auf Verkehr hast, gibt's auch keinen. Und sobald es wehtut, wird abgebrochen! (Übrigens: Nur weil er einen Ständer hat, heißt das nicht, dass er ihn sofort in dir versenken muss! Du bist nicht verantwortlich für seine Erektion, und er stirbt keineswegs dran, wenn er mal nicht gleich zum Orgasmus kommt.)

Bitte hör auf, die Dinge einfach nur über dich ergehen zu lassen, denn das tötet im Lauf der Zeit deine gesamte erotische Empfindungsfähigkeit ab. Das darfst du nicht zulassen. Hab Mut, dich da durchzusetzen. Ihr sollet beide eure Kommunikationsfähigkeit auch aufs Bett übertragen, denn das ist ein wichtiger Bereich für eine funktionierende Beziehung.»

(Tipps, wie man seine sexuellen Wünsche ausdrückt, finden Sie ab S. 101.)

Apropos Verkehrsfixierung ...

Zahlreiche Frauen beklagen sich bei mir, dass ihr Partner fast nur mit ihnen schmust, um möglichst schnell aufs «volle Programm» zusteuern zu können. Aber die Frauen wünschen sich auch mal sexfreie Zärtlichkeit oder zumindest, dass sie nicht immer so zielgerichtet ist.

«Oft ist mir einfach danach, nackt neben ihm zu liegen, ihn zu liebkosen und mich von ihm liebkosen zu lassen», beschreibt es eine 38-Jährige. *«Das kann ja durchaus auch sehr prickelnd sein, insbesondere wenn man immer mal wieder gewisse Zonen streift. Ich schließe auch gar nicht aus, dass es dann doch noch zum eigentlichen Akt kommt, aber so würde er noch viel besser (zumindest für mich), und ich käme auch leichter zum Orgasmus. Oft bin ich nach dem Sex nicht zufrieden, weil mir irgendwas gefehlt hat.*

Der Sex ist ja an sich nicht schlecht. ABER: Ich ärgere mich hinterher oft, dass es dazu gekommen ist, obwohl ich es eigentlich gar nicht wollte. Mich stört, dass er immer nur die üblichen Stellen als erogene Zonen betrachtet, ohne beispielsweise meinen Rücken oder Nacken mit einzubeziehen. Wenn er einmal bei Brust und Muschi gelandet ist, ist er sozusagen festgefahren, und alles ist auf diese Stellen reduziert. Wenn ich es ihm sage und er sich beim nächsten Akt daran erinnert, macht er es eher lustlos, und ich merke, er tut es zwar, aber er sieht nicht wirklich einen Sinn darin.»

Ich kenne das Problem, denn das hatten ich und meine Freundinnen mit etlichen Männern – auch mit solchen, die eigentlich gute Liebhaber waren. Die Frage ist: Warum stört uns Frauen das? Immerhin beschert uns der Sex ja meist wohlige Entspannung. Der eine Grund ist: Es verdrießt uns unterschwellig, dass der Partner unseren Wunsch nicht respektiert, sondern sich doch wieder durchsetzt. Wir fragen uns, ob ihm Sex wichtiger ist als unsere Person und ob wir mehr oder weniger nur Mittel zum Zweck sind. Aber mit dieser Denkweise tun wir vielen Männern unrecht. Denn für Frauen drückt sich Liebe auf körperlicher Ebene stark über Zärtlichkeit aus und für Männer eben mehr über Sex.

Der andere Grund ist, dass wir das Gefühl haben, er reduziert unseren Körper, der so viele empfängliche Bereiche hat, auf «die üblichen Stellen» und spult das immer gleiche Programm ab. Männer mögen zwar auch schmusen, aber dabei kriegen sie Lust (schon allein durch die weiblichen «Wonnezeichen»), und dann rollt die Murmel unaufhaltsam den Berg hinunter ...

Aber was sollte uns davon abhalten, ihn aufzuhalten und die Regie in die Hand zu nehmen? Wenn Sie diejenige sind, die eine Veränderung will, liegt es an Ihnen, diese auch einzuleiten. Verbinden Sie's mit kreativen Ideen, Spaß und Spiel, sodass es ihm gefällt und sich nicht wie eine lästige Pflichtübung anfühlt – siehe Kasten!

So kriegen Sie mehr!

- Er möchte Verkehr und Orgasmus, Sie möchten Zärtlichkeit: Befriedigen Sie ihn vorher oder zwischendrin mittels Hand oder Mund, dann hat er nicht mehr so großen «Druck» und kann sich mehr auf Sie konzentrieren.
- Machen Sie mit ihm ab: Einmal läuft's nach Ihrer Fasson, einmal nach seiner. Zum Beispiel das Schäferstündchen am Samstag

soll ganz nach seinen Wünschen sein, das am Sonntag nach den Ihren. Da könnten Sie zum Beispiel Ihre Unterwäsche anbehalten und ihm strikt verbieten, sie auszuziehen oder drunterzugehen.
- Bitten Sie ihn, sich hinzulegen und zu entspannen, und demonstrieren Sie ausführlich an ihm, was Sie haben möchten. Er soll dabei gar nichts (!) tun. Falls er das nicht kann, fesseln Sie ihn. Er soll lernen, wie schön es ist, einfach mal nur Zärtlichkeit und erotische Berührungen zu genießen und sie als eigenständigen Genuss zu betrachten statt als Vorspiel.
- Sammeln Sie Ideen für Abwechslung in Ihrem Liebesleben, vor allem solche, die beiden gefallen könnten. Machen Sie sich ruhig eine Liste, schreiben Sie auf, was Ihnen einfällt. Besorgen Sie sich zusammen gute erotische Fachbücher (auch über Massage), lesen Sie gemeinsam darin herum und markieren Sie alles, was Sie ausprobieren wollen, mit Klebezetteln.

c) Sie sind erregt, aber er hält nicht lang genug durch

Damit meine ich nicht nur Geschlechts-, sondern auch Hand- und Oralverkehr: Leider hört er auf, bevor Sie in die Zielgerade einbiegen – oder Sie selbst brechen es ab, weil Sie befürchten, er könnte sich langweilen. Aber lassen Sie mich erklären, warum Sie ihn guten Gewissens um mehr bitten können … Es ist ja fast die Norm, dass die männliche Erregung geradlinig und zielstrebig nach oben verläuft. Und zwar in vier Phasen, die in der Literatur wieder und wieder zitiert werden: Erregungs-, Plateau-, Orgasmus- und Rückbildungsphase. Allerdings hält sich der weibliche Körper nur selten an dieses nette Schema, wie auch der berühmte Sexualforscher Werner Habermehl konstatierte: «Die sexuelle Reaktion [...] ist am ehesten mit Brandungswellen vergleichbar. Die Erregung baut sich langsam in einer breiten Woge auf. Kleinere Wellen überlagern die Gesamtbewegung, beeinflussen sie aber nicht weiter. Dieses Auf und Ab kann sich mehrmals wiederholen. Der Wellenkamm schießt immer höher und kippt schließlich schäumend in den Orgasmus über.»

Anders ausgedrückt: Die meisten Frauen erleben nicht eine stetige und gleichmäßige Gipfelfahrt, sondern eine, die eher geprägt ist durch Anstiege, die unterbrochen werden durch kleine Pausen oder sogar kleinere Rückschritte.

Sprich: Wir können mit unserem Partner oft nicht Schritt halten. Allerdings muss das vielen erst mal klar werden! Zumal Mann wie Frau dazu tendiert, seine Art von Sexualität zum Maßstab zu erheben. Warum eigentlich? Weil sie so einfach und dominant ist? Weil Sex überhaupt eher eine Männerdomäne zu sein scheint, da sie mehr Aufhebens darum machen und aktiver sind?

Kurzum: Nur weil Ihr Anstieg mit Stockungen und Umwegen verläuft, ist nicht seine zielstrebige Art «die richtige». Guter Sex kann nur entstehen, wenn BEIDE gleichermaßen erregt und befriedigt werden. Die meisten von uns brauchen einen Partner, der immer mal wieder auf uns wartet und uns hochhilft, bis wir irgendwann den Gipfel erreichen. Erklären Sie ihm das freundlich, appellieren Sie an seine Geduld, Nachsicht und Hilfsbereitschaft, belohnen Sie ihn hinterher durch Lob und einen lustvollen Akt!

So verlängert man(n) den Beischlaf

Männer schätzen das eigene Durchhaltevermögen viel länger ein, als es tatsächlich währt. Eine Studie der Uni Köln ergab, dass Männer im Durchschnitt nach drei Minuten Stoßverkehr ejakulieren![8] Und selbst erfahrenere Liebhaber sind schon nach knapp sechs Minuten fertig. Für die Frauen, die durch Koitus kommen können, ist das in der Regel viel zu kurz.

Gut, falls Sie heftig erregt sind, kann sich Ihr eigener Endspurt natürlich stark verkürzen. Bei einem Schnellsprinter können Sie sich damit behelfen, ihn zu bitten, Sie vor dem Eindringen per Hand oder Mund bis kurz vor den Orgasmus zu bringen. Oder sogar zu befriedigen, insofern Sie zum mehrfachen O in der Lage sind. Aber ein schöner langer Beischlaf ist halt besser als ein schöner kurzer Beischlaf! Klar kommt es auch drauf an, *wie* lange... Erfahrungsgemäß beschert den meisten Frauen ein Ritt, der 15 bis 20 Minuten übersteigt, kein Abheben mehr, sondern nur Wundheit und Unbehagen.

Wissen Sie, ob und wie Sie beim Koitus kommen können und wie lange Sie in der Regel dafür brauchen? Dann sagen Sie's Ihrem Schatz und bitten Sie ihn herzlichst, ob er sich nicht antrainieren kann, entsprechend lang durchzuhalten. Eine ausführliche Trainingsanleitung finden Sie auf den nächsten Seiten.

---

8 Beim Onanieren lernt mann ja von klein auf, sich zu beeilen: in der heimischen Nasszelle (fix, bevor die Mutti reinkommt), auf dem Schulklo, beim Militär, in der WG ... Dieser Automatismus ist gar nicht so leicht loszuwerden, und manche Männer kriegen das erst in einem Alter hin, in dem sich schon wieder Erektionsstörungen einstellen.

Ergusskontrolle-Training für Männer

Mit Geduld und täglichem (!) Training werden Sie das schon in den Griff kriegen, verehrte Herren. Ich nenne Ihnen zunächst die gängigsten Methoden und wie ich sie finde:

Ablenken Am verbreitetsten ist, krampfhaft an etwas anderes zu denken. Ich finde das ungünstig, weil Sex Spaß machen soll. Frauen wollen einen Liebhaber, der genießt und gedanklich bei ihnen ist und nicht bei Rechenaufgaben oder unappetitlichen Dingen. Außerdem kann ein Mann seine körperlichen Vorgänge nur dann unter Kontrolle kriegen, wenn er sich *darauf* konzentriert statt auf etwas anderes.

Druck rausnehmen Männern, die vor der Bettpremiere mit einer neuen Flamme stehen, empfehle ich oft, vor dem Sex zu onanieren, damit sie weniger Druck haben. Das kann einem Frühzünder auch nützen, aber nur ein bisschen (vier Minuten statt zwei). Zudem können Sie ja nicht jedes Mal vorher im Bad verschwinden; und es kann passieren, dass Sie dann nicht so schnell wieder hart werden. Was ich jedoch rate, ist, davor pinkeln zu gehen. Denn eine volle Blase verstärkt den Impuls, zu ejakulieren.

Stellungen Viele Männer kommen in bestimmten Positionen weniger schnell – in solchen, wo weder ihr Penis noch das Hirn allzu sehr gereizt wird, und solchen, wo sie besser entspannen können (etwa «Frau oben»). Nur bringen diese wenig, wenn sie der Frau auch keinen richtigen Lustgewinn bescheren. Oder wenn sie ständig aufpassen muss, dass Ihr bestes Stück nicht herausrutscht. Nützlich sind allerdings Stellungen, in denen Sie sie zusätzlich mit der Hand beglücken können.

Stoß-Stopp Auch sehr beliebt: Das Stoßen zu stoppen, sobald die Geilheit zu groß wird. Oder auch häufiger Stellungswechsel. Leider bringen diese Zwangspausen auch die Frau ziemlich runter! Wie soll sie kommen, wenn Sie dauernd aufhören, sobald's am schönsten ist? Das ist höchstens als Notlösung akzeptabel.

Drücken und Ziehen Es gibt ein paar Griffe, um den Erguss aufzuhalten. Drücken Sie kräftig mit den Fingern an der Peniswurzel oder unterhalb der Eichel oder am Damm (Übergang zwischen Hoden und Po). Ziehen Sie sanft, aber nachdrücklich Ihre Eier lang – denn die gleiten kurz vorm Kommen ein Stück in den Körper hinein, und wenn Sie das verhindern, können Sie oftmals Ihre Stoßkraft verlängern.

Probieren Sie all diese Varianten aus, vielleicht klappt eine bei Ihnen. Aber auch nur dann, wenn Sie den richtigen Moment erwischen. Und sie sind auf Dauer auch nicht das Wahre. Denn will man bei jedem Ejakulationsdrang den Penis aus der Partnerin ziehen und daran herummanipulieren? Das fände wohl auch sie eher abtörnend.

Einen Versuch wert ist ein Cockring, der fest um die Wurzel von Penis und Hoden liegt und nicht nur für eine stramme Erektion sorgt, sondern auch den Sack draußen hält (Tipps dazu in Kapitel 9).

Betäubungsmittel Sowohl Kondome als auch betäubende Salben (Sexshop, Apotheke) verringern die Penisreizung. Klingt erst mal nicht schlecht ... Andererseits können diese Salben auch die Empfindung der Frau verringern. Günstiger sind hier spezielle Kondome, die innen mit Betäubungsmittel beschichtet sind (z. B. «Performa»). Allerdings – was bringt Ihnen das längere Stoßen, wenn Sie kaum noch was davon spüren?

Gummis und Cremes sind, wie alle anderen oben genannten Methoden, nur Hilfsmittel. *Das eigentliche Ziel muss sein, dass man volle Kontrolle über seinen kleinen Freund gewinnt.* Und das geht so:

Selbsthilfe Als Erstes üben Sie eine Zeit lang beim Onanieren, Ihren Erguss so lange wie möglich hinauszuzögern. Stimulieren Sie den ganzen Penis und nicht nur einen Teil davon. Benutzen Sie keine Vorlagen wie Pornos, denken Sie auch nicht an Hintern oder Gruppensex oder so etwas, sondern konzentrieren Sie sich ganz auf die Empfindungen in Schwanz und Unterleib. Lernen Sie zu erkennen, wann Sie auf den «unumkehrbaren Moment» zusteuern. Das ist der Moment, wo Ihr Sperma sich unaufhaltsam seinen Weg bahnt, egal ob gerade Ihre Wohnung brennt oder Mama reinschaut. Lernen Sie, kurz davor mit der Bewegung aufzuhören bzw. langsamer zu werden.

Ziel ist es, mindestens eine Viertelstunde durchzuhalten (wobei Sie nicht an einem Tag so oft onanieren sollen, bis es echt lang dauert! Trainieren Sie nur ein- bis zweimal täglich!).

Klappt zuverlässig? Es folgt Übung zwei. Dabei ist die so genannte Beckenbodenmuskulatur zwischen Ihren Beinen gefragt, die vom Penisansatz bis zum Hintern verläuft. Die brauchen Sie zum Beispiel, um Ihren Urinstrahl zu unterbrechen. Jetzt kommt's: Achten Sie beim Onanieren darauf, wie sich diese Muskulatur verhält. Bei den meisten Leuten ist sie umso angespannter, je erregter sie sind, am stärksten also direkt vorm Kommen. Versuchen Sie deshalb einmal, sie bewusst locker zu lassen. Manchmal hilft es auch, sich vorzustellen, dass man sie fallen lässt.

Zusätzlich entspannen können Sie diese Muskulatur, indem Sie tief und langsam in den Unterleib atmen – also so, dass sich der Bauch nach vorn und nach unten wölbt. Die meisten atmen mit steigender Erregung nämlich schnell und flach in den Oberkörper. Aber falls Sie das zu sehr verwirrt, lassen Sie es zunächst und beziehen Sie die Atmung erst mit ein, wenn das mit dem Lockerlassen klappt.

Trainieren Sie, durch Muskelentspannung auf 15–20 Minuten zu kommen, ohne die Reibung zu unterbrechen. Sobald Sie das beherrschen, üben Sie nochmal das Gleiche, aber mit Gleithilfe und beiden Händen, um die Scheide oder den Mund einer Frau zu imitieren.

Zweier-Übung Sex mit einer Frau ist ja was ganz anderes als der mit sich allein. Eben heißer (hoffentlich). Trauen Sie sich ruhig, Ihre Freundin zu fragen, ob sie Ihnen dabei hilft, ein Ejakulationsmeister zu werden. Das ist viel besser, als sie ständig mit Schnellschüssen zu bombardieren. Erklären Sie ihr genau, worum's geht.

Im Prinzip machen Sie beide das Gleiche wie bei der «Selbsthilfe», nur dass sie Sie stimuliert. Zeigen Sie ihr, was sie da alles machen kann. Halten Sie sich an die Gebrauchsanleitung oben. Konzentrieren Sie sich nicht aufs Kommen, sondern auf Ihre Empfindungen! Und sagen Sie ihr, wann Sie sich dem unumkehrbaren Moment nähern, damit sie pausiert oder etwas anderes macht. Sie kann auch einen der Griffe aus dem Abschnitt «Drücken und Ziehen» anwenden.

Gelingt es Ihnen irgendwann, mit dieser Übung eine Viertelstunde durchzuhalten, dann versuchen Sie das Ganze mal beim Beischlaf. Sehen Sie auch zu, dass Ihr Hintern nicht angespannt ist (fördert den Orgasmusreflex!). Übrigens ist die Reibung ihrer Scheide nicht so stark, wenn sie weich und feucht ist. Also geben Sie ihr ein gutes Vorspiel!

Wollen Sie dann kommen, machen Sie alles umgekehrt: Beckenbodenmuskulatur und Hintern anspannen, was Scharfes denken und tüchtig stoßen!

Komplette Ergusskontrolle erfordert monatelanges Training, aber es lohnt sich. Irgendwann machen Sie's so automatisch, dass Sie den Sex endlich mal voll genießen können, statt dauernd zu denken: «Bitte jetzt noch nicht!!!» Und Sie können sich viel besser Ihrer Süßen widmen. Sie wird Sie dafür lieben!

ER HÄLT BEIM HAND- ODER ORALVERKEHR NICHT LANG GENUG DURCH?

Der einfachste Weg, sich die Arbeit zu verkürzen: Je heißer der Mann die Dame schon im Vorfeld macht, desto weniger muss er seine Hand oder Zunge bemühen. Verklickern Sie ihm das – plus ein paar Anregungen, wie er Ihnen einheizen kann.

Noch drei kleine Einzeltipps:

- Um die männliche Zunge ausdauernder zu machen, hat ein findiger Frauenfreund den «Oraltrainer» entwickelt. Das ist eine Art Beißschiene aus weichem Spezialkunststoff, die der Mundform angepasst werden kann, mit Zapfen dran fürs Zungentraining. Eine ausführliche und sehr brauchbare Anleitung liegt bei. Gibt's im Erotikhandel.
- Der Mann liegt beim Cunnilingus oft bequemer, wenn er sich ein dickes Kissen oder Polster unter die Brust legt und Sie sich eins unter die Hüfte. Möglich wäre auch, dass beide etwas seitlich liegen und er seinen Kopf auf Ihrem Oberschenkel ablegt. Oder Sie drapieren sich so auf dem Bettrand oder ans Bettende, dass er zwischen Ihren Beinen auf dem Boden knien/sitzen kann.
- Seine Hand ermüdet weniger schnell, wenn er sie ein wenig ablegen oder das Handgelenk aufstützen kann – positionieren Sie sich entsprechend. Sehr reizvoll kann eine Hand sein, die von oben kommt und auf dem Schamhügel ruht! Das geht zum Beispiel bestens, indem Sie beide sitzen, er hinter Ihnen, und er um Sie herumfasst.

d) Ihr Partner geht nicht auf Sie ein

Leider gibt es einige Sexpaschas, die kaum einen Gedanken daran «verschwenden», ob's der Frau gut geht, geschweige denn, dass sie etwas dafür tun. So jemand empfindet Schmusen, lange Vorspielerei und das Hantieren am Kitzler oft als Blödkram, weil seine Hopp-zack-Sexualität ja das Maß aller Dinge ist.

Die 20-jährige Eva beklagte sich bei mir:

«Ich streichle meinen Freund stundenlang, küsse ihn, ich liebe es einfach, ihn an den Rand des Wahnsinns zu bringen. Aber meinst du, er gibt mir das mal zurück? Ich sage es ihm immer wieder, dann antwortet er, er will es das nächste Mal anders machen. Bloß, er tut es nie. Ich führe seine Hand, bitte ihn um dieses oder jenes. Wenn er's macht, dann nur wenige Sekunden (und das bringt mir gar nichts). Und beim Sex hält er nie lange aus, weil er, so sagte er, ein Mann ist und man(n) es nur schwer kontrollieren kann. Er gibt sich schon ein bisschen Mühe – er versucht verschiedene Stellungen. Aber das reicht mir nicht. Ich brauche Zärtlichkeiten und ein längeres Vorspiel. Das habe ich ihm schon oft erklärt, mit Engelsgeduld. Es hilft nicht. Soll ich es mir auf den Kopf schreiben, dass er's nicht jedes Mal vergisst?

Ach ja, und am Anfang fragte er mich immer, ob ich gekommen wäre. Daraufhin sagte ich ihm mal, dass nur rund 80 % der Frauen beim Verkehr kommen (ich noch nie). Jetzt hat er sich damit abgefunden. Er selbst will danach keine Streicheleinheiten mehr, weil er zu kaputt sei und gleich einschläft! Ich sagte ihm mal, dass ich aber nach dem Sex noch liebkost werden will, weil ich noch ‹geil› bin. Da sagte er: ‹Ich kann ja rausgehen, damit du es dir selbst machen kannst.› Ich wäre fast rückwärts vom Bett gefallen. Was soll ich nur machen, damit ich auch mal wie er kaputt im Bett liege?

Gestern hat er gefragt, ob er dieses Wochenende mal einen Porno mitbringen soll; vielleicht würde es mich und ihn anregen – glaubst du, das würde helfen?»

Tja, was soll dieses frustrierte Mädel nur tun, damit sie auch mal wie er kaputt und befriedigt im Bett liegt? Wie wär's mit einem neuen Freund? Der jetzige ist nämlich ein gnadenloser Egoist. (Wetten, nicht nur in sexueller Hinsicht?) Solche Typen kenne ich in mehrfacher Ausführung: Sie lassen sich verwöhnen, und als Gegenleistung kriegen wir ein paar mechanische Streicheleinheiten, das übliche Steckspiel, und wenn's hochkommt, etwas Oralverkehr!

Aber es gibt auch Männer, die lieb und liebesfähig sind und die im Bett auf uns eingehen. Denn das, was Eva will, ist keineswegs überzogen.

In einem irrt sie übrigens: Nicht 80 % kommen durch Koitus, sondern 80 % der Mädels in ihrem Alter eben NICHT! Und wenn sie bei diesem Magerprogramm käme, würde das geradezu an ein Wunder grenzen.

Zum Orgasmus FÄHIG sind fast alle Frauen, nur ist Verkehr nicht das beste Mittel – sondern ein sensibler Liebhaber! Klar liegt es auch an uns, dem Lover zu vermitteln, wie wir's brauchen, doch das tut sie ja. Ihr Freund ist also noch in einer vergleichsweise glücklichen Lage gegenüber all den Typen, die im Dunkeln tappen. Er hat nur schlichtweg keine Lust, sich ihr zuliebe Mühe zu geben, geschweige denn den Ehrgeiz, beim Verkehr länger durchzuhalten (was mann durchaus üben kann – siehe S. 82f.). Stattdessen schiebt er eine laue Ausrede vor.

Und dann diese Idee mit den Pornos – ach du Schreck! Was sie braucht, ist nicht aufgesetztes, aufgestülptes Sexzeug von außen, sondern seine *Zuwendung und intensive Beschäftigung mit ihrem Körper!*

Ihre Aufgabe ist zunächst, ihm klar zu machen, dass er sich im Bett egoistisch verhält. Viele Frauen schlüpfen in Sachen Zärtlichkeit und Sex in die Rolle der «Geberin», und der Mann gewöhnt sich so sehr daran, fast nur zu nehmen, dass es ihm gar nicht mehr bewusst ist. Dazu kommt, dass er oft so beschäftigt ist mit dem Sich-verwöhnen-Lassen, dass er kaum Gelegenheit findet, selbst zu verwöhnen.

Das Doofe ist allerdings, dass sich etliche Kerle in Sachen «körperliches Geben» nicht ändern. Warum auch, wenn sie trotzdem kriegen, was sie wollen? Folglich ist das Einzige, was bei so einem helfen könnte: ihm nicht mehr zu geben, was er will. Keinen Sex mehr. Die üblichen Beziehungszärtlichkeiten sind durchaus noch drin, aber im Bett wird kein Finger mehr krumm gemacht, und er wird auch nicht reingelassen, bevor er Sie nicht richtig angeschärft hat.

Klar mosern die Jungs dann und fragen, was los ist. Das ist die optimale Gelegenheit, Tacheles zu reden: Sagen Sie ihm, dass Sie es satt haben, ihm zu seinem Spaß zu verhelfen und selbst in der umfassendsten Hinsicht unbefriedigt zu bleiben! Das gilt es durchzuziehen, bis er's gründlich kapiert hat und Sie mindestens drei-, viermal richtig verwöhnt hat. Er sperrt sich? Auswechseln!

Wollen Sie wissen, welche Sorte Mann sofort einen Rauswurf aus Ihrem Bett und Leben verdient hat? Lesen Sie den Brief von Amelie, 21:

«Hallo Beatrice,

ich bin seit neun Monaten mit einem 34-jährigen Mann zusammen. Ich bin ganz schön verliebt, jedoch will's im Bett nicht so richtig klappen. Ich hätte einige Fragen dazu:

1) Bei ihm gibt es kein Vorspiel; er sagt, er wäre das nicht gewöhnt und seine Exfreundinnen hätten das nicht gebraucht. Ich hab ihm auch schon oft erklärt, dass das Vorspiel für mich wichtig ist. Doch irgendwie will das nicht in seinen Kopf. Im Gegenteil wird der Sex immer kürzer, und ich werde auch wohl nie einen Orgasmus mit ihm erleben.

2) Er will, dass ich ihn richtig antörne, dass ich ihm einfach meine Muschi vors Gesicht halte und mit den Hüften kreise. Doch ich fühl mich total gehemmt. Bei meinem Ex musste ich nicht lange Theater spielen, er wurde einfach so erregt. Mein jetziger Freund hat schon eine Menge Erfahrung; ich habe totale Versagensängste. Leider hat er mir viel erzählt, wo und wie er mit seinen vorherigen Partnerinnen Sex gehabt hat – jetzt fühl ich mich so unerfahren, denn er hat so manches ausprobiert, von dem ich null Ahnung habe ...

3) Er hat in der ‹Hündchenstellung› sowie in den verschiedensten Versionen der Missionarsstellung Schmerzen, nur in der Reiterstellung ist das noch nie vorgekommen. Ich hab aber keine Lust, immer zu reiten, ist nicht grade meine Lieblingsstellung ... Können diese Schmerzen von seiner Peniskrümmung kommen?

4) Er möchte oft ausgefallene Sachen mit mir machen wie z. B. Wasserspiele, ich möchte das nicht, doch ich hab dann ein schlechtes Gewissen, weil ich ihm seine Wünsche nicht immer erfüllen kann. Dazu kommt die Angst, dass er evtl. nicht mehr mit mir zusammen sein will, weil ich ihm zu fade bzw. zu unerfahren bin. Soll ich offener werden und über meinen Schatten springen?»

Briefe wie diesen kriege ich häufig, und sie machen mich sauwütend ... Nicht wütend auf Amelie und die anderen Frauen, sondern wütend auf diese Sorte Männer, die der Partnerin ihre spezielle Art von Sex aufnötigen. Sie nötigen durch Fordern, Drängeln, Überrumpeln und indem sie ihr vermitteln, dass sie prüde oder rückständig ist oder sonstwie falsch liegt.

In Amelies Fall sieht das so aus:
- er verweigert ihr ein Vorspiel, weil: Normale Frauen brauchen so was nicht;
- im Gegenteil soll *sie* ihn antörnen, indem sie ihm so 'ne Art kostenlose Privat-Peepshow liefert;
- nicht einmal beim Verkehr wird er aktiv, sondern legt sich schön auf den Rücken und lässt sie die Arbeit machen – obwohl er sehen müsste, dass ihr die Reiterstellung nicht besonders zusagt;
- er will einige ausgefallene Sachen von ihr (z. B. Pinkelspiele), die ihr gegen den Strich gehen – aber anscheinend hat er weder Hemmungen, ihr so etwas nahe zu legen, noch ein Feeling dafür, dass er sie damit überfordert. Im Gegenteil erzählt er ihr, dass ihre Vorgängerinnen das angeblich alles mitgemacht haben.
- Kurzum: Dieser Mann ist sexuell ein egozentrischer Kotzbrocken!
Jetzt zu den Fakten.
- Vorspiel ist bei den meisten Pärchen ein ganz selbstverständlicher Teil des Sexualaktes. Zumal es auch die Mehrzahl der Män-

ner antörnt. Wenn dieser Kerl behauptet, seine Exen hätten es nicht gebraucht, lügt er, oder er hat sie genauso platt gemacht wie Amelie.

- Normalerweise ist es der Mann, der die Frau antörnt, und nicht umgekehrt («naturgeile» Frauen sind selten). Die meisten Männer werden wie Amelies Ex schon dadurch sexbereit, dass sie die Frau streicheln, stimulieren usw.
- Fast alle Frauen hätten Hemmungen, vor ihrem Lover so ein Peepshow-Ding abzuziehen, vor allem wenn man noch nicht so lang zusammen ist.
- Wenn er eine Peniskrümmung hat, die beim Sex Probleme macht, ist es nicht Aufgabe der Frau, dies auszubaden. So etwas gehört zum Arzt, und zwar fix!
- Entweder er konsumiert zu viele Pornos und versucht, sie in die Realität umzusetzen, oder er hatte das Glück, ein paar sexuell sehr versierte und tabulose Frauen erwischt zu haben. Ich kann mir auch vorstellen, dass er Amelie etwas vorlügt. Etliche Männer erzählen so Zeug wie «All meine Exfreundinnen liebten Analverkehr» oder «Bis jetzt hat jede geschluckt», um die aktuelle Partnerin unter Sex-Druck zu setzen, nach dem Motto: Wenn du das nicht machst, bist du unnormal und verklemmt und daher meiner nicht würdig.
- «Wasserspiele» zum Beispiel haben nur wenige weibliche Anhängerinnen, ich schätze, so 1 bis 2% der Frauen von 20 bis 50. Und von den paar Männern, die drauf stehen, traut sich die Mehrzahl nicht mal, ihre feste Partnerin drum zu bitten (die leben ihre Neigung eher über kommerzielle Angebote aus oder gehen zu professionellen Damen).

Vermutlich denkt Amelies Freund aufgrund ihres Alters und ihrer Unerfahrenheit, er könne ihr erzählen und mit ihr machen, was er wolle. Das finde ich, gelinde gesagt, zum Kotzen. Vor allem, weil so etwas nicht selten vorkommt.

Mein Rat an Amelie: «Du solltest einfach nein sagen, und er sollte es einfach akzeptieren. Vor allem: Hör bitte sofort auf, dich mit Versagensängsten herumzuplagen. Dein Kerl sollte froh sein, etwas so Frisches wie dich im Bett zu haben. Wenn er dich auch nur ein bisschen liebt, begibt er sich auf *deine* sexuelle Ebene, statt dich auf die seine zerren zu wollen.

Du musst beim Sex unbedingt deinen eigenen Stil beibehalten, deine eigenen Grenzen wahrnehmen und deutlich machen. Wenn er dann Abstand von dir nimmt, ist das ein ganz klares Zeichen dafür, dass er dich nicht liebt. Denn Liebe bedeutet Respekt vor dem Partner und Rücksichtnahme!

Bitte achte mal drauf, ob er dich in anderen Bereichen eurer Beziehung auch so überrollt und dir etwas weismachen will, nur damit du dich nach ihm richtest. In dem Fall würde ich an deiner Stelle überlegen, ob er es wert ist, dich so für ihn zu verbiegen.»

(Er)finden Sie Ihren eigenen sexuellen Stil!

Würden Sie es zulassen, dass Ihr Partner Ihre komplette Garderobe aussucht? Dass er entscheidet, was Sie essen? Sicher nicht. Aber im Bett rutschen frappierend viele Frauen auf den Beifahrersitz und überlassen ihm das Steuer. Warum? Weil sie es gewöhnt sind, dass dort der Mann bestimmt, wie's läuft, nämlich in der Regel ein bisschen Streicheln und Fummeln, Geschlechtsverkehr, danach (wenn frau Glück hat) noch etwas Kuscheln, fertig. Aber Sexualität ist viel mehr! Sie ist Zärtlichkeit, Erregung, Erotik, Sinnlichkeit – eben die ganze Palette an Lustgefühlen. Verkehr ist nur ein kleiner Teil davon. Machen Sie sich klar, was Ihnen wirklich Lust macht und was Sie eigentlich abtörnt.

Wenn Sie einmal allein sind, nehmen Sie sich Zeit und entspannen sich. Zuerst erinnern Sie sich an die letzten paar Male mit Ihrem Partner. Was hat Sie gestört, was angemacht? Ist was schief gelaufen?

> Warum? Gehen Sie Ihre sexuelle Vergangenheit durch. War's mit anderen Liebhabern zum Teil besser? Warum? Dann noch ein wenig Tagträumen: Was fehlt Ihnen, wovon hätten Sie gern mehr, was würden Sie gern mal ausprobieren? Schreiben Sie alles auf, gehen Sie eins nach dem anderen an – das Leichteste zuerst!

Manche Männer sind überzeugt, schon als Sexgott auf die Welt gekommen zu sein und durch intensive Beschäftigung mit den eigenen Trieben sowie mit einschlägigen Blättern/Filmen/Internet-Seiten genug Wissen erworben zu haben. Manche tun aber auch nur so – aus Unsicherheit. Aufgrund eines Mangels an Erfahrung, Einfühlungsvermögen oder Flexibilität sind sie einfach nicht in der Lage, auf die andersartige Sexualität der Frau einzugehen.

e) Ihr Partner ist unsensibel oder unerfahren

Gerade Einfühlsamkeit kann man nur begrenzt lernen. Vor allem wird es so manches Mal Ihre Lust dämpfen, wenn Sie ihn immer wieder auf den Ihnen gemäßen Weg hinweisen müssen.

Wie einfach manche Männer da gestrickt sind, zeigt folgender Brief:

«wenn ich mit die brust warzen meiner frau spiele zeigt sie überhaupt keine erregung,auch beim geschlechsverkehr ist sie kalt,sie ist schwer zu befridigen,bei ihre schwester brauch ich nur die bruszwarze in mund nehmen und sie hat schon einen orgasmus. was sol ich machen?»

Karl, 52.

Auweia. Falls seine Frau das mit der Schwester weiß, wundert's mich nicht, dass sie kalt reagiert. Und es wundert mich auch nicht, dass sie nicht auftaut, wenn er das Patentrezept, das vielleicht bei einer anderen passt, einfach auf sie überträgt. Sein Brief legt nahe, dass es ihn herzlich wenig interessiert, die wahren Bedürfnisse seiner Frau zu erkunden. Er schraubt ein wenig an ihren Brustwarzen und eventuell noch sonst wo herum (wo's eben bei anderen Frauen mal funktioniert hat) und erwartet, dass seine Gattin nach so einer Nullachtfuffzehn-Fummelei losgeht wie eine Rakete. Ich fürchte, in seinem Alter besteht keine Hoffnung mehr auf Besserung.

Und der hier ist schlichtweg unerfahren:

«Ich befriedige meine Freundin ab und an mit dem Finger oder der Zunge. Natürlich hab ich mich vorher auch etwas schlau gemacht in Bezug auf den Kitzler ...

Ich habe gelesen, er sei sozusagen wie ein Minipenis. Bei meiner Freundin fühle ich auch einen kleinen Zapfen, von dem ich denke, dass es der Kitzler ist. Um ihn zu fühlen, muss ich jedoch meinen Finger ganz reinschieben (und ich hab relativ lange Finger). Habe auch gelesen, er sei etwa linsengroß; das, was ich jedoch immer fühle, ist so ca. fingerkuppengroß. Außerdem reagiert sie nicht besonders anders, wenn ich ihn, auch ziemlich mit Druck, berühre. Es scheint mir auch unmöglich, ihn in dieser Tiefe mit der Zunge zu erreichen. Gruß, Stephan (18).»

Meine Antwort:

«Hi, Stephan, auf meinen Seiten kann das nicht gewesen sein, wo du dich schlau gemacht hast. Also entweder hattest du da eine miese Quelle, oder du hast gründlich was durcheinandergebracht. Der Kitzler sitzt definitiv außen an der Frau, sieht normalerweise nicht wirklich aus wie ein Minipenis und ist mit der Zunge problemlos zu erreichen! (Abgesehen von den Haaren, die da oft rumwuchern.) Du hast ihn offenbar verwechselt mit dem Muttermund. Das ist sozusagen das Ende von der Gebärmutter, das von oben in die Scheide hineinragt. Und bist du sicher, dass du sie wirklich ‹befriedigst›? Sie wäre die erste Frau, von der ich höre, dass sie durch Fingerstubsen am Muttermund kommt.»

Bart, 22, beschwerte sich:

«ich hab ein bisschen auf deinen internetseiten rumgeschnüffelt und komm mir irgendwie verarscht vor. Es geht darum dass, wie du sagst, frauen meistens nicht durch poppen zum höhepunkt kommen sondern durch kitzler stimulation. vor oder wärend dem sex noch am kitzler rumzuspielen, also das würd mir ehrlich gesagt null spaß machen. Nun ich hab die erfahrung bei vorherigen kürzeren geschichten und besonders jetzt bei meiner jetzigen mit einer 35 jährigen das der sex eigendlich gut klappt und das sie meistens immer kommt ...»

Entweder er hatte per Zufall überwiegend Vertreterinnen der Fraktion «Vaginal-O» (die's ja bei Frauen über 30 öfter gibt), oder er hat sich bei seinen «kürzeren Geschichten» gar nicht die Mühe gemacht zu eruieren, ob sie «meistens immer» kommen.

Auf jeden Fall dachte ich zuerst, er gehöre zu den Typen unter Punkt D, regte aber trotzdem an, er möge die Tipps von meinen Seiten doch einfach mal ausprobieren. Hier sein Bericht:

«Hi bea, hab die tage am kitzler meiner freundin rumgemacht beim pimpern und hab's recht lange herausgezögert, langsamer gemacht und ihn immer wieder rausgetan, ab und an rumgefummelt, und wo er drinnen war, auch an ihr rumgefummelt. sie sagt es war für sie wie eine eruption, iss wirklich aus dem heiteren himmel über sie gekommen. Musste noch hören ob ich nicht heimlich woanders geübt hätt ... hat wohl doch was, mal so seiten anzusehn und anregungen zu holen ... Bart.»

Wie Sie sehen, sind viele Männer, die zuerst nach «Kategorie ignorant» aussehen, durchaus wissbegierig und lernfähig. Da sind Sie gefragt, kluge Leserin, den Mut, die Geduld und das Fingerspitzengefühl aufzubringen, um Ihrem Lover zu vermitteln, wie er Ihr persönlicher Lustspender werden kann ...

IHR PARTNER IST UNSENSIBEL ODER UNERFAHREN

f) Zu wenig Bettkommunikation

Einmal rief mich die 18-jährige Tochter einer Freundin an und jammerte, dass sie offensichtlich «zu blöd» sei, um sich und ihrem Freund zu einem funktionierenden Sexualleben zu verhelfen:

«Ich komme mir schon richtig gestört vor, ihm immer wieder dasselbe zu erklären.»

«Es ist normal, dass man Männern viele Dinge mehrmals verklickern muss», erwiderte ich, «sie nehmen uns das nicht krumm. Du lernst ja auch nicht gleich einen Tanz, den man dir nur ein einziges Mal vorgemacht hat. Erst nachdem man dir die Schritte immer wieder gezeigt hat und du sie sozusagen automatisiert hast, findest du mit deinem Partner zusammen den richtigen Rhythmus – und erst ab da geht das Tanzvergnügen los.»

«Aber es kann doch für ihn auch nicht schön sein, wenn ich ihm alles sagen muss, oder?»

«Du musst ihm bestimmt nicht ‹alles› sagen, oder? Ich möchte wetten, er probiert auch einiges aus. Und falls er zum Teil zu schüchtern dazu ist, musst du ihm halt ein bisschen auf die Sprünge helfen. Es ist ja auch schön, wenn er das dann ausprobiert. Du kannst es ja mit netten Worten umschreiben oder ihm mit Körpersprache zeigen...»

«Ich kann doch schlecht seine Hände nehmen und sie dorthin führen, wo es mir gefällt.»

«Warum denn nicht? Genau das tun Millionen anderer Frauen! Es ist die erotischste Art, mit einem Mann sexuell zu kommunizieren!»

«Ich trau mich nicht so recht, weil, dann muss er das an mir ausführen! Wo ich ja selbst nicht mal genau weiß, was *ihm* gefällt.»

«Ja und? Verlangt auch keiner von dir. Du wirst es im Lauf der Zeit lernen, und du kannst ihn auch fragen.»

In meiner Beratung höre ich sehr oft von Frauen, dass sie sich scheuen, dem Partner klar zu machen, was sie beim Sex wollen und was nicht. Auch die Männer beklagen dies immer wieder; zum Beispiel erzählten mir meine männlichen Interviewpartner, dass sich nicht einmal die Hälfte der Frauen frank und frei äußert. Dabei stört es zwei Drittel der Männer keineswegs, wenn die Partnerin mitten in der Nummer ansagt, wie er sie auf den Gipfel hieven kann. Ein Drittel stört es, aber hauptsächlich deswegen, weil es eben mittendrin ist und «die Stimmung verderben» könnte. Bei solchen Kandidaten sind zarte körpersprachliche Hinweise besser – oder ein paar vorsichtige Worte außerhalb des Bettes.

Die Hälfte der Männer mag es, wenn frau mit Hand und Körper zeigt, was sie will, ein Viertel sagt, «Sie soll stöhnen und seufzen, wenn ich's richtig mache», gut jeder Fünfte bevorzugt klare Worte (Quelle: US-Studie).

Warum, um Himmels willen, trauen wir uns nicht, Tacheles zu reden? Weil es jede Menge Hinderungsgründe gibt:

Die Frauen haben Angst, dass er ablehnt – denn dann fühlen sie sich in ihrer ganzen Person abgelehnt. Ebenso kränkend wäre eine blöde Bemerkung oder Ausgelachtwerden. Sie haben Angst, vor ihm als verdorben, zu versiert, sexgierig oder was auch immer zu erscheinen. Oder er könnte die Anleitung missverstehen als «Du hast's bis jetzt nicht richtig gemacht». Sie wollen nicht «zu viel von ihm verlangen», befürchten, er könnte sich von ihnen abwenden, weil es zu mühsam ist, sie zufrieden zu stellen. Sie äußern keine Wünsche, weil er dann seinerseits anfangen könnte mit Wünschen – vielleicht solchen, die sie nicht erfüllen wollen. Sie haben schon einmal Andeutungen gemacht, Hinweise gegeben, aber er hat's falsch verstanden, nicht richtig gemacht oder nach dem ersten Mal wieder vergessen, und dann trauen sie sich nicht, das zu korrigieren – oder denken, er sträube sich eben dagegen. Sie unterliegen der romantischen Vorstellung «Wenn er mich liebt, spürt er, was ich will». Und mit manchen Vorschlägen wagt man sich auf neues Terrain, doch alles Unabsehbare macht erst mal Angst.

Dass die Hintergründe sogar noch verzwickter sein können und welche Folgen das Stille-Mäuschen-Spiel hat, zeigt die Geschichte von Claudia, 23:

«Ich hatte schon vier Beziehungen, aber noch nie einen Orgasmus (außer von mir selbst), sondern teilweise sogar beim oder nach dem Sex Schmerzen. Irgendwie kann ich mich nicht richtig gehen lassen. Meine Freunde waren alle sehr bemüht, dass es mir auch gefällt, aber ich denke ab einem gewissen Punkt immer nur dran, wann sie endlich fertig sind. Ich finde das schrecklich, denn eigentlich bin ich nicht prüde und schäme mich auch nicht, wenn mich ein Mann nackt sieht oder anfasst.

Ich komme mir schon total unnormal vor, weil ich von anderen Mädels höre, wie oft sie Lust auf Sex haben und wie toll es ist. Ich trau mich gar nicht mehr, mit einem etwas Näheres anzufangen, denn irgendwann geht's doch wieder in die Kiste.

Ich konnte mit meinen Freunden über wirklich alles reden, aber darüber nicht, vor allem weil mich alle so einschätzen, dass ich mir beim Sex schon nehme, was ich will, und meinen Spaß dabei habe. In Wahrheit sieht es so aus, dass ich mittlerweile wohl zu feige zum Sex bin und ihn deshalb vermeide.»

Claudia glaubt, alle anderen Frauen hätten dauernd Lust und den Mordsspaß im Bett – und dass Männer genau das erwarten.

Einerseits redet sie nicht über ihre Probleme, weil sie das Bild aufrechterhalten will, das ihre Freunde von ihr haben: das der selbstbewussten Frau, die Sex genießt und ansagt, was sie will. Andererseits tut sie genau das nicht (Sex genießen und ansagen, was sie will) und hat vor allem deswegen keinen Spaß – stattdessen meidet sie Sex. Ganz schön widersinnig, oder?

Sie ist nicht zu feige zum Sex, sondern zu feige zu ehrlicher Bettkommunikation.

Auch mit ihrem Selbstbewusstsein steht es nicht zum Besten.

Ist Sex für sie in erster Linie etwas, was man tut, weil der Partner es eben erwartet und einen sonst verlassen würde? Und glaubt sie, er könnte davonlaufen, wenn sie ehrlich über ihre Probleme und Wünsche spricht?

Wenn eine Frau ihrem Schatz vermittelt, was sie will, ist der Erfolg zwar abhängig von seiner positiven Reaktion. Aber das ist viel besser, als davon abhängig zu sein, dass er irgendwann einmal per Zufall auf ihre intimen Geheimnisse stößt – oder gar nachfragt. Die Wahrscheinlichkeit der Frustration ist da nämlich zehnmal so hoch.

> Eine Studie der Universität Göttingen ergab, dass bei 65 % der Männer und 56 % der Frauen sexuelle Bedürfnisse unerfüllt bleiben – aber sich ein großer Teil davon erfüllen ließe, wenn die Paare nur miteinander reden würden.

Aller Anfang ist schwer ...

Sicherlich hängt die Bettkommunikation auch davon ab, inwieweit er bereit dazu ist. Leider gibt es tatsächlich Männer, die sich durch offene Worte schnell angegriffen, kritisiert, überfordert fühlen oder kränkend reagieren. Wobei hinter einem solchen Verhalten fast immer Unsicherheit steht ... Aber dafür Verständnis aufzubringen, nachdem Sie gerade Ihr Innerstes nach außen gekrempelt haben und Ihre Wünsche abgeschmettert wurden?

Wenn Sie so etwas vermeiden wollen, ist es enorm wichtig, WIE Sie über Sex reden. Anleitung siehe Kasten auf Seite 101!

Wenn Ihr Bettgefährte sich ungern über Sex austauscht (mit Worten oder auch ohne), sollten Sie zuerst einmal versuchen, sehr vorsichtig seine Gründe herauszufinden – die können ganz ähnlich sein wie die Hinderungsgründe der Frauen oben.

Vielleicht fehlt es Ihnen beiden auch einfach an den richtigen Worten – Sie haben nie gelernt, über Sex zu reden, fühlen sich dabei unbeholfen, befürchten, sich in Ton oder Inhalt zu vergreifen. Da muss man einfach mal anfangen – kann man ja vorsichtig machen. Bereichern Sie Ihren Wortschatz und Ihren Gesprächsstoff durch das gemeinsame Lesen von Erotik-Sachbüchern, z.B. Paul Joannides, «Wild Thing», die Sexratgeber von Tracey Cox und Lou Paget und natürlich durch mein eigenes Buch: «Der beste Sex aller Zeiten».

Was Sie vermeiden sollten

Etliche Beziehungen, die an sich gut laufen, gehen kaputt, weil's im Bett nicht stimmt – und die Hauptursache ist, dass im Vorfeld zu wenig kommuniziert wurde. Manche reden gar nicht, andere reden zu wenig, wieder andere zu unklar. Oder auf eine Art, die beim Partner Widerstand auslöst. Zum Beispiel ...

- nur sagen: «Falls mir was nicht gefällt, tu ich das schon kund», und den andern ansonsten im Nebel stochern lassen;
- etwas «hintenrum» ausdrücken («Mit dem Streicheln hast du's ja nicht so»);
- von Exliebhabern erzählen oder ihn gar damit vergleichen («Andreas hat mich immer stundenlang gestreichelt»);
- zu viel erwarten oder den anderen sogar erpressen («Wenn du das nicht machst, hol ich's mir woanders»);
- das, was einem nicht gefällt, zu negativ formulieren («NIE streichelst du mich!», «Dir geht's ja immer nur um das eine!»);
- schmollen und erstarren, wenn er nicht so will wie sie;
- seine Bemühungen mit verächtlichen Lauten oder radikaler Abwehr quittieren.

SEXUELLE BEDÜRFNISSE AUSDRÜCKEN – SO KOMMT ES GUT AN:
- Etliches können Sie, wie Sie sicherlich selbst wissen, wortlos mitteilen: indem Sie seine Hand oder seinen Körper führen. Indem Sie Ihren Unterleib (oder was auch immer) näher rücken, wenn Sie mehr Intensität brauchen, oder falls weniger, zurückziehen. Indem Sie alles, was er richtig macht, mit Stöhnen, Seufzen, kleinen Lauten quittieren («Schön!», «Guut», «Genau so!»).
- Was ich Ihnen ans Herz legen möchte: Verzagen Sie nicht, wenn's nicht gleich klappt. Viele Männer sind halt ein wenig begriffsstutzig. Versuchen Sie's mit deutlicheren Gesten. Hilft immer noch nicht? Dann reden Sie. Zum Beispiel: «Weißt du, worauf ich Lust hätte?», «Ich hab es gern, wenn du ...», «Könnten wir mal Folgendes ausprobieren ...?».
- Unerwünschte Aktionen hauen Sie ihm nicht wie nasse Waschlappen um die Ohren («Das mag ich nicht!»), sondern diplomatisch («Sanfter bitte», «Das da fühlt sich angenehmer an»). Erwähnen Sie weniger, was er abstellen soll, als vielmehr wie Sie's lieber hätten. Also statt «Du machst immer so schnell» besser «Ich mag es total, wenn du ganz langsam machst». Umkleiden Sie's mit netten Dingen wie «Es ist schön mit dir. Wenn du's *noch* schöner machen willst, dann ...».
- Akzeptieren Sie auch mal einen Korb, ohne sich persönlich abgewiesen zu fühlen – Sie erfüllen Ihrem Partner ja wahrscheinlich auch nicht jedes sexuelle Bedürfnis, und das hat nichts mit mangelnder Liebe zu tun.
- Fragen Sie ihn ab und zu, wie er es haben möchte. Wenn er spürt, dass Sie sich gern darin unterweisen lassen, wie Sie ihm mehr Freude im Bett verschaffen, kommt er vielleicht auf die Idee, dass auch er ein paar Wissenslücken hat.
- Hierzulande wird Sex mit einem solchen Bierernst behandelt, dass es keinen wundern muss, wenn der eine immer gleich angepikt ist,

sobald der andere nicht wunschgemäß (re)agiert. Machen Sie lieber ein Spiel daraus. Etwa einen Rollentausch: Er spielt sie, sie ihn; oder: Sie zeigen ihm an seinem Körper, was er bei Ihnen tun soll, und umgekehrt. Verlängern Sie das Liebesspiel mit «Du darfst mich da und da anfassen, aber da nicht ...», oder indem Sie sich nur ganz langsam ausziehen (lassen).

- Sie sprechen Wünsche ungern direkt aus? Vielleicht fällt Ihnen Schreiben leichter. Beispielsweise via SMS, E-Mails oder auf kleinen Zettelchen, die Sie ihm aufs Kissen legen, in die Hosentaschen stecken oder in das Buch, das er gerade liest. Manche Paare richten sich auch eine Zettelbox ein, die gleich viele erotische Wünsche von ihm und ihr enthält, und vor jedem Akt wird einer gezogen und erfüllt.
- Wenn Sie eine neue Praktik einbringen wollen: Erzählen Sie ihm davon, als hätten Sie's geträumt oder irgendwo gehört, oder lesen Sie ihm eine entsprechende Passage vor, und beobachten Sie seine Reaktion. Ist er eher angenehm berührt als ablehnend, fragen Sie: «Was meinst du – wollen wir's auch mal testen?» Diese Methode eignet sich auch für «sexuelle Sonderwünsche». Also: Bevor Sie Ihrem Partner unterstellen, er könnte Sie für «abartig» halten – probieren Sie's aus!
- Stacheln Sie seinen Ehrgeiz an: «Meine Schwester sagt, sie bekäme durch Oralsex den besten Orgasmus. Ich kann mir kaum vorstellen, dass das stimmt.»
- Falls Sie nicht genau wissen, was Sie am meisten anheizen würde, können Sie ihn bitten, auf «Erkundungsgang» über Ihren Körper zu gehen oder verschiedene Streichelvarianten auszuprobieren.
- Sprechen Sie eher leise und schmeichelnd – warum nicht weibliche Raffinesse einsetzen, wenn am Ende etwas Gutes für Sie beide herauskommt? Fragen Sie zum Beispiel kokettierend: «Darf ich mir was wünschen?» Welcher Mann würde da nein sagen ...?

Übrigens ... Bei aller Rücksicht auf das zarte Ego Ihres Romeos: Es ist es Ihr gutes Recht und völlig okay, stopp oder nein zu sagen, wenn der gerade stattfindende Akt Sie nicht ergötzt oder es Sie schon vorher nicht danach gelüstet.

g) Die sexuelle Wellenlänge stimmt nicht

Was, wenn Sie einen Mann lieben, der vom Wesen her wunderbar mit Ihnen harmoniert, der aber in puncto Erotik nicht kompatibel ist?

«Chemie» und körperliche Anziehung

Vielleicht liegt es an seinem Geruch? Der stand jedenfalls in der großen Studie der Berliner Charité an erster Stelle, als die Frauen gefragt wurden, welche Faktoren ihre Erregung begünstigen.

Ich persönlich habe festgestellt, dass ein Mann auf mich umso sexier wirkt, je gesünder er ist. Männer, die rauchen, sich schlecht ernähren, viel Kaffee und Alkohol, aber zu wenig Flüssigkeit (z.B. Wasser) trinken, sich wenig bewegen, vielleicht sogar einen entgleisten Stoffwechsel haben, riechen meistens nicht nur aus dem Mund, sondern überall am Körper ungut. Oft sind auch ihre Haut und ihre Zähne nicht sexy. Dass allein schon der Instinkt einem verwehrt, so jemanden sehr nah an sich heranzulassen oder gar Körperflüssigkeiten mit ihm auszutauschen, ist doch nur allzu logisch, oder?

Weitere Faktoren für fehlende Anziehung: seine Körperform, seine Behaarung, zu wenig Männlichkeit, wie er sich anfühlt, dass er es einfach nicht hinkriegt, Sie auf die richtige Art anzufassen ...

Manche Frauen gehen trotzdem mit einem solchen Mann eine

längere Beziehung ein und hoffen, dass sich die Anziehung schon noch einstellen wird. Okay, wenn ihm sehr viel an Ihnen liegt, kann er versuchen, abzunehmen oder auch seinen schmächtigen Körper zu stählen, seine Rückenhaare regelmäßig zu entfernen, das Rauchen aufzugeben, gesünder zu leben ... Aber falls er es überhaupt schafft, ist die Wahrscheinlichkeit eines Rückfalls oder Nachlassens recht hoch, und dann hängen Sie in einer Beziehung mit einem an sich tollen Mann, der früher noch einigermaßen begehrenswert war und es immer weniger ist. Sie lieben ihn, Sie möchten ihn nicht missen, aber das Feuer bleibt zunehmend aus – und wo kein Feuer, da auch keine Explosion.

Manche Frauen wissen nicht einmal, woran es liegt – wie die 30-jährige Angela:

«*Ich bin mit meinem Freund nun drei Jahre zusammen, und wir wollen irgendwann heiraten. Unsere Beziehung ist wunderschön, aber ... der SEX! Wir haben schon sehr viel ausprobiert, aber ich kann mich einfach nicht gehen lassen. Wenn er versucht, mich zu stimulieren, finde ich es meistens unangenehm und kann mich nicht konzentrieren. Obwohl er eigentlich alles richtig macht (ich hab ihm vieles gezeigt) und sich Zeit nimmt, um den Sex für mich schön zu machen.*

Manchmal fühle ich nicht einmal etwas. Und wenn ich überhaupt mal kurz vorm Orgasmus bin und er in mich eindringt, ist das Gefühl weg, selbst wenn ich noch nebenbei masturbiere.

Was soll ich machen, ich bin so verzweifelt? Zumal er auch schon mal sagte, dass da irgendetwas bei mir ‹kaputt› sein müsste, weil andere Frauen schon bei der kleinsten Berührung fast explodieren und stöhnen. Stöhnen würde ich auch gern (wünscht er sich auch), aber meine Konzentration kann ich nur auf eine Sache lenken. Er bemängelt auch, dass ich sehr selten die Initiative ergreife. Das liegt aber daran, dass ich einfach keine Lust habe. Ich werde auch nur sehr schwer feucht.

Bei meinen vorigen Freunden war alles noch in Ordnung! Es hat erst mit diesem Mann angefangen. Hilfe!»

Zunächst einmal ist es ungeschickt von Angelas Freund, zu sagen, dass etwas bei ihr «kaputt» sein müsste, was sicherlich auch nicht stimmt, weil bei seinen Vorgängern ja noch alles okay war. Vielleicht hat sie ihm genau das entgegnet, und er hat deswegen behauptet, dass andere Frauen «schon bei der kleinsten Berührung fast explodieren und stöhnen»?

Ihre Geschichte erinnert mich an eine Exbeziehung. Sie war nett und harmonisch, aber ich war von Anfang an nicht so richtig scharf auf meinen damaligen Freund. Ich hatte ihn sehr lieb, aber von meiner Seite aus hatte es nie geknistert oder gar «geknallt». Am Anfang war der Sex mit ihm ganz gut, weil er neu war, aber schon nach ein paar Monaten stellte sich allmählich der gleiche Zustand wie bei Angela ein. Von meiner Seite stimmte eben die Chemie nicht so recht. Ich dachte auch erst, bei mir ist etwas nicht in Ordnung, aber nach der Trennung hatte ich einen Freund, mit dem es im Bett nur so krachte!

Also legte ich Angela nahe, sich eventuell eine Auszeit zu nehmen, um mal zu testen, wie es mit anderen ist; klar besteht da ein gewisses Risiko, ihren Freund zu verlieren. Andererseits sollte man auf keinen Fall heiraten, wenn die Erotik so mau ist!

Der sexuelle Stil passt einfach nicht

Wenn die Kluft zwischen dem, was Sie für guten Sex halten, und dem, was er dafür hält, zu groß ist, lässt sich das leider ebenso selten ändern wie die fehlende Chemie – tragisch, aber wahr! Einen Dauerstürmer können Sie zwar zur Langsamkeit anhalten, aber Sie werden nie das Gefühl loswerden, dass er ausgiebiges Busseln und Streicheln als lästiges Drumherum empfindet. Aus einem sexuell schüchternen Zärtler werden Sie nie einen wilden Hengst machen, der Ihnen in der Umkleide einfach den Rock hoch- und das Höschen runterschiebt. Möglicherweise sind auch Sie die Zurückhaltende, und er ist allzu experimentierfreudig! Was oft vorkommt, ist, dass der eine Partner gewisse extravagante Neigungen hat, die der andere partout nicht teilen kann. Verzweifelte Frauen erzählen mir, sie hätten geglaubt, endlich den Mann fürs Leben gefunden zu haben, und zunächst war alles wunderbar, auch in der Waagerechten, aber nach einer Weile (oft erst nach ein, zwei Jahren oder noch später) kam heraus, dass er auf Fäkalsex oder Geschlagenwerden steht oder ein Fetischist ist. Meist ist es zwar möglich, dass er seine Vorliebe nur mit sich selbst (und irgendwelchen Bildern oder Accessoires) auslebt und nach wie vor «normalen» Sex mit seiner Partnerin hat, aber bei ihr klappt's mit diesem Hintergrundwissen einfach nicht mehr so gut. Steffi, 39, beschreibt es so:

«Ich hab diese unsagbare Eifersucht auf diese geldgierigen Luder im Video, dass die etwas können und ausleben, was mir meinen Mann aufgeilt und ich ihm niemals bieten kann. Und diese Angst, dass er mich wegen dieser Sache verlässt. Ich kann nicht aufhören, ihn ständig auszufragen und in seinen Sachen rumzuschnüffeln, auch in seinem PC.

Mich lässt der Gedanke nicht mehr los, dass er selbst im Bett mit mir nur daran denkt, diese Praktiken auszuüben. Ich bin weiß Gott nicht prüde, aber irgendwie habe ich da inzwischen eine unglaubliche Blockade entwickelt. Mitten im Sex kommen mir diese Bilder und Ängste in den Kopf und rauben mir alle Lust – von Befriedigung ganz zu schweigen.»

Meine Meinung dazu: Porno ist das eine, Realität das andere. Jeder Mann, der nicht ganz blöd ist, weiß das. Man kann ein Leben lang von einem Ferrari träumen und doch akzeptieren, dass man nie einen haben wird.

Zum Beispiel reizt extrem viele Männer Analsex, ich schätze, mindestens drei Viertel. Demgegenüber stehen nur ca. 5 % der Frauen drauf, und weitere 5–10 % machen's ihm zuliebe ab und zu mit. Wenn also alle Männer, die Analsex wollen, ihre Partnerinnen verließen, die ihn nicht wollen, gäbe es fast keine Paare mehr. Die Männer finden sich damit ab, dass sie's nicht kriegen – denn es gibt ja noch jede Menge andere nette Sachen.

Also sage ich Frauen wie Steffi: «Jeder Mensch, Mann wie Frau, hat ab und zu Sexkram im Kopf, der nichts mit dem Partner zu tun hat. Sich da reinzusteigern, führt nur dazu, dass Sie sich (und teils sicher auch ihm) den Sex vermiesen. Lassen Sie es los, akzeptieren Sie es als eine Facette seiner sexuellen Wünsche, die Sie eben nicht teilen. In einer liebevollen Partnerschaft muss man nicht alles teilen. Und hören Sie auf, ihn diesbezüglich zu löchern und ihn auszuspionieren. Geben Sie Ruhe – bei sich und bei ihm. Konzentrieren Sie sich lieber darauf, wie schön all die anderen Dinge mit ihm sind. Bringen Sie ruhig noch ein paar neue Impulse ein – allerdings gemach! Nicht, dass er das Gefühl hat, Sie wollen ihn sexuell ‹umbiegen› oder machen jetzt krampfhaft einen auf ‹Wir haben doch auch ohne deinen Schweinkram viel Spaß im Bett›.

Verklickern Sie ihm, dass Sie seine Sonderwünsche tolerieren, aber nicht mit der Nase drauf gestoßen werden wollen: Er kann gern weiterhin Anschauungsmaterial sammeln und dazu onanieren, aber nicht in Ihrer Wohnung. Er kann gern weiterhin solche Sachen im Internet anschauen, aber bitte diskret. Sagen Sie ihm das einmal klipp und klar, und dann: Deckel drauf!»

Aber falls sich nach einer Weile herausstellt, dass man sexuell trotzdem nicht mehr so recht auf einen Nenner kommt, kann ich leider nur noch zur Paarberatung oder zur Trennung raten.

h) Falsche Stelle

Sie wissen zwar um die Hauptrolle der Klitoris beim Orgasmus, trotzdem versuchen Sie «auf O komm raus», ihn durch schlichten Koitus mit Ihrem Schatz zu erreichen? Für zwei von drei Frauen ist das vergebliche Liebesmüh. Es sei denn, man wählt eine Stellung, in der die Perle mitstimuliert wird (siehe Kapitel 8). Falls Sie allerdings zu den Frauen gehören, deren Klitoris *keine* erogene Zone ist, sollten Sie das Ihrem Partner unbedingt sagen – nicht dass er nach 27 Tauchgängen allmählich verzweifelt.

Und bei vielen Frauen ist nicht der Kitzler selbst, sondern dessen Umgebung die richtige Stelle – weil er so sensibel[9] ist, dass er keine direkte Stimulation verträgt. In dem Fall können Sie Ihren Partner bitten,

- seine Zunge weich und flächig statt spitz und fest einzusetzen;
- den Finger nicht am Kitzler, sondern am Gewebe drum herum anzulegen (vielleicht gilt das auch nur für den Anfang, und später kann er mehr zum Punkt kommen?);
- einen «Dämpfer» zu schaffen: dick Gleitmittel aufzutragen oder eine der Schamlippen über die Klitoris zu schieben;
- mit zwei Fingerspitzen sanft und langsam die Perle zu umrunden;
- das zweite Fingerglied statt der -spitze zu benutzen: Es ist flächiger, der Druck wird mehr verteilt;
- die Hand auf die geschlossenen Lippen zu legen und sie so zu bewegen, dass die Klitoris mitbewegt wird.

---

[9] Um Ihnen deutlich zu machen, wie sensibel er ist: In den Kitzler verlaufen 6000 bis 8000 Nerven – genauso viele wie in einen Penis. Und nun vergleichen Sie mal die Größe ... Bei uns ist das alles viel, viel konzentrierter und deshalb auch um ein Vielfaches empfindlicher!

1) Falsche Technik

Menschen sind so gedeichselt, dass sie eine Methode, die ein gutes Ergebnis brachte, immer wieder anwenden. Das ist bei handwerklichen oder technischen Dingen eine gute Idee, aber nicht bei Frauen. Erstens mag nicht jede dasselbe, zweitens ist es für viele lustabträglich zu merken, dass der Bettgefährte ein Programm abspult. Frauen wollen in ihrer Einmaligkeit und Individualität wahrgenommen werden und nicht als Maschine, die anspringt, wenn man ein paar Knöpfe bedient.

Sowohl beim Geschlechts-, Hand- als auch beim Mundverkehr sind die häufigsten Falsch-Faktoren in Sachen Sextechnik:

- **Tempo:** zu schnell, zu langsam, zu wechselhaft;
- **Intensität:** zu leicht, zu fest, zu vorsichtig, zu grob;
- **Art der Stimulation oder Bewegung:** z. B. Saugen statt Lecken, Hin und Her statt Kreisen, Klopfen statt sachtes Reiben;
- **Inkonsequenz:** häufige Wechsel und Unterbrechungen statt Gleichmäßigkeit;
- **Position:** z. B. Reiterin statt Missionar; oder Handverkehr im Sitzen statt im Liegen.

Wenn er nicht dranbleibt

Viele Männer intensivieren Druck und Tempo, wenn sie merken, dass ihre Partnerin bald so weit ist; andere wechseln die Technik oder Stellung, um die eigene Erregung zu zügeln und die Gier der Partnerin anzufachen. Aber die meisten Frauen brauchen, vor allem kurz vorm Gipfel, eine absolut gleich bleibende Stimulation. Schon der kleinste Wechsel kann sie völlig zurückwerfen ... Dieser jungen Frau beschert immerhin das Absetzen oft ein Abheben:

«Eigentlich habe ich kein Orgasmus-Problem, weder beim Onanieren

noch bei meinem Schatz. Aber manchmal klappt's nicht wegen so einer Art ‹Übererregung›. Wenn mein Freund mich befriedigt (oral/Hand), läuft das im Grunde folgendermaßen ab:

Zuerst das ‹normale› Programm (also er erregt mich mit Küssen, Knabbern am Ohrläppchen, Streicheln etc.), danach kommt er langsam immer tiefer zur Klitoris. Er weiß, dass es mich noch mehr erregt, wenn er ab und zu kurz vorm Kommen absetzt und die Erregung ein kleines bisschen abklingen lässt, um dann wieder fortzufahren – und es trägt mir oft einen sehr heftigen Orgasmus ein ... Allerdings hat das Ganze einen Haken: Wenn er zu oft absetzt, bleibt der Orgasmus aus. Ist das nur bei mir so?»

Es ist völlig logisch, dass sie nicht den ganzen Berg hochkommt, wenn die Absacker dazwischen zu häufig oder zu lang sind. Und manchmal blickt der Körper da einfach nicht mehr durch – oder ist überreizt, was im Endeffekt aufs Gleiche rauskommt. Diese Frau kann ihren Schatz bitten,

- nicht zu *oft* abzusetzen – vielleicht kann sie ihm irgendwelche Anhaltspunkte geben (z. B. dass er maximal fünfmal absetzen oder auf die körperlichen Anzeichen ihrer Lust achten sollte);
- nicht zu *lange* abzusetzen – denn je länger die Pausen, desto tiefer sinkt ihre Lustkurve wieder.

«ENTSPANN DICH»

raunen viele Männer ihren Frauen bei deren schwerer Orgasmusgeburt zu. Das hilft aber nicht. Erstens kann niemand auf Kommando entspannen, zweitens sollten Kopf und Körper zwar beim Vorspiel entspannt sein, nicht aber kurz vorm Höhepunkt. Wer würde den steilen Anstieg zum Berggipfel mit schlappem Leib schaffen? Und genauso ist es beim sexuellen Gipfel. Wie schon auf Seite 22 erwähnt, steht dann der Körper unter Spannung – vor allem die Beckenbodenmuskeln. Wenn die allerdings verkümmert sind, gibt's nicht viel anzuspannen. Deswegen empfehle ich immer wieder wärmstens Beckenbodentraining (siehe S. 59f.). Schon allein, damit Sie diese für Lust und Orgasmus so wichtige Muskulatur erspüren können – etwa, ob sie bereits zu Beginn des Liebesspiels angespannt = verkrampft ist. Denn auch das ist sehr kontraproduktiv, weil Sie dann statt Lust nur unangenehme Gefühle haben. Beispiel: Manche Frauen glauben, «da unten» zu müffeln, und spannen unwillkürlich den Beckenboden an, sobald eine männliche Zunge zwischen ihren Beinen wirkt. Folge: Es kitzelt oder fühlt sich «komisch» an.

Apropos: Versuchen Sie mal, wenn's kitzelt, es einfach zuzulassen (hier hilft tiefes Durchatmen und bewusstes Entspannen tatsächlich!) – dann schlägt's sehr oft in lustvolle Gefühle um!

J) Sie sind zu trocken

Sexuelle Handlungen an trockener Scheide und Klitoris fühlen sich nicht gut an – oder können sogar wehtun. Obwohl Sie mit Ihrem Schatz zugange sind, läuft nix? Die Hauptursachen sind:

1) Sie sind nicht erregt genug (Vorspiel zu kurz oder nicht ganz nach Ihrem Geschmack, Sie sind nicht mehr scharf auf Ihren Partner, störende Gedanken, Ängste, z. B. vor Schmerzen oder Schwangerschaft usw.).
2) Kondome. Leider ist das bisschen Schmiermittel, was da drauf ist, schnell verbraucht, und Gummi verstärkt die Reibung, also die Trockenheit.

Alle weiteren Gründe, wie Östrogenmangel und Alter, finden Sie in Kapitel 5, Punkt G!

Sie sollten immer ein gutes Gleitmittel neben dem Bett stehen haben (oder wo auch immer Sie sich miteinander vergnügen) und bitte schön keine Hemmungen, es anzuwenden! Männer sind keineswegs moralisch entrüstet, wenn ihr Mädel zur «Sexglide»-Tube greift, sondern im Gegenteil entzückt, sobald sie sich einmal von den Vorteilen überzeugen durften. Tipps zu Gleitmitteln finden Sie in Kapitel 9.

Wenn eine Frau allerdings vor allem wegen Punkt 1 zu trocken ist, sollte man die Ursachen beheben, statt einfach Gleitgel draufzuklatschen! Mir ist klar, dass die Ursachenbehebung nicht immer ganz einfach ist. Zum Beispiel sind viele langjährige Teams gut eingespielt, doch die Glut ist einfach raus. Hier sorgt eine Kombination aus Abwechslung, ausgiebigem Vorspiel und gelegentlichem Gleitmittel-Einsatz für genitale Geschmeidigkeit.

k) Müdigkeit, Erkrankung, Alkohol, Drogen, Medikamente

Bitte lesen Sie hierzu erst einmal Punkt C in Kapitel 5!

Noch ein Wort zu «Müdigkeit»: Im Prinzip könnte hier unter den Orgasmus-Blockern auch «Uhrzeit» stehen. Viele Paare haben Sex zur falschen Uhrzeit, nämlich erst spätabends beim Zubettgehen. Nicht nur, dass der Körper dann auf «Schlafen» eingestellt ist und nicht auf komplizierte Vorgänge – sondern auch, dass man sich dann meist zu wenig Zeit nimmt: Beide wollen es nicht zu spät werden lassen, und der Mann ist zu schlapp für weit reichende Vorspielaktionen. Kurzum, die Frau erreicht bei weitem nicht die Stufe, die sie für einen Höhenflug braucht.

Ferner das Thema Alkohol ... Ein bisschen kann Sie lockern und helfen, Hemmungen und andere störende Zwischengedanken wegzufegen: ein Glas Wein oder Sekt, ein kleines Bier, ein Longdrink. Zu viel Alkohol setzt jedoch Ihre Empfindungsfähigkeit herab! Das kann bei Frauen, die wenig vertragen, schon ab anderthalb Drinks oder einem Cocktail der Fall sein. Besonders Bier und Rotwein sind bei zu hoher Menge sehr effektive Orgasmuskiller, denn sie machen obendrein müde.

Noch stärker kann natürlich Folgendes Ihre Erregung ausbremsen:

L) Schmerzen oder unangenehme Gefühle im Intimbereich

Darunter leiden erschreckend viele Frauen beim Sex – wodurch sie von der Befriedigung meilenweit entfernt sind.

Dies sind die häufigsten Ursachen:

1) **Viel zu wenig Erregung.** Falls Art und Dauer des Vorspiels für Sie stimmen, füllen sich Ihre Genitalien mit Blut, werden weicher und sozusagen empfänglicher, die Scheide weitet sich ein wenig. Falls nicht, lösen Aktionen an diesen hochsensiblen Stellen ähnliche Begeisterung aus wie ein Frauenarzt- oder gar Zahnarztbesuch.

   Wichtig ist, dass Sie wirklich Lust auf das haben, was Ihr Partner tut. Lassen Sie sich auf keinen Fall von seiner Erektion oder seinem Drängen irritieren. Sie bestimmen, ob Sie so weit sind und ob Sie überhaupt wollen (wenn nicht, ist das völlig okay!).

2) **Sie sind zu trocken.** Dann tut die Reibung weh. Vor allem, wenn der Penis auch noch in einem ungünstigen Winkel kommt und zu viel Platz in der Scheide braucht. Bitte lesen Sie dazu Punkt J.

3) **Sie sind zu «eng»:** Meist ist die Scheidenmuskulatur angespannt bzw. verkrampft (von Natur aus eng sind nur sehr wenige Frauen), oder es sind noch Reste des Jungfernhäutchens vorhanden – oder sogar beides.

Für viele junge Mädchen hat «Verkehr» einen negativen Beigeschmack, weil das erste Mal sehr wehtat oder der erste Liebhaber sehr unsensibel war, und ist daher immer mit einer unbewussten Scheidenverkrampfung verbunden, die den Sex wieder peinvoll macht, was dazu führt, dass sie aus Angst vor weiteren Schmerzen nur noch mehr verkrampfen – ein Teufelskreis (siehe auch der Brief von Karin ab S. 118).

4) **Sie haben eine Erkrankung der Scheide, der Vulva, der Harnwege, des Unterleibs:** etwa Scheidenpilz, bakterielle Vaginose, Endometriose, Herpes, Schuppenflechte, Ekzeme, Blasenentzündung, Zysten, Geschwüre, Krauroris Vulvae («spröde Vulva»), Fehllage der Gebärmutter, Entzündungen des Muttermunds, der Gebärmutter, der Eierstöcke oder Eileiter.

Sie sollten auf jeden Fall zum Frauenarzt gehen, sobald auch nur eines dieser Symptome auftritt:
- Die Haut der Vulva sieht anders aus als sonst (gerötet, geschwollen, nässend oder auch extrem trocken, rissig, mit Ausschlag, Pusteln, Bläschen o. Ä.);
- beim Verkehr entstehen stechende oder ziehende Schmerzen;
- Ihre Scheide riecht stärker oder zeigt seltsamen Ausfluss;
- Ihre Scheide/Vulva juckt oder brennt, auch unabhängig vom Sex;
- das Wasserlassen macht Probleme.

5) **Sie haben eine Unterleibs- oder Scheidenerkrankung hinter sich**, sind wieder gesund, und trotzdem fühlt sich Sex noch unangenehm an. Das kann daher kommen, dass noch Schwellungen bestehen, dass sich das Gewebe noch nicht

ganz regeneriert hat oder dass durch die Erkrankung Verwachsungen oder Narben entstanden sind. Gehen Sie liebevoll und geduldig mit sich selbst um, suchen Sie vorsichtshalber nochmal den Arzt auf.

6) **Ihre Intimzone ist wund oder überreizt** von zu langem Verkehr oder zu heftiger Stimulation. Macht Ihr Freund allzu viel Druck und Reibung? Halten Sie ihn die nächsten Male an, sehr sachte vorzugehen, und schauen Sie, ob das Problem dann immer noch besteht. Braucht er sehr lang bis zu seinem Höhepunkt? Fragen Sie ihn, ob er auch schneller kann, und wenn nein, dann reizen Sie ihn vorher oder zwischendrin mit Hand oder Mund.

7) **Ihr Partner hat rasiertes Schamhaar**, und die Stoppeln reiben Sie wund. Lösung: Er soll es wieder natürlich wachsen lassen. Es dauert ein paar Wochen, bis es wieder lang ist, und dann leider nochmal zwei Monate, bis es weicher geworden ist – es wächst erst mal dicker raus, wird aber im Laufe der Zeit feiner durch den natürlichen Abrieb.

8) **Sie haben rasiertes Schamhaar**, und die Stoppeln der einen Schamlippen-Seite reiben die andere wund. Lösung: Entweder Sie rasieren es jeden Tag, oder Sie entfernen es mitsamt der Wurzel (z.B. Zupfen, Wachs oder Epilieren), damit es weicher und weniger schnell nachwächst. Oder Sie entscheiden sich wieder für natürlichen Haarwuchs.

9) **Sein Penis ist sehr groß.** Im Prinzip ist unsere Scheide ja so dehnbar, dass ein Baby durchpasst. Aber das tut auch ordentlich weh. «Hengste» sollten noch mehr als andere ein lustvolles Vorspiel gewähren. Je erregter Sie sind, desto schmerzunempfindlicher! Und natürlich auch feuchter. Für längeren Verkehr sollten Sie immer eine Gleithilfe parat haben und diese zwischendurch in Ihren Scheideneingang oder auf seinen Schwängel geben.

Am Anfang ist es vielleicht angenehmer, wenn er nur ein kleines Stückchen eindringt. Sie haben es buchstäblich in der Hand – legen Sie die Ihre um seinen Penisschaft und lassen Sie ihn nur so weit in sich hinein, wie es Ihnen angenehm ist. Oder Sie setzen sich auf ihn und dirigieren ihn. Oder Sie wählen Positionen, in denen Sie nicht so «offen» sind, beispielsweise die Seitenlage; Sie können auch einfach die Beine enger zusammenhalten.

10) **Manche Stellungen tun Ihnen weh**, etwa solche, wo er sehr tief eindringen kann, und das «Reiten». Das liegt entweder an der Form der Scheide, an der Lage des Muttermundes oder an der Länge des Penis – unter anderem kann es schmerzen, wenn der Penis gegen den Muttermund ballert. Tipp: Meiden Sie die betreffenden Stellungen, suchen Sie nach Alternativen (siehe Kapitel 8).

11) **Narben nach einem Dammschnitt oder -riss bei der Geburt** bewirken manchmal eine Überempfindlichkeit des Scheideneingangs. Tipp: Fragen Sie Ihren Arzt nach Heilmaßnahmen!

12) **Sie benutzen Kondome** – aber vertragen sie irgendwie nicht: Schon während des Gebrauchs oder kurz danach juckt und brennt Ihre Scheide, ist stark gerötet, vielleicht zeigt die Haut sogar Schwellungen oder Ausschlag. Das kann eine Latexallergie sein (die kommt aber eher selten vor) oder eine Unverträglichkeit gegen die Weichmacher im Gummi oder die spermientötenden Substanzen, mit denen die meisten Präservative beschichtet sind. Je länger der Verkehr, desto schlimmer die Symptome, denn die Reibung des Gummis macht Sie trocken und wund, wodurch die Reizstoffe noch stärker eindringen können. Tipp: andere Sorten antesten, vor allem solche ohne Spermizide – oder auch Kondome aus Kunststoff (z. B. «Avanti»).

13) **Bestimmte Substanzen reizen Ihre Schleimhäute.** Das kann alles Mögliche sein, wie Scheidenzäpfchen, ein spermi-

zides Gel (etwa zusammen mit einem Diaphragma), Lotionen oder Cremes, die Sie ins Vorspiel einbauen, aber auch Dinge, die tagtäglich an Ihren Intimbereich kommen: Seife, Waschlotionen, alles Parfümierte, Toilettenpapier (besonders das aus Altpapier), Slipeinlagen, Binden, das Waschpulver, mit dem Sie Ihre Unterwäsche waschen, usw. Tipp: mögliche Auslöser weglassen bzw. andere Marken ausprobieren.

14) **Sie vertragen sein Sperma nicht:** Kurz nach seinem Erguss treten Brennen, Rötung und leichte Schwellungen auf. Sie können Folgendes testen:
Lassen Sie die Symptome vollständig abklingen und benutzen Sie etwa eine Woche lang Kondome (am besten unbeschichtete oder solche aus Kunststoff). Die Symptome treten nicht wieder auf? Dann sollten Sie zum Allergologen (Facharzt für Allergien) gehen. Es gilt herauszufinden, was genau der Auslöser ist, denn Ejakulat besteht ja aus verschiedenen Substanzen, enthält immer auch etwas von dem, was der Mann konsumiert.
Übrigens gibt sich eine Sperma-Unverträglichkeit oft nach einem halben bis einem Jahr, allerdings eher bei regelmäßigem Verkehr (mindestens einmal wöchentlich).

15) **Seelische Abwehr gegen Sex:** Möglicherweise verknüpfen Sie unterbewusst Sex mit etwas Negativem. Angst, sich auszuliefern und verletzt zu werden?
Oder wurden Sie von einem Elternteil konditioniert, dass Sex etwas Schmutziges oder Abzulehnendes ist? Haben Sie Angst vor Schwangerschaft oder Krankheiten? Vielleicht ist Ihr Körper und/oder Ihre Seele (noch) nicht bereit für Verkehr. Das sollten dann beide akzeptieren und erotische Alternativen andenken, die für beide schön und lustvoll sind, insbesondere, wenn die Betroffene noch sehr jung ist.
Wie kompliziert so ein Problem sein kann, zeigen die folgenden beiden Briefe:

«Liebe Beatrice,

ich bin 27 und hatte bisher vier Beziehungen; der Sex mit allen vier Männern wurde dadurch getrübt, dass das Eindringen und der Verkehr jedes Mal ziemlich wehtaten. Mit Gleitmittel wurde es zwar besser und auch bei regelmäßigem Sex, aber Schmerzen waren und sind immer dabei.

Meine Frauenärztin bestätigte mir, dass ich ziemlich eng gebaut bin, meinte aber, dass potenziell jeder Mann und jede Frau sexuell zusammenpassen.

Mit meinem jetzigen Freund bin ich seit vier Monaten zusammen und liebe ihn sehr. Mit ihm ist etwas passiert, was ich mit meinen Exfreunden nie erlebt habe: Da sein Penis sehr groß ist, reißt jedes Mal beim Verkehr mein Damm ein, und es blutet. Meine Frauenärztin hat mir dafür zinkhaltige Wundsalbe verschrieben und meinte, Infektionen etc. müsste ich aufgrund der Blutung nicht fürchten, die Wunde würde schnell wieder heilen, womit sie auch Recht hat. Sie meinte auch, dass ich mich durch regelmäßigen Sex in diesem Bereich noch etwas weiten würde. Dies ist aber schwierig, da ich meinen Freund nur jedes zweite Wochenende sehe (jobbedingt geht es nicht anders), und bei jedem (!) Verkehr blute ich dann wieder.

Mein Freund ist vorsichtig, aber um in meine Scheide einzudringen, muss er schon mit Druck vorgehen, weil er sonst einfach nicht hineinkommen würde. Vom Gefühl ist es ein bisschen für mich so, als würde ich jedes Mal wieder neu entjungfert, wahrscheinlich wegen des Widerstandes und des sich anschließenden Schmerzes. Ich bin jedes Mal froh, wenn dieser Moment überstanden ist, weil es dann weniger wehtut und ich es auch schön finden kann, den Penis in mir zu spüren.

Erregt bin ich fast immer, das merke ich daran, dass ich feucht bin. Aber obwohl wir jedes Mal noch Gleitgel hinzugeben, kann das nicht die Schmerzen oder den Riss des Damms verhindern. Und latent schwingt immer die Angst davor mit.

Wir schlafen nur in der Missionars- oder Reiterstellung miteinander, die weniger wehtun als die anderen.

Noch eine zusätzlich Info: Einen Orgasmus hatte ich in keiner meiner Beziehungen, bekomme ihn nur beim Onanieren unter der Dusche, das ist natürlich auch frustrierend auf Dauer. Mein Freund macht es mir öfter mit der Hand oder Zunge, es fühlt sich schön an, aber ich komme nicht. Vielleicht kann ich mich nicht fallen lassen bzw. die Kontrolle abgeben.

Trotzdem habe ich immer gern mit meinen Freunden geschlafen, auch wenn ich um die Schmerzen, die auf mich zukommen würden, wusste. Ich finde es ziemlich traurig, dass Sex, der ja eigentlich das Natürlichste der Welt sein sollte, bei mir so erschwert wird …

Ich komme mir mit diesem Problem total allein vor. Hast du Ähnliches schon mal gehört?

Karin»

«Liebe Karin,

habe ich Ähnliches schon mal gehört? Aber ja. Du bist fürwahr nicht allein. Was ich jetzt dazu sage, ist unter Vorbehalt, denn ich bin ja keine Ärztin. Deshalb möchte ich dir zuerst einmal raten, eine andere Gynäkologin aufzusuchen und ihr dein Problem ausführlich zu schildern, denn deine jetzige scheint mir ein wenig zu lax mit der Sache umzugehen.

Mein zweiter Rat ist, ganz strikt so lange keinen Verkehr zu haben, bis der Dammriss komplett verheilt und auch keine rote wunde Stelle mehr zu sehen ist. Solange er das nicht ist, reißt es ja viel leichter wieder auf. Trage nicht nur Zinksalbe auf, sondern massiere die Stelle auch täglich mit einem guten Hautöl (z. B. Freiöl), damit die Haut geschmeidig bleibt. Denn vernarbtes Gewebe ist weniger dehnbar als gesundes. Natürlich darfst du das Öl nur dann einmassieren, wenn die Wunde geschlossen ist.

Dass du dich beim Zweiersex nicht ‹fallen lassen bzw. die Kontrolle abgeben› kannst, hängt sicher zum Teil mit deiner ‹Scheidenmisere› zusammen, aber vermutlich ist da noch irgendetwas anderes in dir drin, das dir einen ungetrübten Sexgenuss vermiest. Dies, zusammen mit der Angst vor Schmerzen, bewirkt möglicherweise, dass deine Scheidenmuskeln unwillkürlich angespannt sind, was deinen ohnehin schon engen Eingang zusätzlich verkleinert. Was darüber hinaus tragischerweise noch hinzukommt, ist, dass dein Freund ganz schön groß gebaut ist (verflixt!).

Diese unwillkürliche Anspannung nicht mehr zu haben, wäre also schon die halbe Miete.

Vorschlag 1: Es wäre gut, die seelischen Hintergründe in einem intensiveren Gespräch zu klären. Vielleicht magst du mal eine Paarberaterin mit Spezialisierung auf Sexualtherapie suchen und dort eine Probeberatung machen?

Vorschlag 2: Was deinen Freund betrifft, so solltet ihr die Zeit deiner Dammriss-Heilung damit überbrücken, möglichst viele Wege herauszufinden, wie ihr euch gegenseitig mit Mund, Händen usw. ein Maximum an Lust bereiten könnt – dabei wirst du entdecken, dass es völlig okay ist, vor Lust fast durchzudrehen.

Vorschlag 3: Wenn es dann irgendwann wieder ans ‹Verkehren› geht, solltet ihr abmachen, dass für eine Weile (ein paar Wochen) *allein du* bestimmst, *was* ihr macht und *ob* und *wann* ihr Verkehr habt. Denn wenn du die Kontrolle über das äußere Geschehen hast, ist es oft leichter, die innere Kontrolle abzugeben. Du bestimmst auch die Stellung und wie tief er eindringen darf. Ich nehme an, dass es vor allem durch das ungestüme Ersteindringen zum Dammriss kommt. Von daher sollte er das lassen. Er soll seine Eichel an deinem Eingang positionieren, aber DU ziehst ihn dir rein. Lass ihn ruhig ein Weilchen am Eingang, das kann sehr erregend sein. Lass dich von deiner Erregung leiten – wenn sie nicht groß genug ist, um dir den Impuls ‹Reinziehen› zu geben, dann tu es nicht.

Ist sie groß genug, geh zentimeterweise vor. Lass dich immer von deiner Lust leiten. Falls es dir kein Ungemach bereitet, so nimm erst einmal seine Eichel auf. Spüre, ob es sich gut anfühlt und ob du ihn tiefer spüren möchtest oder ob du's erst mal dabei belassen willst. Für Mann und Frau kann es durchaus erregend sein, wenn eine Weile nur seine Spitze eindringt.

Manchmal hilft es, die Muskeln nach unten zu drücken, als wollte man etwas aus der Scheide herauspressen, diese Bewegung kann sie etwas öffnen.

Umfasse ruhig seinen Penisschaft und leite ihn – gerade so, wie es dir behagt. Lass deinen Körper die Regie übernehmen. Falls etwas wehtut oder unangenehm ist, kannst du jederzeit abbrechen, und ihr macht zum Beispiel mit einer der Techniken weiter, die euch beiden Lust bereiten (Vorschlag 2).

Vorschlag 4: Du kannst versuchen, deine Scheide an etwas Größeres zu gewöhnen – zum Beispiel durch einen Dildo oder einen anderen penisförmigen Gegenstand. Natürlich nicht mit Gewalt oder Druck, sondern mit guter Vorbereitung (dich selbst erregen, Gleitmittel hinzunehmen) und nur wenn dein Körper dann auch will. Zuerst einen kleineren Dildo nehmen, allmählich größer werden.»

Das zweite Beispiel zum Thema «Seelische Sexschmerzen» kommt von Corinna, 19:

«Ich bin jetzt seit neun Monaten mit meinem Freund zusammen und sehr glücklich. Vor ihm hatte ich einen Freund, mit dem ich $1^{1}/_{2}$ Jahre zusammen war. Mit ihm hatte ich mein erstes Mal... Danach wollte er ständig Sex und hat mich oft dazu gezwungen, und blöd vor Liebe, wie ich war, habe ich dies auch noch zugelassen. Irgendwann hat es angefangen, dass ich dabei ziemlich starke Schmerzen bekommen habe.

Als ich dann mit meinem neuen Freund zusammenkam, hatte ich gehofft, dass die Schmerzen weggehen, aber leider sind sie immer noch da, und ich vermeide Sex meistens. Mein Freund akzeptiert das und sagt, dass er mich versteht, aber langsam ärgere ich mich schon selbst darüber, denn manchmal habe ich echt Lust dazu, und wenn es denn so weit ist und er versucht einzudringen, kommt der Schmerz wieder (wenn er allerdings mit dem Finger reingeht, tut es nicht weh). Beim Frauenarzt war ich wegen der Sache schon. Der meinte, alles sei in Ordnung, es könne nur davon kommen, dass ich verkrampfe. Meine Mutter sagt auch, dass ich wahrscheinlich psychisch einen kleinen Knacks wegen meinem Ex bekommen habe. Ich weiß echt nicht mehr weiter ...»

Kein Wunder, dass Corinna gegen das Eindringen eines Penis buchstäblich «Widerstand» entwickelt: Ihr Ex hat sie sexuell genötigt, und wenn man Sex gegen seinen Willen hat, wehrt sich der Körper dagegen. Anders gesagt: Sie war zu schüchtern, sich zu wehren, also hat ihr Körper versucht, das zu übernehmen. Offenbar haben ihre damaligen Schmerzen beim Verkehr den grobklotzigen Ex nicht davon abgehalten, seine Gier an ihr zu stillen.

Ganz klar, dass da ein körperliches Trauma entstanden ist, was bis heute anhält. Es rührt daher, dass der Körper eine Art Erinnerungsvermögen besitzt. Leider denkt er sehr schlicht, das heißt, er unterscheidet nicht zwischen dem Penis des Ex und dem des Neuen. Die Abwehr stellt sich automatisch ein – aber vielleicht kann Corinna dies auflösen, indem sie sich immer wieder bewusst macht, dass es erstens nicht mehr ihr Ex ist, sie zweitens niemand mehr zum Sex zwingt und drittens sie ganz allein bestimmen kann, ob sie Verkehr hat oder nicht. Das muss jetzt nicht mehr ihr Körper übernehmen! Ich machte ihr dieselben vier Vorschläge wie Karin und darüber hinaus noch

«**Vorschlag 5:** Wichtig ist, dass du anfängst, ein liebevolles Verhältnis zu deinem Intimbereich zu entwickeln. Jede Vulva ist wie eine schöne Blume: zart, sensibel, verletzlich, aber auch in der Lage, uns Freude zu schenken. Wir müssen sie pflegen und hegen, manchmal ein bisschen streicheln, und sie respektvoll behandeln: nichts dran- und nichts reinlassen, was sie nicht möchte.

Manchen Frauen hilft es auch, einen Brief an ihre ‹Blume› zu schreiben. Das klingt vielleicht komisch, aber es funktioniert oft erstaunlich gut. Zuerst findest du einen Namen dafür, und dann schreibst du einen Brief, in dem du all deine Gefühle dazu ausdrückst: deine Wut über die erlebten Verletzungen, deine Ängste, deine Verwirrung, die guten Gefühle, die sie dir schon beschert hat, wie du in Zukunft mit ihr umgehen willst und so weiter.

Vielleicht hilft es dir zusätzlich, deiner Wut über deinen Ex Ausdruck zu verleihen – z. B. indem du dich mit ihm triffst und ihm sehr deutlich sagst, wie arschig er sich damals verhalten hat. Oder indem du auch ihm einen Brief schreibst. Aber du musst nach deinem Bauchgefühl entscheiden, ob dir das helfen würde.»

m) Sie fühlen sich nicht wohl mit Ihrer Verhütung

Die Angst vor Schwangerschaft oder übertragbaren Krankheiten kann – wie alle Ängste – eine wirkungsvolle Orgasmusbremse sein, vor allem wenn das Paar sehr nachlässig verhütet, er etwa Koitus interruptus praktiziert, weil er Kondome nicht mag, wodurch sie während des ganzen Verkehrs nur damit beschäftigt ist, aufzupassen, dass er sich nicht in ihr ergießt; oder man wendet Kondome nur in den Tagen an, die man für fruchtbar hält, und sie ist zu Recht skeptisch und ängstlich angespannt; oder sie traut Kondomen generell nicht, weil sie schon einige hat rutschen oder reißen sehen; oder sie verhütet mit Diaphragma, Schaumzäpfchen oder Urintest und weiß um deren recht hohe Versagerquote ...

Die Pille bringt da zwar mehr Entspannung, mindert aber bei manchen Frauen die Lust und/oder Orgasmusfähigkeit. Chris, 29, schreibt:

«Früher hatte ich immer viel Spaß am Sex. Mit meinen Exfreunden und mit meinem Jetzigen. Aber das letzte halbe Jahr, genau seitdem ich

die Pille nehme, sind irgendwie meine Empfindungen gesunken ... und es dauert ewig, bis ich komme!»

Es kann sein, dass Chris eine Pillenmarke hat, die nicht zu ihr passt. Tipp: vom Frauenarzt eine andere Pille oder eine alternative Verhütungsmethode empfehlen lassen.

Die Spirale ist zwar auch recht sicher, aber führt bei vielen Frauen zu verstärkten Beschwerden bei der Periode. Hingegen sehr verträglich und extrem sicher ist die Hormonspirale («Mirena»), die mit der herkömmlichen Spirale nichts gemeinsam hat außer der Form: Sie sieht aus wie ein kleines T. Mirena besteht aus Silikon und enthält das Hormon Gestagen, das in winzigsten Mengen kontinuierlich in die Gebärmutter abgegeben wird. Die Nebenwirkungen sind gering, und das Beste daran: Man hat fast keine Menstruationsbeschwerden mehr.

Sicherer ist nur eine Sterilisation, aber die wird fast nur bei Frauen vorgenommen, die bereits Kinder haben oder bei denen ein ernsthafter medizinischer Grund vorliegt, etwa, dass eine Schwangerschaft für die Frau lebensgefährlich wäre.

N) HORMONELLE EINFLÜSSE

Hormonelles Ungleichgewicht kann sozusagen angeboren sein oder entsteht durch Untergewicht, Übergewicht, Mangelernährung, extrem viel Sport, radikale oder längere Diät, starkes Rauchen, Dauerstress, manche Erkrankungen bzw. deren Behandlung, Alkohol-, Drogen- oder Medikamentenmissbrauch, die falsche Pille oder durchs Altern.

Tipp: Wenn Sie den Verdacht haben, Ihr Hormonhaushalt stimmt nicht, sollten Sie einen Hormonstatus machen lassen

(Frauenarzt, Allgemeinarzt, Endokrinologe[10]) – vor allem auf Östrogen, Gestagene, Androgene und Thyroxin (= Schilddrüsenhormon; auch das hat Einfluss auf die Geschlechtshormone).

Östrogene sind die wichtigsten weiblichen Geschlechtshormone. Ob die weibliche Lust davon abhängt, dass die Menge im Körper stimmt, darüber sind sich die Fachleute nicht einig. Altbekannt ist allerdings, dass der Mangel an Östrogen die Sexualität vermiesen kann:

- Die Haut der Scheide und der gesamten Vulva wird dünn, trocken, schmerzempfindlich; Scheideneingang und Schamlippen können unangenehm jucken.
- Die Blutgefäße werden weniger durchlässig (auch die im Unterleib!), aber schlecht durchblutete Genitalien reagieren nicht gut.
- Energie und Immunsystem lassen nach, Haut und Bindegewebe machen schlapp, das Haar wird stumpf und dünner. Aber welcher Frau, die sich kränklich, müde und unattraktiv fühlt, ist schon sexy und sinnlich zumute?

Abhilfen:
- Östrogen-Creme für die Scheide (muss vom Arzt verschrieben werden) und zusätzlich Gleitmittel für außen;
- Östrogen-Ersatz-Therapie (vor allem für Frauen in und nach den Wechseljahren);
- Phyto-Östrogene: Das sind pflanzliche Stoffe mit östrogenartiger Wirkung, etwa in Soja (Tofu, Sojamilch, -produkte, -bohnen), Hopfen (ist ja auch im Bier, aber hat in Kapseln eine wirksamere Konzentration), Wanzenkraut (botanisch Cimicifuga – wird oft Frauen mit Östrogenmangel verschrieben), Melisse, Rotklee.

---

10 Facharzt für Drüsen und Hormone.

Testosteron, das männliche Hormon, hat einen weitaus größeren direkten Einfluss auf unser Liebesleben. In kleinerer Menge kursiert es auch im weiblichen Körper (allerdings sind die Unterschiede von Frau zu Frau beträchtlich!). Es fördert das Verlangen nach Sex, die Erregbarkeit, die Orgasmusfähigkeit; oft wird auch die Klitoris reizempfänglicher, was vielleicht daran liegt, dass sie bei hohem Testosteron-Aufkommen wachsen kann (z. B. bei der Geschlechtsumwandlung Frau–Mann und bei gedopten Sportlerinnen).

Klingt prima: Einfach Testosteron verabreichen, und im Bett geht's ab! Die Sache hat allerdings einen großen Haken: Sehr oft beschert Testosteron Frauen unreine Haut, starke Körper- und Gesichtsbehaarung, eventuell sogar eine tiefere Stimme, Aggressionen und üble Launen. Im Gegensatz dazu ist eine «östrogenbetonte» Frau oft ein sexy Feger mit zarter Haut und schönen Rundungen, der bei Männern großes Verlangen auslöst, aber selbst keines hat (blöde Natur!).

Testosteron muss sehr sorgfältig und vorsichtig dosiert werden. Wie's scheint, sind die Nebenwirkungen weitaus geringer, wenn es nicht geschluckt oder gespritzt, sondern per Pflaster, Körpergel oder Vaginalzäpfchen verabreicht wird. Jedenfalls berichtet das die New Yorker Frauenärztin Lauri Romanzi. Sie widmet sich schon lange diesem Thema und schreibt: «Frauen in ihren späten Vierzigern und frühen Fünfzigern, die über einen plötzlichen Abfall ihres sexuellen Appetites klagen und bei denen weder belastende Lebensumstände noch medizinische Komplikationen vorliegen, weisen oft ziemlich niedrige Testosteronwerte auf.»

In Deutschland hat sich bei Männern mit Testosteronmangel ein Gel sehr bewährt, das auf Schultern, Arme und Bauch aufgetragen wird. Die Testmänner fühlten sich «energiegeladen» und «guter Stimmung», die Muskelmasse nahm zu und Körperfett ab, Lust und Potenz verbesserten sich schon nach einem Monat deutlich.

Bei Lustmangel, so der Berliner Hormonexperte Dr. Viktor Büber, sollte man durchaus ins Auge fassen, dieses Gel auch Frauen zu verordnen.

Pille: siehe S. 123.

o) Die Störenfriede im Kopf

Ihr Schatz macht alles richtig, und Sie versuchen, sich auf ihn und Ihre körperlichen Empfindungen zu konzentrieren. Doch Stimulation allein genügt eben nicht. Auch die Stimmung muss stimmen. Das Licht ist zu hell, das Zimmer zu kühl, der Wäscheständer da drüben erinnert Sie an die unerledigte Hausarbeit, und schon kreisen noch mehr Störenfriede durch Ihr Hirn: Alltagskram, Unerledigtes, Sorgen, Ärger, Komplexe …

Am besten ist es, ganz klar, das Übel an der Wurzel zu packen, etwa durch besseres Zeitmanagement. Einfacher gesagt als getan, oder? Aber oft hilft es schon sehr, die Gedanken und das Unerledigte rasch zu notieren – was auf dem Papier steht, braucht nicht mehr in Ihrem Kopf zu rumoren!

Ein weiterer sehr wichtiger Punkt ist: Machen Sie Ihr Schlafzimmer zu einer …

… Oase der Ruhe und Sinnlichkeit

Es soll nur zwei Zwecken dienen: Schlafen und schönen (zärtlichen oder auch heißen) Stunden zu zweit. Zuerst einmal werfen Sie alles Lustabträgliche raus (z. B. Computer, Arbeitsmaterialien, Fernseher, Wäschekorb, Beziehungsdiskussionen, Unordnung, grelle Beleuchtung, wenn's sein muss, sogar den großen Spiegel!).

Gestalten Sie den Raum

- in sanften Farben;
- mit dicken Vorhängen oder Jalousien (gedämpftes Licht für Schäferstündchen am Tage!);
- mit einem dicken Teppich (dämpft Geräusche und lädt zu Sex auf dem Boden ein);
- mit angenehmem Schmeichellicht;
- mit einer Kerze oder verdeckten kleinen Lampen für Schummerbeleuchtung.

Sorgen Sie dafür, dass das Zimmer immer angenehm temperiert ist. Ein kühler Raum mag zwar fürs Schlafen besser sein, aber Kühle bewirkt, dass die Blutgefäße sich zusammenziehen und sich Berührungen lang nicht so schön anfühlen, wie sie könnten.

Falls Sie nicht schon ein großes bequemes Bett besitzen, dann erwägen Sie, ob Sie sich eines zulegen. Eine breite Spielwiese lädt viel mehr zu Spielereien ein als ein schmales, hartes Ding, womöglich noch mit einem alten Futon oder einer Besucherritze.

Ihr Schlafgemach ist bereits eine Wohlfühl-Oase, Sie haben sich To-do-Listen erstellt und vieles abgehakt – trotzdem können Sie Alltagssorgen und quer schießende Gedanken nicht abstellen? Haben vielleicht sogar einen «inneren Kritiker»? Michaela, 35, hat einen:

«Ich denke beim Sex zu viel nach: ‹Ich brauche zu lang ... In dieser Position sehe ich blöd aus ... Ob er wohl gleich kommt? Ob es ihm überhaupt gefällt?› etc. Nur selten lasse ich mich richtig fallen, aber wenn ich es tue, ist der Sex tausendmal besser.»

Jegliche Störenfriede im Kopf können Sie ausschalten durch eine ganz einfache Technik: auf etwas anderes konzentrieren! Denn man kann ja nicht zwei Sachen gleichzeitig denken. Vertiefen Sie sich in das, was Sie gerade spüren («Hmmm ... das kribbelt schön!»), werden Sie selbst aktiv oder entwickeln Sie schön schmutzige Phantasien. Sie haben zu wenig in petto? Holen Sie sich Anregungen im Internet, in Büchern oder auch Pornos (warum nicht?). Tipps dazu finden Sie am Ende von Kapitel 7.

> EIN WORT AN DIE MÄNNER
> Der Brief von Helena, 26, illustriert, wie sehr sich die Einstellung des Partners auf den Orgasmus der Frau auswirken kann:
> *«Mein Problem war immer, dass mich nie ein Mann zum Kommen brachte und es mit den eigenen Fingern auch nicht klappte – erst vor ein paar Monaten erfuhr ich, wie sich ein Orgasmus überhaupt anfühlt, und zwar mit Hilfe eines Vibrators.*
> *Nun hab ich einen neuen Freund, er ist super. Erstens ist sein Ziel beim Sex nicht unbedingt immer, zu kommen, er verzichtet da auch gerne drauf. Damit meine ich, er kann den Sex auch einfach ohne genießen. Zweitens können wir total offen über Sex und alles, was dazugehört, reden.*
> *Obwohl er mit viel Liebe, Zärtlichkeit und Ausdauer versucht, mich zum Höhepunkt zu bringen, hat er's noch nicht geschafft, aber inzwischen weiß er schon ziemlich genau, wie er wo hinfassen muss, und so kommt er schon sehr weit. Das Ding ist nur, dass ich oft zu viele Gedanken im Kopf habe oder dass ich schnell den Faden verliere, sobald er seine Streicheltechnik auch nur ein bisschen ändert – und dann geht's bei mir wieder total bergab.*
> *Nun hat mich das neulich so wahnsinnig gemacht, dass ich die Sache selbst von Hand zu Ende gebracht habe. So hab ich es mit seiner Vorarbeit geschafft, ohne Vibrator zum Orgasmus zu kommen. Yipeee! Für ihn war das total in Ordnung, er hat zugeschaut und meinte, dass er es dann schneller lernt.*
> *Ich weiß genau, dass ich's auch bald von seiner Hand schaffen werde. Das Tolle bei uns ist, dass der Sex so entspannt ist und der Stellenwert des Orgasmus nicht so hoch. Damit meine ich, wenn es nicht klappen würde,*

> *würde unsere Beziehung daran nicht kaputtgehen. Das gibt mir Sicherheit und setzt mich nicht unter Druck, und genau das half mir zu kommen.*
>
> *Mein Freund hat da, glaub ich, einige Blockaden gelöst, weil er einen total natürlichen Umgang mit Sex hat und für ihn alles okay ist, was schön ist.»*

Körperkomplexe

Die gute Nachricht: Körperkomplexe verhindern Orgasmen seltener, als viele denken. Die betroffenen Frauen brauchen zwar oft bestimmte Bedingungen für die Hingabe (z. B. schummrige Beleuchtung oder einen Partner, der ihnen ein gutes Gefühl gibt). Aber wenn die Erregung erst mal da ist, kommen sie genauso schnell oder langsam wie ihre selbstbewussten Genossinnen.

Problemzonen werden nur dann zum Gipfelhindernis, wenn Sie sich deswegen nicht gehen lassen können oder Praktiken vermeiden, die Ihnen eigentlich zum Abheben verhelfen würden. Ein Beispiel kommt von Martina, 35:

«Ich hab beim Sex ein Problem damit, dass ich ziemlich pummelig bin. Im Liegen auf dem Rücken geht das noch, da sackt der Speck nach unten und stört nicht so, aber blöderweise ist das genau die Stellung, in der ich am wenigsten komme. Am besten klappt's bei mir, wenn ich oben bin, aber wenn ich an mir runtersehe zu diesem großen Hängebusen, den Speckrollen und den platt gedrückten breiten Schenkeln, vergeht mir alles. Ich würd's am liebsten im Stockfinstern tun, aber da rebelliert mein Freund. Er sagt: ‹Ich muss doch sehen können, was ich tu!› Womit er ja Recht hat. Ich seh auch gern, was er tut.»

Zunächst einmal frage ich mich: Was hält sie davon ab, ihren Speck loszuwerden? Wenn er ihr so etwas Tolles wie Sex vermiest und vielleicht sogar die Beziehung gefährdet, würden sich Sport und Ernährungsumstellung ja wirklich lohnen.

Bis dahin kann sie sich Zwischenlösungen ausdenken, etwa:

1) Eine andere Stellung: Er sitzt auf dem Bett und sie auf seinem Schoß (ihre Beine kniend oder ihn damit umschlingend); eventuell geht das sogar noch besser, indem er auf einem Stuhl Platz nimmt und sie ihn stehend reitet. (Die Beine sind etwas zu kurz? Schuhe mit hohen Absätzen anziehen!)
2) Den Akt erst mal mit Licht einleiten: Wenn's für sie aufs Finale zugeht und sie ihren Freund erklettert, Licht löschen (es muss leicht erreichbar sein, z. B. Kerze auf dem Nachttisch, die sie/er einfach auspustet).

Fein, mögen Sie sagen, aber was ist mit den Frauen, die nicht abnehmen können? Oder die ganz andere Komplexe haben?

Klar ist theoretisch gegen Sex im Dunkeln oder in Kleidern nichts einzuwenden. Aber es bedeutet doch jedes Mal eine gewisse Einschränkung, wenn nicht sogar eine lustunfreundliche Unterbrechung. Diesen Nachteil erleidet eine andere Sorte Frauen noch mehr: Sie wollen nicht mal im Dunkeln, dass ihr Lover sie an bestimmten Stellen anfasst, die mit Komplexen belegt sind – vorzugsweise Bauch (zu dick), Busen (zu klein, zu groß, zu lang), Beine (zu umfangreich, zu weich). Sie erstarren, sobald er mit den Händen auch nur in deren Richtung wandert.

Dabei ist der Mann so simpel gepolt: Sagt ihm eine Körperstelle nicht so zu, geht er einfach zu einer anderen über. Er konzentriert sich beim Sex im Allgemeinen auf das Positive («Yeah! Ficken!») und ist da viel straighter als wir: Wenn das Programm «Paarung» erst einmal läuft, sieht er wie mit einem Filter nur noch das, was seiner Lust dienlich ist. Es sei denn, Sie weisen ihn explizit auf Ihre Makel hin: «Mach das Licht aus, oder willst du meine Zellulite-Krater genauer betrachten?» oder «Stören dich die Dehnungsstreifen auf meinem Busen?» Na toll – wie soll da Erregung aufkommen, während Sie über Ihre Schönheitsfehler lamentieren?

Denken Sie daran, dass die meisten Männer dankbar sind, eine lebendige nackte Frau vor sich zu haben, denn genau darauf haben sie seit ihren ersten Doktorspielen gewartet.

Aber vielleicht gehören Sie auch zu den Frauen, die sich aus folgendem Grund nicht gehen lassen können:

«Liebe machen»

Es klingt seltsam, aber auch Liebe kann ein Orgasmusverhinderer sein. Viele Frauen drücken beim Sex ihre Liebe zum Partner aus, indem sie zu sehr auf sein Vergnügen achten und indem sie sich nicht nehmen, was sie brauchen – das wäre doch egoistisch! Oder der Mann könnte das von ihnen denken! Und das geht doch nicht mit Liebe zusammen! Oder die Frauen hegen die Vorstellung, dass man dabei «verschmelzen» müsse. Und haben dann ein ganz schlechtes Gewissen, wenn sie sich, um zu kommen, im Kopf ganz weit vom Liebsten wegbewegen müssen – zum Beispiel mit Phantasien.

ABER: Wenn beide, Mann und Frau, es als Tatsache anerkennen, dass ihr O im Normalfall viel komplizierter ist als seiner und dass sie da etwas benachteiligt ist, bedeutet das unter anderem:

- Es ist völlig okay, ja sogar angesagt, beim Liebesspiel mehr Zeit und Aufmerksamkeit auf sie zu wenden als auf ihn.
- Es ist völlig okay, dass sie es einfach genießt, «bedient» zu werden, und sich ganz auf sich selbst konzentriert.
- Es ist völlig okay, wenn sie beim Höhenflug nicht mit Kopf und Tat beim Partner ist.
- Dass die sexuelle Erfahrung und «Versiertheit» des Mannes

wichtiger ist als die der Frau – sie muss vor allem über sich selbst Bescheid wissen, während er sich umso besser auf die jeweilige Partnerin einstellen kann, je mehr er über die Mannigfaltigkeit weiblicher Erregung weiß.

Ergo: Verwenden Sie nicht allzu viele Gedanken darauf, was Ihr Schatz über Sie denkt. Hier kommt eine goldene Wahrheit: Ein Mann, der seine Partnerin mag, ist glücklich, wenn er sie glücklich machen kann. Deshalb ist er auch dankbar über Hinweise, WIE er sie glücklich machen kann (siehe Kasten «Sexuelle Bedürfnisse ausdrücken», S. 101f.).

Außerdem können Sie Ihren «Egoismus» wieder gutmachen, indem Sie ihm vorher oder nachher etwas Gutes angedeihen lassen: ein bisschen Oralsex, eine kleine Fuß- oder Hoden-Massage, was auch immer er mag.

Übrigens: «Verschmelzen» ist nicht gerade die leichteste Übung! Das kommt von selber oder gar nicht; falscher Ehrgeiz führt hier nur zu Frust.

UNBEHAGEN BEIM ORALVERKEHR

Für sehr viele Frauen wäre Cunnilingus[11] der beste Gipfelexpress – wäre da nicht die Hemmung, es ihrem Partner «zuzumuten». An erster Stelle steht die Befürchtung, da unten nicht gut zu riechen.

Meine Gynäkologin sagt, eine Frau mit einem gesunden Intimbereich, die sich gut wäscht und pflegt, riecht nicht «eklig», sondern im Gegenteil: Die Vulva sondert sexuelle Lockstoffe ab, die auf Männer erotisierend wirken.

Doch leider gibt es nicht nur unter den Kerlen einige Hygienemuffel. Diese Mädels haben vielleicht gehört, dass der natürliche

---

[11] Cunnilingus = oraler Dienst an der Frau.

Mösenduft Männer wild macht, und wollen ihn nicht wegwaschen. Ein Missverständnis! Denn das, was sich da im Laufe des Tages in den Fältchen ablagert, ist beileibe nicht anregend.

Manche haben's auch nie richtig gelernt, wie man sich reinigt. Ebenso wie ein Mann mindestens einmal am Tag seine Vorhaut ganz herunterziehen und den Belag gründlich wegwaschen muss, sollte auch die Frau ihre «Kleinteile» gut auseinander ziehen und die Ablagerungen entfernen; dazu reicht ein frischer Waschlappen mit warmem Wasser (aggressive Seifen und Waschlotionen sind nur schlecht fürs natürliche Klima der Haut). Das kann frau routinemäßig morgens und abends tun und nochmal, kurz bevor Sex ansteht. Ein kleiner Riechtest mit dem Finger bestätigt die Schrittfrische.

Müffelt es trotz guter Hygiene, kann's auch an einem Scheideninfekt liegen. Oder am ausgiebigen Genuss von Zigaretten, Alkohol, stark riechenden Speisen (wie Knoblauch). Konsum einschränken!

Außer Gerüchen befürchten die Frauen für ihre Mundartisten so manch anderes Ungemach: Es ist nass, warm, haarig, unbequem. Glauben Sie mir: alles halb so wild. Schamhaare kann man abrasieren oder zumindest stutzen. Statt ihn, damit er Ihre Kleinteile nicht so genau betrachtet, unter die Bettdecke zu verbannen, können Sie das Licht löschen. Tipps, damit es für ihn bequemer wird, finden Sie am Ende von Punkt C. Und schwimmt frau vor Lust weg, sieht mann das eher als Bestätigung, dass er's gut macht.

Alles in allem nehmen Männer viele Bürden in Kauf, wenn sie merken, dass es ihre Liebste anmacht. Das macht sie dann nämlich selber an. «Außerdem sind wir generell nicht so aufopfernd wie Frauen. Wenn's uns nicht passt, hören wir schon auf», sagt ein Freund von mir. Gar nicht wenigen Männern macht es einfach Spaß, im Tiefenrausch zu versinken!

Ängste bezüglich des Partners oder der Beziehung, Ärger, Wut, Trauer: Sie können eine Frau so beschäftigen, dass in ihrem Denken und Fühlen kaum Platz ist für Sexuelles. Oder sie hemmen unbewusst. Oftmals drückt der Körper aus, was die Besitzerin nicht aussprechen mag. Zum Beispiel dass sie ihren Kerl bestrafen oder ihn zu etwas bewegen oder wieder mehr Macht gewinnen will. Manche Frauen erreichen zwar trotzdem ein gewisses Maß an Lust, aber die unterdrückten Gefühle unterdrücken auch ihre sexuelle Erfüllung. Es kann sogar bedeuten, dass eine Frau es ihrem Mann nicht «gönnt», ihr Erfüllung zu verschaffen.

Die Kernfragen lauten hier oft: Was bewirkt das Ausbleiben meines Orgasmus? Welche «Vorteile» habe ich (haben wir) dadurch? Was vermeide ich damit?

Anja, 29, agiert zum Beispiel ihre versteckten Ängste darüber aus:

«Ich bin jetzt seit einem Jahr mit meinem Freund zusammen (wir hatten eine kurze Pause von ca. 1,5 Monaten – weil ich Blödmann mir nicht sicher war ...!). An sich läuft alles perfekt. Wir haben wirklich guten Sex, bei dem sich beide wohl fühlen, und sind auch beide der Meinung, dass wir im Gegensatz zu anderen Paaren sehr viel Sex haben.

Tja, und wie die ganze Welt weiß, haben Frauen nicht immer das Glück, einen Orgasmus genießen zu können, deswegen war ich auch so stolz darauf, damit nie ein Problem zu haben – egal wie und welche Akrobatik wir auch veranstaltet haben.

Seit ein paar Wochen variiert das aber; ich hab teils den gewohnten wunderbaren Sex, mal wild, mal einfühlsam und ruhig. Aber dann gibt es eben auch diese Situationen, in denen ich nach kurzer Zeit merke, dass es diesmal nichts mehr wird – auch wenn ich mich noch so anstrenge in Sachen Bewegung, Geschwindigkeit, Gedanken abschalten, genießen ... Auch mein Freund hat das natürlich schon mitbekommen, zerbricht sich den Kopf darüber und fragt mich, was los ist. Hast du eine Idee, wo diese gravierende Veränderung herrühren könnte?»

Ich klopfte mit ihr eine Latte möglicher Gründe ab – etwa wie sie verhütet, ob sich das Vorspiel verschlechtert hat, ob kurz vor Beginn des Problems eine körperliche Veränderung eingetreten ist (z. B. Erkrankung, Diät) oder großer Stress. Die entscheidende Antwort lieferte Anja auf die Frage «Hat sich zeitgleich oder kurz davor etwas in eurer Beziehung verändert?». Sie erwiderte:

«Das Einzige, was sich verändert hat, ist, dass wir zusammengezogen sind. Davor hatten wir eine Fernbeziehung, sahen uns nur am Wochenende – die Entzugsphase fällt jetzt komplett weg. Er ist hierher gezogen, arbeitet hier, hat sein ganzes Leben hier. Für mich ist es auch das erste Mal, dass ich mit einem Mann zusammenlebe. Es ist einfach anders in Bezug auf die Lust – früher, wenn er weg war, konnte ich es kaum erwarten, ihn wiederzusehen. Jetzt hab ich immer die Möglichkeit – vielleicht ist das auch ein Grund?! Körperlich sind mir keine Veränderungen aufgefallen. Außer natürlich, was aus der Lust resultiert – sprich, das Erregt- bzw. Feuchtwerden hat sich zurückentwickelt.»

Abgesehen davon, dass etwas, was man nur manchmal haben kann, «begehrens-werter» ist als das Naheliegende, vermute ich, dass Anja sich immer noch nicht ganz sicher ist, ob ihr Freund der Richtige ist, und dass sie eigentlich noch nicht ganz reif war für den Zusammenzug.

Jeder Mensch verträgt nur ein gewisses Maß an Nähe und Bindung – der eine mehr, der andere weniger. Nun ist es ja so, dass man sich beim Sex und beim Orgasmus sehr nahe kommt. Das lässt sich gut aushalten, wenn sonst genug Abstand da ist. Ist aber sehr viel Nähe vorhanden (vor allem beim Zusammenleben), wird sie beim Sex oft zu viel – man geht innerlich auf Abstand.

Eigentlich wäre die beste Lösung für Anjas Problem, dass sie und ihr Freund getrennte Wohnungen beziehen und sich nicht jeden Tag sehen. Falls das nicht geht, sollte sie in sich horchen, ob sie im Alltag mehr Abstand und mehr «Eigenleben» braucht, und dafür sorgen, dass sie es bekommt. Vielleicht ein eigenes Zimmer?

Aktivitäten, die sie ohne ihren Süßen macht, wie Sport, ein neues Hobby, in einen Verein eintreten oder Ausgehen mit Freundinnen?

«Er ist hierher gezogen, arbeitet hier, hat sein ganzes Leben hier.» Vermutlich ist er deswegen ziemlich fixiert auf sie, wodurch sie sich unbewusst eingeengt fühlt. Deshalb sollte sie ihm ihre Gefühle erklären und ihm freundlich vorschlagen, dass auch er sich ein paar eigene Aktivitäten zulegt und sich einen eigenen Bekanntenkreis aufbaut.

p) Sie können sich nicht richtig hingeben

Irina, eine Bekannte, gestand mir:

«Obwohl ich schon 38 bin und man meinen sollte, ich hätte eine gewisse Erfahrung, gelingt es mir nicht, beim Sex wirklich frei und ungezwungen zu genießen und zu verwöhnen … Nun hab ich mich, da ich schon lang keine Beziehung und kein Liebesleben mehr hatte, auf ein erotisches Abenteuer eingelassen, obwohl ich sehr viel Mut dazu aufbringen musste! Dem Typen hatte ich das von Anfang an gesagt, und für ihn ist es okay. In sexueller Hinsicht ist er sehr offen, was ich leider nicht bin. Ich möchte das bei mir ändern und hemmungslos sein, so wie in meinen Vorstellungen. Es liegt mir viel daran, denn ich mag Sex sehr gerne.»

Frauen, die nicht schon von Haus aus freizügig und ungehemmt sind, fällt es meist schwer, sich beim Sex mit jemand gehen zu lassen, mit dem sie noch keine vertrauensvolle Beziehung haben. Sich in intimster Hinsicht ganz zu öffnen und völlig ungezwungen zu sein – dazu bedarf es entweder eines unverbrüchlichen sexuellen Selbstbewusstseins oder eines Partners, der einem dieses Selbstbewusstsein vermittelt.

Bei Irina ist es zum Teil auch Unzufriedenheit mit ihrem Äußeren, die sie behindert, sich gehen zu lassen. Ich schlug ihr ganz unterschiedliche Ansätze vor, um sich damit anzufreunden: Sport, bewusstere Ernährung, viel frische Luft, Sonne, kleine kosmetische Maßnahmen (Massagen, Haarentfernung, Entfernung von Hautunreinheiten etc.) – und nicht zuletzt ein liebevoller Blick auf sich selbst.

Ferner riet ich ihr, sich mit Sex und Erotik zu beschäftigen, die verschiedensten Facetten kennen zu lernen, sich inspirieren zu lassen; zum Beispiel in einer große Buchhandlung in der Abteilung «Ratgeber Sexualität» zu stöbern. Auch in der Belletristik gibt's schöne anregende Sachen, etwa von Anaïs Nin.

Für manche Leute ist zur Schulung ihrer Sinne und «Erweckung» ihrer Sexualität auch ein Tantrakurs gut – wobei das nicht jederfraus Sache ist! Auch Frauenzentren bieten öfter Seminare an, die heißen dann «Sexuelle Selbsterfahrung» oder so. Sind meist sehr nett gemacht. Tipp: einfach mal informieren, was es da in der Nähe gibt.

Ein Wort an die Männer ...

Die weibliche Mehrheit braucht gewisse Voraussetzungen, um sich in der Horizontalen gehen zu lassen:

1) Absolutes Vertrauen zum Partner und die Gewissheit, dass er sich nicht drüber lustig machen wird, wenn sie quiekt wie ein abgestochenes Ferkel oder ihr die Gesichtszüge entgleisen. Sondern dass er ihre Grenzen genau kennt und anerkennt, dass er Rücksicht auf ihre Gefühle nimmt und dass ihm ihr Vergnügen im Bett genauso wichtig ist wie sein eigenes.

2) Lust auf den Partner und großen Gefallen an dem, was er mit ihr macht. Hier hat fast jeder Mann noch einiges Potenzial, d. h., er kann noch mehr tun, um sie in Ekstase zu versetzen. Je größer die

Ekstase, desto eher wird sie sich gehen lassen. Gehen Sie auf Erkundung über ihren Körper? Fragen Sie nach, was sie mag?

3) Sie fühlt sich wohl in ihrem Körper, mit Ihnen, an dem Ort, wo sie sich grade befindet. Dazu können auch Sie beitragen, indem Sie für sinnliche Umgebung sorgen und ihr immer wieder sagen, wie schön es im Bett mit ihr ist, wie sexy sie ist, wie sehr ihr Körper Sie anmacht etc.

4) Auch Sie kommen aus sich heraus, zeigen Ihre Lust durch Laute, Worte, Leidenschaft. Ist Ihnen schon mal aufgefallen, dass selbst bei Sexszenen im Kino oder Fernsehen die Frauen immer tierisch Alarm machen, die Männer sich hingegen in vornehmer Zurückhaltung üben? Als sei das geschlechtsspezifisch festgeschrieben: sie laut und ekstatisch, er leise und kontrolliert. In der Realität ist das meistens auch so – leider! Das finde ich doof. Denn eine Frau traut sich viel eher, die Kontrolle zu verlieren, wenn der Lover sich das auch erlaubt. Klar hängt es auch von seinem Umgang mit Sexualität ab. Ist er mehr der Typ, der «miteinander schlafen» statt «vögeln» sagt, der zögerlich abwartet, ob die Frau mitgeht, statt sie manchmal einfach zu packen und wilde Dinge mit ihr zu tun, und der's noch nie auf einem Tisch oder in der Halböffentlichkeit getrieben hat, setzt das auch ihr Grenzen.

Ihr Freund will mehr Aktivität von Ihnen

«Beim Vorspiel und teils auch beim Sex bin ich sehr ruhig und genieße seine Zuwendung», schrieb mir die 19-jährige Lena. *«Leider beklagte sich gestern mein Freund, dass ihn das sehr stört und er sich von meiner Seite mehr Aktivität wünscht. Ich muss aber sagen, dass mir diese Passivität hilft, den Höhepunkt zu erreichen.*

Mir macht diese Reklamation von seiner Seite sehr zu schaffen, da er mir unheimlich viel bedeutet. Soll ich ihm zuliebe meinen Orgasmus opfern?»

Sehr viele Frauen sind «stille Genießerinnen» und besitzen große Hingabefähigkeit. Sie brauchen das Ruhige, um sich voll aufs Spüren und Phantasieren verlegen zu können. Ein guter Beobachter erkennt solche Mädels am Ausdruck ihrer Augen, ihres Gesichtes, ihres Körpers. Und es bringt nichts, ihnen abzuverlangen, dass sie im Bett die große Show abziehen – dazu müssten sie sich verstellen, was ihnen den ganzen Genuss verderben würde. Das sollte Lena als Erstes ihrem Freund erklären.

Zweitens sollte sie ihn fragen, was er sich unter «mehr Aktivität» vorstellt – statt über vagen Mutmaßungen zu verzweifeln. Viele Männer wünschen sich vor allem deswegen mehr Aktivität von der Partnerin, weil es ihnen das gute Gefühl gibt, begehrt zu werden – sprich, wenn frau «mitgeht», spürt er viel eher, dass sie Lust auf ihn hat und gern mit ihm schläft, als wenn sie herumliegt wie ein toter Fisch. Und «mitgehen» kann eine Frau auf vielerlei Weise. Zum Beispiel indem sie mit Stöhnen, Lauten und Worten zeigt, wie sehr es ihr gefällt. Indem sie sich in bestimmten Positionen so bewegt, dass das Verkehren für beide intensiver wird. Indem sie ihn mit Armen oder Beinen umschlingt oder seine Pobacken packt. Indem sie sich teils am Vorspiel beteiligt und sein Gemächt streichelt oder was auch immer.

Dazu ist natürlich nötig, dass sie herausfindet, welche erotischen Liebkosungen er mag! Auch hier kann sie ihn einfach fragen und auch immer mal wieder über seinen Körper gehen, während er einfach nur daliegt, alles Mögliche ausprobieren und sich die Sachen merken, auf die er positiv reagiert.

Ablenkung durch seine Aktivitäten

Manche Männer machen verdammt viel Action im Bett. Sie können keine zwei Minuten bei etwas bleiben, sondern sind unablässig am Verändern und Herumprobieren. Das ist zwar abwechslungsreich und wird nicht langweilig, aber wie soll bei der Frau

Hingabe aufkommen, wenn sie nie genug Zeit hat, sich auf die jeweilige Empfindung einzustellen? Blöderweise wird das so mancher erst hinterher klar, wenn sie mit jemandem zusammenkommt, der genau so ein ruhiger Genießer ist wie sie.

So beschreibt Susanne, 38:

«*Mein Freund Alex machte am Anfang furchtbar viel mit dem Mund. Entweder er steckte mir seine Zunge in den Hals und ließ sie da viel zu lange, oder er atmete ganz laut, stöhnte, keuchte, ächzte, grunzte, oder er plapperte: ‹Ah, das ist geil! Du machst mich so an! Ja, gefällt dir das? Na, das gefällt dir, was? Soll ich's dir so richtig besorgen?› Im Prinzip finde ich Dirty Talk sexy, aber das war einfach zu viel! Diese ganzen Geräusche und Worte und diese geparkte Zunge haben mich so abgelenkt! In Phantasien schwelgen war da nicht, geschweige denn in Ekstase.*»

Mein Tipp: Werden Sie sich darüber klar, ob etwas an seinen Aktionen Ihre Hingabe und Empfindung einschränkt. Denken Sie sich kreative Lösungen aus, die auch seinen Spaß nicht allzu sehr mindern. Und dann sprechen Sie behutsam mit ihm.

Eine Idee für einen überaktiven Lover wäre etwa, ihm zu demonstrieren, wie wunderbar sich langsames Genießen anfühlen kann: Indem sie ihn ans Bett fesselt, ihn bittet, sich einfach nur den schönen Gefühlen hinzugeben, und ihn eine Stunde lang so verwöhnt, wie sie es selbst gern hätte.

Melanie würde ich raten, ihren Freund zu bitten, die Dauerküsse zu lassen und das Bettgeflüster einzuschränken. Klar kann sie ihm schlecht sein lautes Atmen oder Stöhnen verbieten, aber vielleicht kann er wenigstens innehalten, wenn er merkt, dass sie auf den Höhepunkt zugeht. Im Notfall kann sie sogar Ohrstöpsel erwägen, wobei sie sich da vorher gut überlegen muss, ob ihn das nicht verletzen würde. Im Prinzip ist es schon schwierig, ob man überhaupt äußern soll, dass der andere zu laut ist, denn das könnte dessen Vergnügen am Sex verderben. Aber vielleicht hat sie ja einen Süßen, der einiges abkann.

Ablenkung durch Hygienedefizite

Ebenso wie das Gefühl, selbst nicht ganz sauber zu sein oder zu müffeln, kann ein unappetitlich riechender bzw. aussehender Liebhaber eine Frau ganz schön aus dem Konzept bringen. Manche sagen dann nichts, weil sie ihn nicht vor den Kopf stoßen wollen – aber glauben Sie mir: Er spürt doch, dass Sie nicht ganz bei der Sache sind und ihn aus irgendwelchen Gründen ein wenig ablehnen, und das stößt ihn noch viel mehr vor den Kopf, vor allem wenn es öfter passiert! Einmal müssen Sie ja damit rausrücken, also warum bringen Sie's nicht gleich hinter sich? Wahrscheinlich finden Sie einen diplomatischen Weg. Beispielsweise ein gemeinsames Bad anregen oder einen befeuchteten Waschlappen holen, um seinen Penis direkt im Bett zu säubern. Ein netter Vorschlag gegen Mundgeruch kommt von Anna Maxted, Autorin der «Sextipps für ausgeschlafene Mädchen»: Sie bemerken einfach: «Mir ist nicht nach Küssen zumute, weil sich mein Mund nicht frisch anfühlt.» Wenn sein Hirn auch nur eine Spur größer ist als ein Smartie, wird ihm jetzt der Gedanke kommen: «Hmm, vielleicht ist das bei mir auch der Fall?»

Q) Haben Sie eine «Blockade»?

Nicht selten stellen Frauen sich selbst die Diagnose «Blockade», wenn sie nicht kommen können – oder der Partner stellt sie. Manchmal kommt es mir vor, als wäre «Blockade» eine ähnliche Totschlagdiagnose wie «frigide»: Es liegt allein an dir, du bist einfach zu verklemmt oder sonst wie gestört.

Es nervt mich wahnsinnig, immer wieder zu hören und zu lesen, die Hauptursache für Orgasmusprobleme wäre mentaler Natur. Wenn dem wirklich so wäre, wären die Männer genauso stark davon betroffen wie wir. Denn ich kann Ihnen versichern: Männer haben ebenso viele sexuelle Unsicherheiten und setzen sich im Bett genauso unter Druck wie Frauen – wenn nicht sogar noch mehr.

Mentale Blockaden können ein Grund sein, müssen es aber nicht; und wenn doch, dann sind sie selten der einzige. Es kann auch schlichtweg daran liegen, dass der Sex für diejenige nicht stimmt. Und: Ich kenne Frauen, die wegen ihrer Erziehung oder traumatischer Erlebnisse Probleme haben, sich gehen zu lassen, aber das trifft oft nur bei bestimmten Partnern zu. Vielleicht will sie vor dem einen nicht als «verdorben» dastehen, vor dem anderen spielt das keine Rolle. Oder der eine hat ein perfektes Händchen für sie, der andere nicht.

Wenn Sie eine Blockade bei sich vermuten:

Besteht sie nur gegen Geschlechtsverkehr oder gegen alles Sexuelle? Wann genau tritt sie auf? Nur zu bestimmten Zeiten? Nur in bestimmten Situationen? Was geht Ihnen durch den Kopf, wenn sie auftritt?

Und: War das schon immer so oder erst seit einem bestimmten Mann? Kam es früher öfter vor oder eher heute? Was könnte der Auslöser gewesen sein?

Falls es wirklich eine Blockade sein sollte, ist die tiefere Ursache immer: Angst.

Wie Ängste Lust und Orgasmus verhindern

Angst macht eng (das Wort «Angst» kommt vom Wort «eng»!), das heißt, Adern und Muskeln verengen sich, alles wird weniger durchblutet. Bei Mann und Frau verhärtet sich unwillkürlich die Beckenbodenmuskulatur und behindert dadurch den Blutfluss zu den Genitalien. Die Folge bei Männern: Erektionsschwäche;

die Folge bei Frauen: Klitoris, Schamlippen und Scheideneingang füllen sich nicht mit Blut, sind deshalb weniger reizempfänglich, werden nicht feucht genug, die Scheide wird nicht weich und offen, sondern «macht dicht», sodass seine Stöße wehtun können.

Es gibt viele Ängste im Zusammenhang mit Sex:

- vom Partner verlassen zu werden;
- beim Partner nicht gut anzukommen;
- sich auszuliefern und dann verletzlich/verletzt zu werden;
- vor Schwangerschaft;
- vor Krankheiten;
- dass der Sex wehtut;
- «unnormal» zu sein
  usw.

Auch Stress – in Beruf, Alltag, Beziehung – drückt auf die Lust und kommt dem Orgasmus in die Quere. Denn hinter Stress steht ja auch nichts anderes als Angst: es nicht zu schaffen, etwas oder jemanden zu verlieren, Angst vor dem Unbekannten usw.

Der größte Stress, der Frauen heute das horizontale Vergnügen vermiest, ist allerdings:

Sexstress!

Den habe ich in Kapitel 3 ab S. 31 bereits beschrieben. Schon gelesen?

Hier ein Beispiel dafür, unter welchen Sexstress sich sogar schon ganz junge Leute setzen:

«Hallo, liebe Beatrice!

Mein Freund (18) und ich (17) haben ein schwerwiegendes Problem: Ich komme nie zum Orgasmus. Wenn ich es selbst mache, klappt es in einer Minute. Doch egal, was mein Freund ausprobiert, es bringt nichts.

Wir sind seit einem Jahr zusammen, und seit längerem weicht er im-

mer zurück, wenn er merkt, dass ich mal wieder Sex will. Wie kann ich ihm Mut machen, dass er mich endlich wieder anfasst und probiert, mich zum Orgasmus zu bringen? Mich macht das nämlich allmählich kaputt!

Leider kommt er beim Sex sehr früh, selbst wenn wir betäubende Kondome benutzen. Beim Petting und beim Lecken hält er auch nicht lange durch. Ich hab ihm auch schon gezeigt, wie ich es mir mache. Doch mit seinen Fingern klappt das irgendwie nicht. Oder liegt es vielleicht an mir? Ich hab ziemlich viele Hemmungen.

Heute meinte er, er würde mich nur anfassen, wenn ich seinen besten Freund mehr in den Vordergrund stelle ... (und zwar blasen, was ich sehr selten mache). Das finde ich total doof.

Ich habe ein Buch gekauft, ‹Der Super Orgasmus› von Lou Paget. Da stehen viele interessante Sachen drin, z. B. verschiedene Befriedigungstechniken bei der Frau. Aber es interessiert ihn nicht! Egal welche Passage ich ihm zeigen möchte, er lehnt eingeschnappt ab. Und reden möchte er auch nicht mehr darüber.

Bitte hilf mir, ich weiß nicht mehr weiter. Sara.»

Ich beschloss, mit ihr zu telefonieren.

Beatrice P.: Euer Sexleben klingt ja nicht gerade entspannt ...

Sara: Ja. Er meint, dass ich mich einfach nicht entspannen kann. Das stimmt auch. Das würde doch jedem Sexanfänger so gehen, wenn der Partner einen die ganze Zeit kritisch beobachtet und immer nur auf mein Kommen wartet, oder?

B. P.: Sicherlich. Du fühlst dich indirekt von ihm unter Druck gesetzt, und dann geht natürlich gar nichts mehr. Leider setzt du dich inzwischen sogar schon selbst unter Druck, was vermutlich auch daran liegt, dass uns alle Welt weismachen will: Mit einer Frau, die keine Orgasmen hat, stimmt was nicht.

Der Witz ist, auch dein Süßer fühlt sich insgeheim als «Versager», weil er dich nicht befriedigen kann. Deswegen hat er sich jetzt sexuell zurückgezogen. Er will sich nicht mehr als Versager fühlen! Er fühlt sich überfordert, und im Gegenzug fordert er jetzt Sachen von dir ...

Sara (unterbricht): Das ist doch schon Erpressung, oder?

B. P.: Da hast du nicht ganz Unrecht, zumal es von den meisten Mädels deines Alters ein bisschen viel verlangt ist, regelmäßige Blowjobs zu liefern. Aber vielleicht schwingt da auch mit: Sie will mir sowieso keinen blasen, dann brauch ich mich bei ihr auch nicht anzustrengen und muss mich nicht so mies fühlen, wenn ich's nicht «bringe».

Sara: Es ist doch sowieso schon unfair, dass die Typen immer einen Orgasmus kriegen und ich nicht ...!

B. P.: ... und deswegen kann er sich doch ruhig mehr um dich kümmern, damit du auch deinen Spaß hast, ne? Er wiederum denkt vielleicht: Warum soll ich ausbaden, dass meine Freundin nicht megaorgasmusfähig ist? Außerdem ärgert er sich, dass du ihm diese Sexratgeber unter die Nase hältst – weil er sich dann schon wieder als Versager sieht, der in Sachen Sex noch 'ne Lehrstunde braucht. Wobei du das natürlich nicht so meinst, sondern du willst ja nur endlich diesen Druck von euch beiden nehmen. Du denkst: Wenn ich nur endlich bei ihm kommen könnte, wäre alles schön!

Ihm hingegen kommt's allmählich vor, als ginge es dir allein um deine Befriedigung und überhaupt nicht mehr um intime Zweisamkeit.

Sara: Ja, aber was soll ich da machen?

B. P.: Zeig ihm, wie sehr du ihn liebst und begehrst und dass du vor allem deswegen gern mit ihm schläfst. Sag ihm auch, dass er ein toller Liebhaber ist. Selbst wenn das manchmal nicht stimmt: Schwindeln ist hier erlaubt, denn dann fühlt er sich angespornt, TATSÄCHLICH ein toller Liebhaber zu sein.

Sara: Ich hab ihm auch schon gesagt, dass er der Erfahrene von uns beiden ist und mir helfen muss, lockerer zu werden.

B. P.: Ich glaube nicht, dass er das kann, weil er ja selbst nicht locker ist. Darum wäre es gut, wenn ihr es schafft, diesen Leistungsdruck aus eurem Liebesleben zu nehmen. Du meine Güte, was soll diese verkrampfte Orgasmus-Jagd! Warum ist dir das denn so wichtig?

Sara: Ich höre von vielen Freundinnen, wie geil es doch wieder letzte Nacht war und wie doll sie gekommen sind. Ich glaube auch nicht, dass sie mich dabei anlügen, denn sie kennen ja mein Problem. Als ich meinen ersten Freund hatte, funktionierte es dann nicht so wie bei meinen Freundinnen. Ich hab mich sofort unnormal gefühlt, weil ich ja die Storys gehört hatte. Ich will nicht mehr unnormal sein.

B. P.: Du bist nicht unnormal, sondern normal! Und zwar schon deswegen, weil du eben kein Mann, sondern eine Frau bist! Leider hat die Natur den Männern einen Orgasmus-Automaten eingebaut und uns Frauen eben nicht. Die meisten von uns müssen sich das erarbeiten. Mindestens die Hälfte der Mädels in deinem Alter haben beim Zweiersex keinen Orgasmus, und damit meine ich nicht nur Koitus, sondern auch Oral- und Handverkehr. Darum bezweifle ich das, was deine Freundinnen erzählen ...! Entweder die gehören zu den glücklichen Ausnahmen, oder sie übertreiben. Leider tun das in Sachen Sex nicht nur die Männer. Jedenfalls brauchst du nicht unbedingt einen Orgasmus, um eine vollwertige Frau zu sein und eine gute Beziehung zu haben!

Sara: Meinst du? Bis vor kurzem war ich direkt sexsüchtig. Ich war so besessen davon, endlich zu kommen, dass ich einfach so oft wie möglich wollte, bis zu dreimal am Tag. Das hat er mir auch schon abgewöhnt, indem er mich immer wieder zurückgewiesen hat! Aber die Selbstbefriedigung hat er mir nicht abgewöhnen können, ich meine, das ist das Einzige, was funktioniert ... also diese Sucht ist geblieben. Dabei genieß ich's nicht mal wirklich. Ich habe eher Angst, mich lächerlich zu machen. Deswegen mache ich immer ganz schnell.

B. P.: Es kommt mir so vor, als würdest du's so halten: «Schnell,

schnell, damit ich's rasch hinter mir habe, bevor jemand kommt und mein lächerliches Treiben bemerkt.» Selbstbefriedigung ist nicht lächerlich, sondern angenehm und nützlich. Meinem Gefühl nach würde es dir für den Zweiersex aber noch mehr nützen, wenn du dich beim Masturbieren auf den Genuss konzentrierst. Lass dir dabei viel Zeit, mach's dir lieber nur einmal am Tag und lange statt mehrmals und kurz.

Sag mal, wenn dein Freund loslegt mit der «Orgasmus-Stimulation»: Bist du denn da erregt genug?

Sara: Also feucht genug bin ich. Trotzdem fühlt sich seine Stimulation nicht sehr erregend an, sondern tut sogar manchmal weh. Ich liebe das Vorspiel, doch leider bekomm ich davon immer viel zu wenig. Aber ich trau mich nicht, das zu sagen.

B. P.: Na, jetzt wird ja einiges klar: Dein Orgasmus wird nicht nur behindert durch selbst erzeugten Druck – sondern du bist einfach nicht erregt genug!

Wenn eine Frau feucht ist, heißt das noch lange nicht, dass sie wirklich erregt ist. Manche Frauen werden fast «automatisch» feucht nach ein paar Routinegriffen. Wirkliche Erregung ist was anderes. Da denkt man nicht mehr viel, man ist nur noch Lust und Gefühl.

Außerdem fühlt sich eine Berührung an der wenig erregten Klit nicht gut an, sie tendiert dann zu Überreizung und Schmerzen, während eine erregte Klit gern berührt wird. Warum traust du dich nicht, was zu sagen?

Sara: Bin halt eher der zurückhaltende Typ. Mir wäre es peinlich zu sagen, was ich wirklich will ... weil ich niemanden zu etwas zwingen will und auch nicht zurückgewiesen werden möchte.

B. P.: Aber du bist durchaus in der Lage, ihm einen Sexratgeber unter die Nase zu halten? Hm. Fast alle Frauen wollen gern mehr Vorspiel, also ist es das Normalste der Welt, das dem Partner zu sagen. Wünsch dir ruhig Sachen von ihm, die dich in Stimmung bringen! Es kommt vor allem darauf an, wie du's rüberbringst. Mach es liebevoll und auf einer sehr persönlichen Ebene, nicht mit Büchern oder belehrend oder fordernd.

Welche Art von Sexualität mit ihm würde dir denn so richtig gut gefallen?

Sara: Er soll sich die Augen verbinden, damit ich die Gewissheit habe, dass ich nicht beobachtet werde. Mehr Vorspiel. Einfach mal insgesamt mehr als nur zwanzig Minuten – hab die Angewohnheit, dabei auf die Uhr zu schauen. Will halt öfter mal verwöhnt werden, sei es durch eine Massage oder mit Küssen am ganzen Körper. Öfter mal gemeinsam duschen und kuscheln. Geborgenheit und Vertrauen aufbauen.

B. P.: Na also! Das klingt doch wirklich wie guter Sex – mit einer reellen Orgasmus-Chance! Alles, was du dir wünschst, ist völlig in Ordnung, und kein Kerl (außer ein wirklich beknackter) würde es ablehnen, wenn du dir diese Dinge von ihm wünschst. Allerdings gehört dazu, dass du ihn auch ein wenig verwöhnst.

Sara: Mein Freund verlangt das oft von mir, ich finde das ganz schön egoistisch.

B. P.: Ein Mann ist nicht unbedingt egoistisch, wenn er auch verwöhnt werden will. Wenn du Massagen von ihm willst, solltest du durchaus bereit sein, auch ihm eine zu geben. Tu ihm ruhig mal den einen oder anderen Gefallen – dann tut er auch dir zuliebe viel mehr. Was anderes ist das mit Dingen, die dir wirklich gegen den Strich gehen, zum Beispiel Oralverkehr bis zum Schluss. Aber da gibt's ja Alternativen.

Sara: Ich hatte mir tatsächlich schon seit zwei Monaten überlegt, ob ich mich trennen soll, weil dieses Orgasmusproblem die ganze Beziehung zerstört.

B. P.: Die meisten Sextherapeuten würden dir dasselbe verordnen wie ich jetzt: allgemeines Orgasmus-Verbot! Ab sofort sollst du für mindestens zwei Monate aufhören, einen Orgasmus anzustreben; auch dein Süßer soll aufhören, dich dazu bringen zu wollen. Wenn man diesen Gedanken «Ich MUSS kommen» aus dem Liebesspiel weglässt, kann die Lust wieder freier fließen – bei beiden.

Meine Aufgabe an euch lautet folgendermaßen:

Gestaltet euer Sexleben als «Spiel und Spaß». Es geht darum, möglichst viel auszuprobieren und herauszufinden, was euch Lust bereitet. Haltet euch von den Geschlechtsorganen fern – von Kopf bis Fuß hat man auch viele andere erogene Zonen! Vor allem DU sollst dich nur in deine Empfindungen vertiefen: Was fühlt sich schön an, was nicht? Was erregt dich, was nicht? Und es ist wichtig, dass du mit deinem Freund eine spielerische Form der Kommunikation findest, wie du ihm diese Empfindungen mitteilen kannst.

Meine Liebe, ich habe dir über zwanzig Jahre Sexerfahrung voraus und möchte dir eine Erkenntnis anvertrauen: Lust ist viel wichtiger als Orgasmen. Ich hatte schon viele, aber die sind von kurzer Dauer und schnell vergessen. Das, was guten, erinnerungswerten Sex wirklich ausmacht, ist die Lust. Dieser süße Kitzel, das Begehren, das Hineinfallen in dieses schöne Gefühl ... Das ist es, was ihr beide im Sinn haben sollt.

Übrigens noch ein kleiner Tipp: Verbanne alle Uhren aus dem Schlafzimmer, zumindest wenn Sex ansteht.

Wenn sich der Körper gegen Sexstress wehrt ...

Eigentlich wandte sich die 20-jährige Michelle an mich wegen ständig wiederkehrender Scheidenentzündungen. Nebenbei erwähnte sie, dass es vor ihrem «ersten Mal» angefangen hatte; dass sie bei jedem Verkehr Schmerzen bekam, sich trotzdem zum Verkehr mit dem Freund zwang; und dass sie panische Angst vorm Schwangerwerden hatte, obwohl sie die Pille nahm. Ich schrieb ihr: «Ich hab so ein intuitives Gefühl, als ob dich der Sex (oder etwas, was damit zusammenhängt) so belastet, dass sich dein Körper dagegen wehrt. Ich glaub nicht, dass es Zufall ist, dass du ausgerechnet so kurz vor deinem ersten Mal eine Scheidenentzündung bekamst, die nun auch noch anhält, trotz Behandlung; und obendrein auch noch Zwischenblutungen bekommst und dir übel ist usw.! Wovor hast du Angst in Zusammenhang mit Sex, deinem Freund, deiner Beziehung? Warst du noch nicht so weit? Frag dich, was dein Körper dir mit diesen Reaktionen sagen will, und handle danach. Selbst wenn es bedeutet, erst mal keinen Verkehr mehr zu haben, oder was auch immer.»

Sie erwiderte, dass hinter jeder sexuellen Handlung die Angst stünde, «*etwas falsch zu machen bzw. dass ich ihn nicht allzu sehr befriedige. Klar merk ich es teilweise, ob es ihm gefällt, aber ich denk dann trotzdem, dass ich es nicht so gut mache. Er hatte schon ein paar Freundinnen vor mir und hat Erfahrungen gesammelt, was ich von mir ja nicht sagen kann. Ich hab Angst, dass er Vergleiche anstellt (obwohl er nicht so ein Typ ist – er ist sehr lieb). So richtig fallen lassen kann ich mich daher beim Sex nicht, weil ich viel zu angespannt bin!*»

Ich antwortete:

«Dein Freund ist nicht mit dir zusammen, um eine bestimmte Art von Sex zu kriegen. Er ist mit dir zusammen, weil er dich als Person schätzt und liebt.

Niemand erwartet von einer ‹Anfängerin›, dass sie bereits Meisterin ist! Warum bist du so ungeduldig mit dir, warum stellst du so hohe Anforderungen an dich? Sei nachsichtig mit dir selbst. Ich möchte wetten, dein Freund ist absolut bereit dazu, und er wird es noch mehr sein, wenn du offen über all deine Ängste redest.

Es dauert meist Jahre, bis eine Frau sexuell ‹was draufhat›. Gönne dir diese Lehrzeit. Vor allem sehr junge Paare haben in der Anfangszeit oft keinen oder fast keinen Verkehr, sondern schmusen, was das Zeug hält, erforschen ihre Körper und machen Petting. Die meisten jungen Männer finden das vollkommen in Ordnung, denn sie lernen ja auch viel dabei.

Ich rate dir, erst einmal den Vaginalverkehr wegzulassen, und zwar so lange, bis deine Scheide wirklich danach verlangt! Verlege dich bis dahin auf die erotischen Varianten, die dir bzw. euch beiden Spaß machen.»

Wie komme ich richtig?

Manche stresst sogar der Gedanke, dass eine «richtige» Frau auf eine bestimmte Art kommen sollte: laut oder leise, ekstatisch oder kontrolliert. Aber sich da selbst zu stressen, bewirkt nur, dass Sie gar nicht kommen.

Auch der Sexbuchautor Paul Joannides[12] betont: «Es gibt nicht DIE richtige Art des Kommens!» Manche Frauen machen einen Riesenzirkus, anderen merkt man das Abheben kaum an. Sie können Ihren Schatz ja vorwarnen, dass er Ohrstöpsel braucht – oder, im Gegenteil, einen Seismographen, um Ihre unmerklichen Erschütterungen überhaupt zu registrieren.

Perfektionsdrang: Falscher Ehrgeiz im Bett

Sehr viele Frauen – wie Sara und Michelle (und Jana aus Kapitel 5) – haben den Ehrgeiz, eine tolle orgasmische Frau oder eine tolle Bettgefährtin zu sein. Die 27-jährige Simone hat noch Höheres im Sinn: Sie will die **perfekte** Liebhaberin sein ...

«Ich bin nicht gerade verklemmt, habe viel Lust und masturbiere häufig. Nur, bei meinen fünf bisherigen Freunden hatte ich nie einen Orgasmus.

Allerdings bin ich im Bett mit Männern unheimlich fürsorglich, was den einen oder anderen richtig gestört hat. Ich möchte es dem Typen immer so angenehm wie möglich gestalten und vergesse meine eigenen Bedürfnisse dabei. Gleichzeitig stehe ich auch sonst im Leben unter einem

---

12 Paul Joannides, «Wild Thing. Sex-Tips for Boys and Girls».

übertriebenen Leistungs- und Perfektionsdrang, der beim Sex wahrscheinlich ganz schön tödlich ist. Hast du ein paar Tipps, wie ich, wenn's zur Sache kommt, abschalten und vor allem vergessen kann, ob ich es meinem Freund gerade perfekt besorge?»

Simones Problem liegt weniger im Sexuellen als in der Seele. Was steckt hinter Ihrem Leistungs- und Perfektionsdrang? Mangelndes Selbstwertgefühl? Findet sie sich nicht «liebenswert»? Ich empfahl ihr das Gespräch mit einer Psychologin, gab ihr aber für die Zwischenzeit schon mal drei kleine Kniffe mit auf den Weg:

1) Falls sie mal einen Freund hat, der wirklich lieb zu ihr ist und dem sie hundertprozentig vertrauen kann, sollte sie ausprobieren, wie es sich für sie anfühlt, wenn er sie fesselt (erst mal nur leicht!), vielleicht sogar ihre Augen verbindet, und sie dann verwöhnt. Man müsste dazu aber ein Stichwort abmachen, damit er sie, sobald sie es sagt, sofort losbindet.
2) Sie könnte «Rollenspiele» antesten. Damit meine ich, dass sie zusammen mit dem Partner durch bestimmte Verkleidungen, Accessoires und Umgebungen in andere Rollen eintaucht, etwa Lehrer und Schülerin, Chef und Sekretärin, Arzt und Patientin, Callgirl und Kunde … Dadurch kann es gelingen, in eine andere Person zu schlüpfen und seine üblichen Hemmungen über Bord zu werfen – das funktioniert nicht immer, aber oft! Falls also das erste Rollenspiel nicht klappt: einfach etwas anderes versuchen.
3) Ohne dass ich jetzt zum Alkoholismus verführen will: Ein Glas Wein oder ein bis zwei Gläschen Sekt/Schampus können eine Frau ein ganzes Stück enthemmen und die üblichen Störenfriede im Kopf betäuben. Es darf aber auf keinen Fall so viel sein, dass sie betrunken ist oder ihr gar übel wird!

Sie wollen beim Sex immer die Kontrolle behalten

Viele Leute mit dieser Tendenz haben sie auch im Alltag. Unterbewusst befürchten sie, die Dinge könnten außer Kontrolle geraten oder nicht nach ihren Wünschen laufen, wenn sie das Ruder jemand anderem überlassen. Das betrifft sowohl Männer als auch Frauen. Es gibt Frauen, die im Bett alles nach ihren eigenen festgelegten Mustern lenken. Oft übernehmen sie die Lenkung nicht aktiv, sondern lassen eben nur ganz bestimmte Dinge zu und sperren sich gegen alles andere. Dahinter stehen Ängste, zum Beispiel, dass der Sex in eine unangenehme oder obszöne Richtung abdriften könnte. Etliche dieser Frauen haben auch abschreckende Sexerfahrungen gemacht, und unterbewusst besteht fortan die Befürchtung, dass sie ihnen erneut widerfahren. Manche haben sogar aktuell einen Partner, der sich zu viel herausgenommen hat, als sie ihn ließen.

Solche Frauen müssen lernen, im Bett Grenzen zu setzen – deutlich, aber freundlich. Wenn sie die Gewissheit haben, dass sie jederzeit «Stopp» sagen oder signalisieren können, fällt es vielen leichter, den Partner einfach machen zu lassen und sich hinzugeben.

Sollten Sie jedoch mit jemandem zusammen sein, der Ihre Grenzen nicht achtet, sondern dauernd zu überschreiten versucht: Machen Sie ihm klar, was er tut und dass das Ihre Freude am Sex kaputtmacht. Fordern Sie in entsprechenden Situationen mehrmals Respekt ein (selbst wenn das den Akt unterbricht). Falls er das nach der fünften oder sechsten Aufforderung immer noch nicht einhält, rate ich, ihm den Sex zu entziehen – oder auch Ihre Gegenwart.

Übrigens können auch hier die Kniffe helfen, die ich oben unter «Perfektionsdrang» gab.

Missbrauchserlebnisse können zwar massive Orgasmusprobleme hervorrufen, müssen aber nicht. Ich will auf keinen Fall die Ernsthaftigkeit dieses Themas herunterspielen, aber ich kenne Fälle von Frauen, die ein harmloses Kindheitserlebnis (z. B. Doktorspiele unter Gleichaltrigen) im Erwachsenenalter zu einem Missbrauch uminterpretiert haben, um einen Grund für ihre sexuellen Probleme zu finden. Wenn wir dann tiefer forschen, stießen wir eher auf eine sexualfeindliche Erziehung oder ein ungutes Verhältnis zum eigenen Körper.

Zudem: Ich kenne etliche Frauen, die mit Mitte 20 noch keinen Orgasmus hatten, aber nie auch nur annähernd zum Sex gezwungen wurden, und ich kenne Frauen, die in dieser Hinsicht Schreckliches erlebten, aber durchaus kommen können.

Aber ob orgasmusfähig oder nicht: Den meisten Frauen, die Missbrauch, Vergewaltigung, Nötigung oder andere Formen von Gewalt hinter sich haben, hilft es sehr, mit fachlich geschulten Leuten zu sprechen. In unserem Land gibt es viele Stellen, an die Opfer sich wenden können – kostenlos und anonym. Zum Beispiel:

LARA (Krisen- und Beratungszentrum für vergewaltigte Frauen), Tel. 030/2168888, E-Mail: beratung@lara-berlin.de

Weißer Ring, Mainz, Tel. 06131/83030

Wildwasser, Berlin, Tel. 030/6939192

Schattenriss, Bremen, Tel. 0421/617188

Zartbitter, Köln, Tel. 0221/312055

Dort können Sie erst mal völlig unverbindlich anrufen, müssen weder Ihren Namen nennen noch den Vorfall schildern und können auch Beratungsstellen in Ihrer Nähe erfragen.

Die Beratung erfolgt telefonisch, per E-Mail oder auch persönlich; dabei lernen Sie, sich innerlich von dem Erlebnis zu distanzieren und besser damit umzugehen – sodass es Ihr Leben und Ihre Beziehung nicht so stark beeinträchtigt. Sie lernen, sich von der ständigen Angst zu befreien, dass es wieder passieren könnte. Und man gibt Ihnen, falls nötig, Empfehlungen für weiterführende Therapien.

r) Sie schaffen's bis kurz davor, kommen aber nicht über die Schwelle

Sie sind voller Wollust, Ihr Unterleib ist in Aufruhr, und doch – stürzen Sie kurz vor dem Kommen ab. Das liegt manchmal an Ängsten, etwa sich im Moment der größten Ekstase zu sehr gehen zu lassen (bitte lesen Sie dazu Kapitel 5, Punkt I) – oder jemandem zu «verfallen» ...

Einmal erzählte mir eine Bekannte: «*Mein Freund ist echt ein Traummann, ich bin verliebt, der Sex ist klasse ... Nur das eine fehlt. Ich stehe vor der Tür ins Paradies und schaffe es nicht, sie aufzustoßen.*»

Ich fragte sie: «Was würde oder könnte passieren, wenn du die Tür durchschreitest? Bitte setze dich eine Stunde lang hin und schreib mir alles auf, selbst wenn es seltsam klingt.»

Der Kern ihrer Antwort lautete: «*Wenn er mich jetzt auch noch sexuell zur Erfüllung bringt, kann es passieren, dass ich süchtig und abhängig von ihm werde und ihm ausgeliefert bin ... dann bin ich ganz klein und verletzlich ... und wenn er mich dann verlassen würde, könnte ich das nicht verkraften ...*»

Diese Gedankengänge waren ihr nie so zu Bewusstsein gekommen; nachdem sie sie ausgesprochen und erkannt hatte, wie unsinnig sie waren, gelang es ihr endlich, die Schwelle zu überschreiten.

Das Sprungbrett fehlt

Manchmal liegt's mehr an etwas Körperlichem, etwa einem schwachen Beckenboden und zu wenig Einsatz dieser Muskulatur (Training: siehe S. 59f.).

Spezialisten sagen, dass eine gut trainierte Beckenbodenmuskulatur die sexuelle Empfindungsfähigkeit wesentlich steigert, ja vielfach sogar das Sprungbrett zum Höhepunkt ist. Denn kurz davor ist sie kräftig angespannt: Frauen ohne Orgasmusprobleme machen das automatisch, alle anderen können die Muskeln bewusst einsetzen. Nicht nur als Gipfelexpress, sondern ruhig auch schon während des Koitus: um zu erspüren, ob das die Lust vergrößert.

Oder vielleicht bringt Sie seine Art, Sie zu stoßen oder Ihre Lustperle zu kitzeln, zwar an den Rand des Wahnsinns – aber eben nur an den Rand …:

Die Kombi-Kommer

Laut Umfrage gipfeln 30 % der Frauen zuverlässig durch Oralsex, 24 % durch Koitus, 13 % durch Handarbeit – und fast jede zweite durch eine *Kombination!* Hier ein paar Anregungen:

- Ihr Lover soll beim Oralsex seinen Finger in der Scheide bewegen, Ihren Damm (Übergang zwischen Scheide und Anus) oder Busen streicheln – was auch immer Sie anmacht!
- Finden Sie Stellungen, in denen er beim Verkehr Hand an den Kitzler legen kann – aber es muss sich auch angenehm anfühlen! Das ist nämlich nicht in jeder Position der Fall. Etwa wenn Sie Ihre Beine weit auseinander nehmen, liegt Ihre Perle sehr offen da – die Reizung ist vielen zu direkt.
- Weitere Tipps in den Kapitel 8 und 10!

Lassen Sie's ruhig platzen

Die 26-jährige Viola scheint mit einem Fuß schon auf dem Gipfel zu stehen:

«Wenn ich mit meinem Freund schlafe und er mit dem Finger meine Klitoris stimuliert, fängt mein Körper nach einiger Zeit an zu zucken. Manchmal bin ich auch total angespannt und zittere. Oft wird es dann so heftig, dass ich das Gefühl habe, er muss aufhören, mich zu stimulieren, weil ich sonst platze.

Aber manchmal fühle ich mich während dieser Zuckungen so wohl, dass ich dann ziemlich erschöpft bin und trotzdem weiterzucke. Ist dies schon ein Orgasmus oder nicht?»

Kann sein, dass es schon ein Orgasmus ist – vor allem falls damit ein sehr angenehmes, warmes Gefühl verbunden ist, das sie durchflutet, und hinterher eine wohlige Entspannung eintritt. Aber normalerweise ist die Verbindung von hoher Körperspannung, Zucken und Zittern eher typisch für die kurze Phase direkt vor dem Orgasmus. Das ist der Moment, wo man loslässt, um die Woge des Höhepunkts heranfließen und sich von ihr davontragen zu lassen. Bei einigen klappt das von selbst, andere kriegen das Gespür dafür erst, wenn sie einmal (oder ein paar Mal) sozusagen «per Zufall» gekommen sind und wissen, wie sich das anfühlt.

Ich riet Viola zu versuchen, die Stimulation auszuhalten, selbst wenn sie das Gefühl hat, gleich zu platzen – und es ruhig platzen zu lassen!

Falls kein Orgasmus eintritt, sondern das Gefühl dann nur unangenehm wird, ist die Stimulation zu direkt an der Klitoris – auch dann «zuckt» frau (siehe auch dieses Kapitel, Punkt H).

5) Harndrang oder Urinaustritt

Falls der Drang bereits zu Beginn des Beischlafs auftritt, kommen sehr viele Betroffene gar nicht erst in die Nähe eines Höhepunkts. Eine 34-Jährige beschreibt es so:

«Ich habe beim Sex immer das Gefühl, dass ich mal muss. Ich kann mich dabei null entspannen aus Angst, dass ich plötzlich lospinkle.»

Harndrang beim Verkehr kann folgende Ursachen haben:

1) Die Blase ist voll, und der Partner drückt auch noch drauf. Einfache Lösung: direkt vor dem Akt Wasser lassen.
2) Der Harntrakt kriegt durch die Scheide hindurch auch einiges von den Verkehrsstößen ab, da sie sehr dicht daneben liegt, und reagiert «gereizt». Auch hier hilft es, wenn Sie vorher (oder auch zwischendurch) auf die Toilette gehen und die Blase völlig entleeren – dann wissen Sie wenigstens, dass nichts mehr rauskommen kann.
3) Blasen- oder Harnröhrenentzündung: Dadurch ist das Gewebe angeschwollen und empfindlicher als sonst. Falls Sie häufige «Notdurft» verspüren und beim Urinieren ein Brennen oder Ziehen fühlen: ab zum Arzt!
4) Gebärmuttersenkung (z. B. durch Geburten, Übergewicht, starke Bindegewebsschwäche): Sie kann den Druck auf den Harntrakt verstärken. Auch hier ist ein Arztbesuch nötig.
5) Sie gehören zu den Glückspilzen mit einem funktionierenden G-Punkt – diesem empfindlichen Bereich an der Scheidenvorderwand. Viele Inhaberinnen berichten, dass bei Druck zuerst einmal Harndrang entsteht, der aber nachlässt, wenn der Partner einfach weitermacht, und bald in Erregung umschlägt. (Mehr Infos dazu ab S. 198!)

Es gibt Wissenschaftler, die einen Zusammenhang zwischen der Lage des Blasenausgangs und dem G-Punkt vermuten. Beobachtet wurde nämlich vielfach, dass der G-Punkt bei voller Blase noch besser funktioniert. Allerdings kommt dann manchmal beim Orgasmus tatsächlich etwas Urin – aber es ist eher wenig. Den meisten Männern macht's nichts aus, abgesehen davon ist es ja nicht gesagt, dass es Urin ist! Ich empfehle, es einfach mal drauf ankommen zu lassen und dann am Erguss zu schnuppern: Riecht's nach Urin oder nicht?

Zur Sicherheit kann man ein paar Handtücher unterlegen; oder unters Laken eine große Plastikfolie oder ein Gummilaken ziehen (gibt's im Sanitätshaus). Oder Sie machen's unter der Dusche.

Noch ein Tipp: Beckenbodenmuskeln trainieren (siehe S. 59f.) – so können Sie sichergehen, dass die Harnröhre ausgezeichnet schließt und Sie auch beim Höhenflug nicht im Stich lassen wird. Normalerweise ist sie bei sexueller Betätigung automatisch dicht – das macht bei den Männern Sinn, da sonst das Sperma durch Urin verdünnt werden könnte; und wir Frauen haben diese Mechanik auch. Versagen kann sie nur, wenn ohnehin eine Inkontinenz vorliegt, also eine Schwäche des Blasen- oder Harnröhrenverschlusses. Aber das merkt man dann meist auch in anderen Situationen als beim Sex.

War es Urin – oder eine weibliche Ejakulation?

Johanna, 32, traut sich nicht mehr zu kommen, weil ihr dabei schon zweimal ein Malheur widerfahren ist:

«Mir war das wahnsinnig peinlich! Als mein Freund die Flüssigkeit bemerkte, sagte ich nur, dass ich sehr feucht war. Es war zum Glück nicht viel und hat kaum gerochen, ich glaube, er wusste sowieso nicht, was es war (hoffe ich). Ich kann und will auch nicht mit ihm darüber reden, weil er mir ja da nicht weiterhelfen kann. Es passiert mir, wenn ich

auf ihm sitze, und ich möchte gern wissen, warum und was ich dagegen tun kann. Ich laufe ja schon immer vorher und nachher aufs Klo, aber ich hab Angst, dass mir das wieder passiert!»

Ich stellte ihr Rückfragen:

1) Hattest du beide Male einen Orgasmus?
2) Ist die Reiterstellung eure bevorzugte Stellung?
3) Wie genau sitzt du auf ihm?
4) Ist sein Penis so groß, dass er auf deine Blase drückt?
5) Hast du öfter Blasen- oder Harnröhrenentzündungen?
6) Kommt manchmal ein wenig Urin, wenn du z. B. heftig lachst?

Ihre Antwort:

«Ja, ich hatte beide Male einen Orgasmus! Ich spanne meine Muskulatur an, um ihn intensiver zu spüren. Dadurch kann es ja auch sein, dass sich beim Orgasmus die Spannung löst und so der Urin austritt. Aber wie verhindere ich das? Ich mag diese Stellung sehr gern, weil ich ihn da sehr tief spüren kann und mich durch meine Bewegungen besser stimulieren kann. Dabei hat er seine Beine meist ausgestreckt, und ich sitze mit angewinkelten Beinen auf ihm. Seinen Penis finde ich schon recht groß, und wenn ich mich bei der Reiterstellung nach hinten lehne, ist es sehr schön, merke aber gleichzeitig, dass ‹es› doch wieder passieren könnte. Hab ja gelesen, dass es auch der G-Punkt sein könnte, aber der macht sich doch nicht so feucht bemerkbar, oder? Entzündungen habe ich nicht, hatte ich meines Wissens auch nie.

Beim Lachen passiert mir das nie, eben nur beim Sex, und ich glaube, nur wenn der Penis sehr tief in mir ist – was ich aber besonders schön finde. Was soll ich tun? Muss ich auf Sex verzichten? Bin ich krank und ein Einzelfall?»

Johanna ist natürlich weder ein Einzelfall noch krank, Harninkontinenz liegt auch nicht vor. Vermutlich gehört sie zu den wenigen Frauen mit einer Art Prostata, die beim Orgasmus ejakulieren (siehe Kasten unten, «Weibliche Ejakulation», und siehe «G-Punkt», Kapitel 8, S. 198).

Kathi, 27, schildert:

«Ich erlebe seit meinem 15. Lebensjahr Ergüsse durch inwendige Stimulation (meistens durch Finger), dabei schwillt irgendetwas an, und eine Flüssigkeit (kein Urin!) ergießt sich, manchmal ist es ganz schön viel. Das Ganze ist mit einer Art Orgasmus verbunden, allerdings völlig verschieden von einem Orgasmus durch Kitzlerstimulation.»

Auf der einen Seite kann Johanna sich also glücklich schätzen; auf der anderen Seite stört sie der Abgang von Flüssigkeit. Falls es sich um eine «Ejakulation» handelt, sehe ich keinen Grund, sie zurückzuhalten – sie ist ja etwas ganz Besonderes! Und wenn Kerle ihren Erguss überall hinverteilen, warum sollte sie das nicht auch? Es ist nichts Ekliges und kann ganz leicht abgewaschen werden. Meines Erachtens sollte sie auch ihren Freund mit einbeziehen, denn die meisten Männer finden das nicht abstoßend, sondern aufregend.

WEIBLICHE EJAKULATION

Dabei handelt es sich um eine wässrige, farb- und geruchlose Flüssigkeit; sie kommt aus winzigen Ausgängen, die in oder auch neben der Harnröhre liegen. Vermutlich sind das Reste der Prostata und/oder der Samenbläschen, die ja beim Mann eine ebensolche Flüssigkeit zum Sperma beitragen. Sobald sich beim Höhepunkt die Unterleibsmuskeln bewegen, werden diese kleinen Drüsen wie «gemolken»; je stärker die Muskelbewegung und damit auch der Orgasmus, desto eher und stärker erfolgt der Ausstoß.

t) Seit der Geburt des Kindes keinen Orgasmus mehr

Wenn Sie erst seit einer Geburt (bzw. Schwangerschaft) schwer oder nicht mehr kommen, hängt das vor allem zusammen mit:

- erschlaffter Beckenbodenmuskulatur,
- verringerter Lust durch Baby-Stress, Zeitmangel, Müdigkeit, Angst vor erneuter Schwangerschaft, Beziehungskonflikten, Körperkomplexen, Stillen,
- Schmerzen (etwa wegen eines Dammrisses).

Ein anschauliches Beispiel ist Peggy, 30: Ihr Baby kam vor knapp sechs Monaten zur Welt, seit acht Wochen schläft sie wieder mit ihrem Freund, kommt aber nicht oder braucht sehr lange dazu – was vorher nicht der Fall war.

Wir führten ein erhellendes Frage-Antwort-Gespräch:

B. P.: Stillen Sie? Füttern Sie schon zu?

Peggy: Ich füttere noch nicht zu; will damit in ein oder zwei Monaten anfangen.

B. P.: Solange eine Frau stillt, schüttet ihr Körper größere Mengen des Hormons Prolaktin aus, und das hemmt bei den meisten die Lust – bei manchen sogar den Orgasmus. Sechs Monate Stillen sind prima, aber Sie können ohne weiteres anfangen, zuzufüttern. Ab dem fünften Monat verträgt das Baby auch andere Kost als Muttermilch.

Haben Sie denn weniger Lust?

Peggy: Auf jeden Fall. Ich fühle mich so ausgelaugt und bin dauernd müde.

B. P.: Momentan beansprucht Sie das Baby sehr – das wird sich bald bessern. Unterstützt Ihr Freund Sie?

Peggy: Ach, viel zu wenig. Okay, er geht arbeiten, und ich bin zu Haus, aber ich mache komplett die ganze Hausarbeit und kümmere mich fast allein um das Kind. Auch nachts steht er fast nie auf, wenn es schreit. Ich bin oft sauer auf ihn, und das ist mit ein Grund, warum ich kaum noch Lust auf Sex habe.

B. P.: Sprechen Sie freundlich mit ihm, bitten Sie ihn um Hilfe und erklären Sie ihm auch den Zusammenhang zwischen der momentanen Situation und Ihrer Lust. Was das nächtliche Aufstehen betrifft, hindert ihn bestimmt, dass er ja das Baby nicht füttern kann, solange Sie ausschließlich stillen. Auch deshalb wäre es gut, wenn Sie anfangen zuzufüttern, damit er sich besser in die Babypflege integrieren kann. Die meisten Männer übernehmen gern einen Teil davon, wenn frau sie nur lässt und sie freundlich heranführt. Das heißt: Sie zeigen ihm sorgfältig und geduldig, was er beim Waschen, Wickeln, Füttern und Beruhigen des Babys machen muss. Sehr wichtig ist auch, dass Sie's ihm überhaupt zutrauen.

Hat sich denn der Sex selbst verändert?

Peggy: Er ist natürlich weniger geworden, aber eigentlich nicht anders, jedenfalls von seiner Seite aus. Aber bei mir kommen noch zwei Sachen dazu: Momentan ist mein Bauch dicker als früher und so schlaffig; ich fühle mich unsexy. Und ich hab irgendwie Angst vor Schmerzen. Bei der Geburt hatte ich einen Dammriss, der ist lange nicht verheilt und hat wehgetan, und noch heute hab ich manchmal das Gefühl, es tut weh, wenn mein Freund beim Sex an die Stelle stößt.

B. P.: Ihre Taille wird durch Bauchgymnastik und leichte Kost wieder schmaler, aber das wissen Sie ja selbst – Sie müssen's nur beherzigen!

Das Dammgewebe ist, auch nachdem der Riss wieder zusammengewachsen ist, oftmals noch empfindlich oder fühlt sich zumindest so an. Teilweise kann ja schon die Angst vor Schmerzen einen Schmerz verursachen!

Massieren Sie täglich eine erbsgroße Menge Panthenol-Salbe in die Stelle ein, sodass das Gewebe noch besser heilt und geschmeidig wird. Und fragen Sie sich ehrlich, ob der Schmerz vielleicht auch eine Art Abwehrreaktion gegen den Verkehr ist – also eine Art unbewusste «Ausrede», um Ihrem Freund einen sexuellen Korb zu geben, ohne dass er Ihnen böse sein kann.

Peggy: Ab und zu mag das stimmen ...

B. P.: Falls ja, dann gestehen Sie sich ruhig zu, dass Sie keinen Verkehr haben möchten, solange nicht alle Widrigkeiten bewältigt sind. Falls Sie aber durchaus verkehren möchten: Bitte Sie ihn, nur ganz langsam und vorsichtig zu stoßen; bremsen Sie ihn auch, falls er im Eifer des Gefechts zu heftig wird.

Peggy: Ach ja, noch was: Der Sex macht auch durch die Orgasmusprobleme nicht mehr so viel Spaß. Erst habe ich mir gesagt: Das wird schon wieder. Man muss ja nicht immer kommen ... Aber da habe ich mir wohl nur etwas eingeredet!

B. P.: Machen Sie denn Beckenbodentraining?

Peggy: Nein.

B. P.: Einer der Hauptgründe für Orgasmusprobleme nach einer Geburt ist, dass dabei die Beckenbodenmuskulatur sehr stark gedehnt und daher schlapp wird. Und die brauchen Sie zum Kommen. Sie können sich zum Beispiel in einem Familienzentrum oder Frauenzentrum unterweisen lassen. Nennt sich meist «Rückbildungsgymnastik».[13]

Wie verhüten Sie denn zurzeit?

Peggy: Ich verhüte kaum, weil ich gehört habe, dass nichts passieren kann, solange man stillt. Aber ganz sicher bin ich da nicht. Wir haben auch schon Kondome benutzt, aber die mögen wir beide nicht so gern. Kann schon sein, dass das auch meine Lust verringert, weil ich immer ein bisschen Angst habe, wieder

---

[13] Wird auch angeboten von Verbänden (Mutter-Kind-Verbände, Jugendamt, Rotes Kreuz usw.), von Hebammenpraxen, von Familientherapeuten u. a.
Übrigens: Frauen, die nach einer Geburt keine Rückbildungsgymnastik machen, haben ein stark erhöhtes Risiko, früher oder später inkontinent zu werden (also unkontrolliert Harn oder Kot zu verlieren).

schwanger zu werden. Früher hab ich die Pille genommen; das darf ich ja wegen des Stillens nicht mehr.

B. P.: Während der Stillzeit wird eine Frau zwar weniger leicht schwanger, aber die Möglichkeit besteht schon. Da ist Ihre Unsicherheit also durchaus berechtigt. Auch dieses Problem wäre durch das Abstillen gelöst, weil Sie dann wieder die Pille nehmen könnten. Bis dahin empfehle ich weiterhin Kondome oder auch ein Diaphragma. Falls Sie schon eins haben: Lassen Sie bitte den Frauenarzt nachsehen, ob die Größe noch stimmt!

u) Sie kommen zu schnell

Kaum zu glauben, aber auch das ergibt für manche Frauen ein echtes Problem! Caro, 25, klagte mir, dass sie viel zu früh käme: teils schon nach ein paar Sekunden, spätestens nach wenigen Minuten. *«Manchmal ist gar keine sehr starke Reizung nötig; wenn ich sehr erregt bin, komme ich manchmal sogar bereits vor dem Eindringen, z. B. durch Berührungen meines Partners.»* Das heißt, sie kommt sowohl über den Kitzler als auch beim Beischlaf.

Wahnsinn, mögen Sie sagen, und wo liegt da das Problem?

Caros Freund braucht länger als sie und geht oft leer aus, weil ihr der Verkehr nach dem Orgasmus Unbehagen bereitet – manchmal sogar Widerwillen. Der Haken ist auch, dass die beiden noch nicht so lang zusammen sind, noch nicht viel ausprobiert haben (zum Beispiel erst zwei, drei Stellungen) und – dass sie nicht frei reden! *«Wir kommunizieren hauptsächlich mit Gesten, wobei ich glaube, dass mittlerweile eine so starke Unsicherheit und Verkrampftheit im Bett zwischen uns herrscht, dass wir die Gesten jeweils falsch interpretieren. Im Moment klappt nichts so wirklich.»*

Die beiden können ihre Unsicherheit und Verkrampftheit nur

auflösen, indem sie sich überwinden und miteinander reden. Caro könnte mit der Frage anfangen, ob es ihn wirklich frustriert, dass sie so schnell fertig ist, und welche Wünsche er bezüglich des gemeinsamen Liebeslebens hat. Vielleicht fände er das rasche Ende des Beischlafs gar nicht so schlimm, wenn er dafür ein nettes Vorspiel bekäme.

Caro könnte ihn auch per Mund bis kurz vor den Orgasmus bringen und dann erst loslegen mit dem eigenen Gipfelsturm. Und ihn, sooft sie ihn überholt hat, mit den Händen befriedigen. Oder zwischen ihren Brüsten (falls sie groß genug sind). Oder zwischen ihren zusammengeklemmten Oberschenkeln. Falls er in ihr kommen soll, kann sie das auch beschleunigen, indem sie sich «enger» macht (Scheide anspannen oder Schenkel zusammenklemmen).

Und sie sollten andere Stellungen ausprobieren, die ihn stärker reizen und sie weniger (Anregungen dazu in Kapitel 8).

Übrigens: Das Ergusskontrolle-Training für Männer (S. 82f.) könnte auch ihr helfen. Zumindest sollte sie versuchen, ein Gespür für ihre Beckenbodenmuskeln zu bekommen und diese bewusst locker zu lassen.

v) Sie sind noch sehr jung

(Aspekte dieses Punktes habe ich schon hier und da erwähnt, möchte ihn aber der Deutlichkeit halber nochmal in voller Gänze erläutern.)

Manchmal schreiben mir 13- bis 17-jährige Mädchen, dass sie nicht kommen und darüber völlig verzweifeln. Weil alle anderen ja *überhaupt keine* Orgasmusprobleme haben …! Da kann ich nur immer dasselbe antworten: In dem Alter ist es eher normal, dass frau NICHT kommt, als dass sie kommt (und die, die es schaffen, haben oft schon früh angefangen, an sich selbst herumzuprobieren, oder haben das Glück, einen geschickten Partner zu haben).

Typisch ist der Brief der 16-jährigen Vanessa:

«Ich bin seit zehn Monaten mit meinem Freund zusammen. Wir lieben uns und verstehen uns gut – bis auf das Thema Sex. Wenn ich mit ihm schlafe, macht es mir Spaß, es ihm schön zu gestalten. Aber ich selbst fühle nichts. Ich warte förmlich darauf, dass er endlich kommt. Er ist der Erste, mit dem ich geschlafen habe. Wir machen's mindestens einmal in der Woche, doch ich kann noch so viel abschalten und entspannen, ich kann nichts am Sex finden. Ich befriedige mich auch nicht selbst. Ich weiß nicht, wo mein Problem liegt, denn selbst ein Vorspiel, bei dem ich mich wohl fühle, zieht für mich nicht zwingend tollen Sex nach sich und auch keinen Orgasmus. Was ist bloß los?»

Die Beischlaferei mit meinem ersten Freund, obwohl er bestimmt kein schlechter Liebhaber war, empfand ich genauso wie Vanessa. Als er mich entjungferte, war ich Ende 16, und es tat weh – vielleicht war es das, was mir alle weiteren Akte mit ihm vermieste, weil ich zu verkrampft war. Ich dachte allerdings, wenn ich nicht mit ihm schlafe, verlässt er mich … Dabei hätte ich besser mal überlegen sollen, was ich selbst eigentlich wollte (weniger Verkehr und mehr Schmusen). Denn im Grunde war das, was wir da machten, «sein» Programm.

Mein nächster Freund hatte noch weniger Peilung, er war ein Klotz, im Bett war's furchtbar. Erst beim übernächsten machte es «Zong». Er hatte sexuell einen guten Draht zu mir, es knisterte und prickelte wie verrückt, und erst ab da dämmerte mir, warum alle Welt dauernd über Sex quatscht.

Vanessa hätte gern ein Rezept gehabt, wie's mit ihrem Freund Spaß macht, bloß: Es kann an hundert Sachen liegen, warum sie nichts empfindet. Sexanfänger wissen eben oft nicht, was zu tun ist oder was man alles tun könnte – Männlein wie Weiblein (aber geben oft vor, es zu wissen, was die Verwirrung und Verunsicherung noch vergrößert). Oder sie hängen irgendwelchen Irrglauben an, nicht zuletzt, weil diese Altersstufe leider häufig schon Pornographisches konsumiert. Obendrein verhindern alle möglichen Ängste die Hingabe. Und manchmal sind diese jungen Mädchen einfach noch nicht so weit: Sie wollen noch keinen Sex und die Verantwortung, die damit verbunden ist, oder sie wollen noch nicht Frau und «Sexobjekt» sein. Ein Hinweis darauf wäre bei Vanessa, dass sie sich nicht selbst befriedigt. Ich hätte ihr nahe legen können, sich selbst Lust zu bereiten – aber warum sollte ich sie zu etwas drängen, wozu sie selbst keinen Drang hat?

Ich riet ihr einfach nur, ihrem Freund zu sagen, was wirklich mit ihr los ist. Und aufzuhören, nur ihm zuliebe Dinge über sich ergehen zu lassen.

In puncto «Orgasmusfähigkeit des weiblichen Durchschnitts» lässt sich definitiv feststellen: je oller, je doller. Ab etwa Mitte oder Ende 30 erreichen Frauen oft ihre persönliche Bestmarke, manche sogar noch später, und das hält so lange an, wie sie sich in ihrem Körper wohl und sexy fühlen, beziehungsweise solange er gut auf sexuelle Reize reagiert.

Die späte Orgasmusblüte kommt daher, dass diese Frauen ihren Körper und dessen Reaktionen viel besser kennen, dass sie wissen, was sie tun müssen. Vor allem sind sie häufig selbstbewusster – dadurch fällt es ihnen leichter, sich gehen zu lassen und sich vom Partner zu holen, was sie brauchen. Manchmal habe ich sogar das Gefühl, dass auch der Körper selbst besser weiß, wie's geht – also dass er im Laufe der Zeit «gelernt» hat, vieles automatisch zu machen. Wie schade, dass viele Frauen das erst in ihren reiferen Jahren erleben ...

Wollen Sie schon früher in diesen Genuss kommen? Dann studieren Sie bitte auch die folgenden Kapitel aufmerksam – und setzen Sie sie in die Praxis um!

Kapitel 7
Orgasmus selbstgemacht

Liebe an und für sich – eigenhändig!

Im Alter von 28 beklagte sich meine Freundin Ilka bei mir, sie ginge jetzt seit zwölf Jahren mit Männern ins Bett und keiner habe ihr bisher einen Höhepunkt verschaffen können. Ich fragte: «Was ist mit Selbstbefriedigung?» Sie erwiderte: «Das bringt mir nix», was mich sehr wunderte, da sie sexuell kein Kind von Traurigkeit war. Ich sagte: «Was du willst, dass er dir tu, das füg dir erst mal selber zu», gab ihr eine Menge Tipps, und – siehe da! – nach ein paar Wochen erlebte sie ihre erste «Handgranate». Es stellte sich heraus, dass sie schlichtweg nicht gewusst hatte, wie sie sich stimulieren sollte.

Andere Frauen fassen sich gar nicht erst an, weil sie Gedanken im Hinterkopf haben wie: «Das ist so selbstbezogen – Sex sollte doch eigentlich zwischen Mann und Frau stattfinden» oder «Das tun nur Leute, die's echt nötig haben» – sprich, die ein bisschen erbärmlich sind. Und weibliche Singles sagen manchmal: «Dieser Sex mit mir selbst deprimiert mich. Er ist nur eine Notlösung und erinnert mich dran, dass ich einsam bin und mich nach Sex in einer Liebesbeziehung sehne!»

Ich finde, das ist viel zu negativ gedacht. Ein zweisames Liebesspiel ist zwar toll, aber wenn man es gerade nicht haben kann, ist Sex mit sich allein besser als gar keiner. Zudem fühlt sich der selbst erklommene Gipfel für viele Frauen besser an, weil der mit dem Mann oft nur mit knapper Not errungen wird. Per Hand geht's schneller, müheloser, entspannter – denn sich auf Gruppenorgien oder Unterleibsturbulenzen zu konzentrieren, während Ihnen der Lover ins Ohr keucht und gespannt auf Ihre (und seine) Erlösung wartet, ist oft gar nicht so einfach.

«Erbärmlich» ist Selbstbefriedigung schon gar nicht, sondern eine Bereicherung. Erstens: Unsichere Frauen können dabei erfahren, dass der Orgasmus keineswegs etwas ist, was die Kontrolle über sie übernimmt; sondern im Gegenteil, sie gewinnen Kontrolle und damit auch die Selbstsicherheit, loslassen zu können – was den Sex erst richtig gut macht! Zweitens können sie ihrem Partner gezieltere Hinweise geben. Drittens, und das nützt auch Frauen, die bereits einen Weg der Selbstbefriedigung gefunden haben: Mittels ausgiebiger experimenteller Masturbation lernen sie, ihren Körper handzuhaben wie ein kunstvolles Instrument. Je mehr sie ihn in Eigenregie dazu bringen, ihnen auch unter ungünstigeren Bedingungen Lust zu spenden, desto besser reagiert er auch auf die Stimulation eines anderen, gelangt er schließlich auch auf verschiedene Arten zum Gipfel. Deshalb will dieses Kapitel Sie anregen, möglichst viele Varianten auszuprobieren.

Fangen wir an ...

A) Wie oft sollen Sie «üben»?

Mindestens alle zwei Tage, besser noch täglich (auch mehr ist in Ordnung).

Manch eine mag jetzt einwenden: «Ich hab Wichtigeres zu tun, als ständig an mir rumzumachen.» Aber es kommt ja nicht nur Ihnen selbst zugute, sondern auch Ihrer Beziehung! Viele Frauen verbringen sehr viel Zeit mit Fernsehen, Shoppen, Telefonieren und Naschen. Aber bringt Ihnen das sexuelle Erfüllung, nützt es Ihrer Partnerschaft?

> Kann «zu oft» schaden?
> Körperlich kaum, es sei denn, frau reibt sich wund oder steckt sich ungesunde Dinge in irgendwelche Öffnungen. Weniger Lust auf den Partner wird sie auch kaum haben – eher mehr, weil Masturbation die Libido anfacht: Der Unterleib ist einfach besser in Schwung, und die beim Sex beteiligten Kleinodien (Klit, Scheide, Schamlippen usw.) sind erregbarer. Bedenklich wird's erst, wenn sie vor lauter Alleinunterhaltung ihren Schatz, ihre Arbeit und ihre Kinder vernachlässigt. Übrigens: Frauen, die selten oder nie Hand an sich legen, entwickeln oft einen psychosomatischen Juckreiz, der sie dazu bringt, sich an den vernachlässigten Stellen anzufassen.

B) Mehr Flexibilität!

Sie schaffen's nur mit einer bestimmten Technik (oder ein paar wenigen Techniken)? Und nur in einer bestimmten Lage (etwa auf dem Rücken liegend)? Und nur unter bestimmten Bedingungen (z. B. völlig ungestört, im Dunkeln, bei leiser Umgebung)?

Sie können sich selbst darauf trainieren, auch unter anderen Voraussetzungen zu kommen. Nur müssen Sie dazu auch wirklich trainieren.

Seien Sie dabei sehr geduldig mit sich selbst, verlangen Sie sich nicht gleich zu viel ab. Ändern Sie nach und nach verschiedene Elemente (Anregungen und Ideen dazu weiter unten ab Punkt E).

c) Konzentration & Kopfkino

Erfolgreiche Selbstbefriedigung erfordert bei vielen Frauen hohe Konzentration. Stellen Sie sich das ähnlich wie den Anstieg auf einen Gipfel vor: Wenn Sie sich immer wieder ablenken lassen und stehen bleiben, kommen Sie nie oben an. Sie müssen dranbleiben!

Und worauf sollen Sie sich konzentrieren? Auf das, was Sie in Erregung versetzt. Auf Ihre eigenen Empfindungen, auf den süßen Kitzel, das schöne Gefühl. Auf anregende Phantasien und Gedanken. Manche Frauen lesen nebenher erotische Texte oder sehen sich Bilder, Filmszenen, Videos, Internetseiten an (Tipps dazu am Ende dieses Kapitels). Das können auch ganz schmutzige, fiese Sachen sein, für die Sie sich eigentlich ein bisschen schämen. Aber es findet ja nur im Kopf statt, also wurscht!

d) Für Einsteigerinnen

Sorgen Sie dafür, mindestens eine Stunde nicht gestört zu werden (Telefon und Handy abstellen, eventuell sogar die Türklingel, Anrufbeantworter leise, Vorhänge zu, Türen abschließen, Mann mit den Kindern und dem Hund rausschicken usw.). Legen oder setzen Sie sich entspannt hin, vielleicht in die Badewanne – was auch immer Ihnen gerade angenehm ist.

Legen Sie sich eine «Flutschhilfe» zurecht, am besten richtiges Gleitgel (Tipps dazu in Kapitel 9), zur Not geht auch Vaseline oder Öl.

e) Vorbereitung (für alle!)

Wie Sie sicherlich auch vom Sex zu zweit wissen, hilft es sehr, sich in sinnliche Stimmung zu bringen. Was dafür geeignet ist, ist von Frau zu Frau verschieden; hier eine Liste mit Ideen:

- ein warmer Raum
- sexy Musik,
- antörnende oder entspannende Düfte, z. B. Rosmarin, Moschus, Ylang-Ylang, Sandelholz, Vanille,
- ein Bad mit solchen Düften und Kerzen um die Wanne,
- ein Drink,
- erotische oder pornographische Texte, Bilder, Filme,
- etwas anziehen, worin Sie sich sexy oder verrucht fühlen (manche Frauen erregt es, Reizwäsche zu tragen – ich spreche von richtiger Reizwäsche, etwa solcher, die die Brustwarzen und den Schritt freilässt),
- in heißen Dessous oder nackt vor dem Spiegel tanzen,
- sich genüsslich mit Bodylotion eincremen,
- duftendes Öl großzügig auf der Brust verteilen und mit beiden Händen von außen nach innen kreisen oder sie sanft massieren,
- sich von Kopf bis Fuß streicheln, kosen, massieren, die Haut zupfen, mit den Fingernägeln, den Knöcheln, dem Handrücken entlangfahren – also erkunden, was sich wo am schönsten anfühlt,
- sich erst mal an anderen Körperstellen als der Intimzone berühren und sich dabei vorstellen, es wäre der Mann Ihrer Träume,
- ein Massagegerät benutzen, um Ihren Körper mit Streicheleinheiten zu verwöhnen – oder auch Pinsel, Federn, Pelz, weiche Stoffe u. Ä. (die Berührung durch etwas «Fremdes» ist meist aufregender als die durch eigene Hand!),

- ein lasziver Telefonat mit dem Liebsten,
- die Augen schließen und sich intensiv an den letzten tollen Sex erinnern …

Probieren Sie am besten alles aus, selbst wenn es erst mal nicht so klingt, als ob es Ihnen etwas bringen könnte. Sie sind doch ein offener Mensch, oder? Lassen Sie sich überraschen beziehungsweise überraschen Sie sich selbst.

> SELBSTBEFRIEDIGUNG MACHT SCHÖN, KLUG, GESUND UND SEXY
> Sie ist gut für die Gesundheit des Unterleibs, indem sie dafür sorgt, dass alles in Bewegung kommt und gut durchblutet bleibt. Das wiederum kommt Ihren Geschlechtshormonen zugute und somit auch der Regelmäßigkeit Ihrer Periode, Ihrer Fruchtbarkeit, der Regeneration von Haut und Haar, Ihrem Wohlbefinden, Ihrer Ausstrahlung usw. Der intakte Hormonhaushalt, zusammen mit der Entspannung und dem guten Schlaf, die die Selbstbefriedigung schenkt, fördert sogar Ihr Immunsystem, Ihre Vitalität, Ihre Denkfähigkeit und Kreativität! Sie trainiert außerdem die Beckenbodenmuskulatur, was wiederum leichter zum Höhepunkt verhilft. All diese Vorteile genießen Sie allerdings nur, indem Sie mindestens zweimal in der Woche Sex haben – mit dem Partner oder auf eigene Faust.

F) TECHNIKEN

- Zuerst auf den Kitzler und dessen Umgebung satt Gleitmittel auftragen, dann erst anfangen zu stimulieren! Vielleicht zunächst sogar gar nicht den Kitzler berühren, sondern die Innen-

seiten der Schenkel, den Schamhügel, den Po – und dann immer näher an ihn heranstreicheln.
- Meiden Sie ihn immer noch, umkreisen Sie ihn mit ein bis drei Fingern.
- Legen Sie Ihre Hand flach auf den Venushügel. Bewegen Sie den ganzen Bereich so hin und her, dass der Kitzler mitbewegt wird.
- Grundstellung wie eben, aber halten Sie mit Daumen und Zeigefinger oder Zeige- und Mittelfinger die äußeren Schamlippen zusammen, bewegen Sie sie hin und her oder auf und ab oder kreisen Sie damit.
- Anordnung wie eben, aber den Zeigefinger zwischen die Schamlippen legen – an oder auf die Klitoris.
- Nehmen Sie mit Daumen und Zeigefinger oder Zeige- und Mittelfinger die Hautfalte über Ihrem Lustknöpfchen in die Zange; bewegen Sie die Hand locker aus dem Handgelenk hin und her.
- Ziehen Sie mit der einen Hand sachte die Lippen auseinander, mit der anderen stimulieren Sie sich an Ihrer Perle durch eine ganz leichte, fast hauchzarte Berührung; erspüren Sie mit geschlossenen Augen, ob es sich gut anfühlt; wenn ja, machen Sie weiter und schalten Sie Ihre Phantasien ein.
- Oder ist es angenehmer für Sie, den Kitzler nicht direkt anzupeilen? Sondern die Hautfalte drüberzulassen oder ihn mit ein bis drei Fingern zu umkreisen oder das Gewebe in seiner unmittelbaren Umgebung zu reiben?
- Wenn Sie immer die rechte Hand benützen, nehmen Sie mal die linke, und umgekehrt.
- Experimentieren Sie mit dem Tempo von gaaaanz langsam bis libellenschnell: Was mögen Sie am liebsten?
- Wechseln Sie Ihre Grundtechnik: Wenn Sie zum Beispiel normalerweise mit einem Finger am Kitzler hin und her gehen, wählen Sie «auf und ab» oder «kreisen». Als Nächstes nehmen Sie einen anderen Finger oder auch mehrere, das zweite Finger-

glied statt der Spitze, die Handfläche, den Ballen, die Knöchel usw.
- Vielleicht erhöht das Stimulieren des Harnröhreneingangs Ihre Erregung? Das ist eine winzige Öffnung am Rand der Scheide in Richtung Klitoris; in diese Öffnung und ihre Umgebung münden sehr viele Nerven.
- Geben Sie einen dicken Klacks Gleitmittel auf Ihren Finger und erforschen Sie Ihren Scheideneingang. In welcher Richtung ist er am empfänglichsten? Gehen Sie auch hinein und ertasten Sie die Vaginalwände. Wenn Sie in die Hocke gehen oder im Liegen die Knie stark Richtung Brust ziehen, entdecken Sie vielleicht sogar Ihren G-Punkt an der Vorderseite der Vagina. Allerdings ist er besser auszumachen, wenn Sie erregt sind. (Mehr Infos ab S. 198: «G-Punkt: Gibt's den überhaupt?»)
- Wandern Sie ein Stückchen weiter nach hinten, um herauszufinden, ob der Damm oder Anus zu Ihren erogenen Zonen gehören (das sind hochsensible Bereiche bei ganz vielen Leuten!). Wenn ja, dann beziehen Sie sie in Ihre Eigenliebe mit ein.
- Kombinieren Sie das Liebkosen Ihrer Lieblingsstellen – etwa Kitzler plus Po oder Vagina plus Brust.
- Testen Sie, ob Sie schneller/besser/intensiver kommen, wenn Sie die Muskeln im Unterleib anspannen. Der Kniff ist, genau in dem Moment, wenn der Orgasmus aufsteigt, die Anspannung loszulassen – wobei manche Frauen sie sogar absichtlich halten, um mehrere Orgasmus-Wellen zu erzielen.
- Falls Sie diese Muskulatur gar nicht spüren bzw. nicht wissen, was Sie da anspannen sollen, machen Sie bitte UNBEDINGT (!) das Beckenbodentraining (S. 59).

Übrigens: Anfängerinnen sollten damit rechnen, dass es nicht gleich beim ersten Mal klappt, vielleicht auch nicht die darauf folgenden paar Male. Da gibt's nur eins: Geduuuuld! Und üben, üben, üben …

g) Stellungswechsel

Eine Freundin von mir sagte im Interview: «Ich hab mein halbes Leben lang aus Faulheit oder Bequemlichkeit Selbstbefriedigung immer im Bett auf dem Rücken liegend gemacht. Bis ich eines Tages spontan vor dem Fernseher Hand anlegte, als ich ein erotisches Video sah. Da stellte ich fest, dass mein Orgasmus im Sitzen viel stärker ausfällt! Und wenn mein Freund mich so anfasst, geht es auch viel besser.»

Probieren auch Sie verschiedene Positionen durch. Möglicherweise dauert der Erstversuch länger als in Ihrer gewohnten Lage; aber Sie werden es selbst im Gefühl haben, was davon eine Wiederholung lohnt.

Hier eine Aufstellung der Grundpositionen mit Variablen:

- auf dem Rücken liegend,
- auf dem Bauch liegend,
- in Seitlage,
- Beine auseinander oder eng zusammen,
- Beine gestreckt oder angezogen,
- auf dem Rücken liegend mit den Beinen nach oben,
- auf dem Rücken oder Bauch liegend mit dem Kopf nach unten (über die Bettkante hängen!),
- auf allen vieren,
- auf den Knien, Oberkörper aufgerichtet oder abgesenkt,
- im Stehen (angelehnt oder frei stehend),
- in der Hocke,
- im Sitzen (den Rücken angelehnt oder auch nicht, die Beine herabhängend oder vor sich ausgestreckt oder im Schneidersitz)
- usw.

H) ÄUSSERE GEGEB[ENHEITEN]

Die Lieblingsorte für weiblichen Selfservice sind, klar, Bett und Bad. Testen Sie bitte mal die Wanne oder Dusche, falls Sie sonst eine reine Schlafzimmer-Täterin sind, und umgekehrt. Natürlich können Sie im Bett auch zunächst alle möglichen Positionen durchgehen, und erst wenn diese ausgereizt sind, an einen anderen Ort wechseln!

Andere Variationsmöglichkeiten sind u. a.:

- Zimmer stockdunkel, erhellt oder mit Kerzenlicht,
- nackt oder bekleidet (wie ist für Sie die Stimulation durch den Stoff hindurch?),
- mit Musik (oder anderen Hintergrundgeräuschen) oder ohne,
- auf dem Sofa, z. B. während Sie einen erotischen Film schauen,
- im Sessel, z. B. während Sie ein erotisches Buch lesen,
- am Fenster stehend oder sitzend,
- am Schreibtisch, z. B. während Sie erotische Sachen im Internet anschauen oder Ihre eigenen Phantasien aufschreiben,
- beim Telefonieren, z. B. mit Ihrem Lover,
- im Schneidersitz auf dem Boden, z. B. während Sie einen Katalog mit erotischer Wäsche betrachten,
- in einer fremden Toilette, einer Umkleidekabine, in der erotisierenden Wärme eines Solariums oder an einem andern Ort, wo Sie nicht erwischt werden können.

...ie das Gefühl Ihrer Hand, indem Sie etwas über ...en (z. B. Gummihandschuh, Noppenfingerling, ...tückchen Pelz o. Ä.).
- Oder nehmen Sie nicht die Finger, sondern etwas anderes: ein Gummipüppchen, ein Stofftier, einen Pinsel, einen Waschlappen, die Handbrause (oder den Kopf abschrauben und nur den Strahl nutzen) ...
- Oder nutzen Sie den kleinen Freund Ihres Freundes als Toy – das geht besonders gut mit dem schlaffen oder halb steifen Penis. Lassen Sie Ihren Partner zum Beispiel auf dem Rücken liegen und schwingen Sie sich auf ihn, oder er liegt auf der Seite und Sie so vor ihm, dass Sie zwischen Ihren Beinen durch nach seinem Lustspender greifen können.
- Reiben Sie den Kitzler oder Schamhügel an irgendetwas, z. B. an einem Kissen, an der Bett- oder Sofakante, am Waschbeckenrand o. Ä.
- Ziehen Sie etwas zwischen Ihren Beinen durch, z. B. einen Nylonstrumpf oder das Laken.
- Abwechslung bringen auch alle möglichen länglichen Gegenstände, um Füllung in die Scheide zu bringen: Finger, Kerze, Dildo, Wurzelgemüse ... (bitte keine scharfkantigen oder zerbrechlichen Sachen einführen!).
- Viele Frauen nehmen auch gern mal einen Vibrator – für außen oder innen, als alleiniges oder zusätzliches Stimulans (Tipps dazu in Kapitel 9).
- Testen Sie auch mal einen Minivibrator, den Sie in den Slip einfügen oder umschnallen können – zum Beispiel während der Hausarbeit oder wenn Sie unterwegs sind (achten Sie dabei darauf, dass Sie eine gewisse Geräuschkulisse umgibt – sonst kann man das Ding hören!).

Noch mehr Solosex-Anregungen finden Sie in folgenden Büchern:

- Rachel Swift, «Ich komme, wann ich will – Wege zum weiblichen Orgasmus» (Droemer)
- Betty Dodson, «Sex for One – Die Lust am eigenen Körper» (Goldmann)
- Wiebke und Axel Kunert, «Das Handbuch der Onanie». (Schwarzkopf & Schwarzkopf)
- Lonnie Barbach, «For yourself» (Ullstein)

ANIMALISCHES VERGNÜGEN

Dergleichen haben Sie sicher schon beobachtet, aber vielleicht nicht als Onanie interpretiert: Hundedamen, die am Boden langschleifen, Rüden, die sich an Ihrem Bein schubbern, Katzen, die sich mit Kissen vergnügen ...

Selfservice im Zoo oder in freier Wildbahn kriegt man da schon seltener zu Gesicht. Manche Tiere betätigen ihre Geschlechtsteile mit den Pfoten (auch bei Hunden schon gesehen!), stecken sie irgendwo hinein oder reiben sie an etwas. Affenweibchen beißen sich Stöcke zu Dildos zurecht, Elefantinnen zuzeln an ihren eigenen Zitzen, Delphine wurden dabei beobachtet, wie sie mit ihrem Genital an Unterwasserwaffen schubberten, Affenpaschas onanieren auch mal genüsslich im Kreise ihres versammelten Harems. Und was jedes Menschenmännchen sich heimlich wünscht, im Tierreich ist es möglich: mit dem Mund an den eigenen Samenspender zu kommen. Von Hyänen über Steinböcke bis hin zu Braunbären und Elefanten blasen die Viecher sich gern mal selbst einen.

Übrigens tun's auch im Tierreich die Männchen viel öfter als die Weibchen ...

J) Stoff für erregende Phantasien

Hier habe ich u. a. ein paar Buch- und Filmtipps zusammengestellt – ich erhebe keinerlei Anspruch auf Vollständigkeit und bin dankbar für Anregungen oder Änderungswünsche Ihrerseits!

Erotische Literatur

- Apollinaire, «Die Großtaten eines jungen Don Juan», «Die elftausend Ruten»; «Drei Töchter ihrer Mutter» (Sammelband) (Area)
- Christine Angot, «Inzest» (Fischer-TB)
- Nicholson Baker, «Vox» und «Die Fermate» (rororo)
- Catherine Breillat, «Ein Mädchen» (Kowalke)
- Charles Bukowski, «Das Liebesleben der Hyäne» (Kiepenheuer & Witsch)
- Robert O. Butler, «Sie flüstern» (Goldmann)
- Philippe Djian, «Schwarze Tage, weiße Nächte» und «Erogene Zone» (Diogenes)
- Almudena Grandes, «Lulu» (rororo)
- Nancy Friday, «Die sexuellen Phantasien der Frauen» (nicht mehr lieferbar, findet sich aber noch in Antiquariaten und Büchereien)
- Nancy Friday, «Befreiung zur Lust» (Goldmann)
- Hermann Kinder (Hg.), «Die klassische Sau» (Goldmann)
- Bettina Hesse (Hg.), «Geliebte Lust» (rororo)
- Linda Jaivin, «Haut und Haar» (Heyne)
- Henry Miller, «Opus Pistorum» (rororo)
- Catherine Millet, «Das sexuelle Leben der Catherine M.» (Goldmann)
- Mirabeau, «Der gelüftete Vorhang oder Lauras Erziehung» (insel-TB)

- Alfred de Musset, «Gamiani oder Zwei Nächte der Ausschweifung» (Heyne)
- Anaïs Nin, «Das Delta der Venus» (Fischer-TB)
- Pauline Réage, «Die Geschichte der O» (Herbig)
- Alicia Steimberg, «Amatista» (Eichborn)
- Jasmine Stone, «Annies Geheimnis» (rororo)

Erotische Bildbände

- Michelle Olley (Hg.), «Adonis» (Thunder's Mouth)
- Michelle Olley (Hg.), «Love Lust Desire» (Edition Skylight)
- Laura Minsky, «1000 Forbidden Pictures» (Taschen)
- Charlotte March, «Mann, oh Mann!» (SWAN/ Kehl)
- Alexandre Dupouy, «Scènes d'Interieur» und «Scènes libertine» (Konkursbuch Verlag)

Erotische Spielfilme

- Baise-moi (2000)
- Gefährliche Liebschaften (1998)
- Das Piano (1992)
- Der Liebhaber (1991)
- Der letzte Tango in Paris (1972)
- Henry und June (1990)
- Untreu – ein Meer voller Lügen (1997)
- Intimacy (2001)

Pornos

Ein paar Produzent(inn)en stellen Filme her, die nicht ganz den abschreckenden männlichen Standards entsprechen und teilweise auch Frauen gefallen ...

- **Candida Royalle,** ehemalige Porno-Actrice, wechselte hinter die Kamera und gilt für viele Szene-Kennerinnen als die beste Frauenporno-Macherin der Welt. Ihre Filme erfüllen weiblich-ästhetische Ansprüche einigermaßen, haben Handlung und nette Settings und verzichten auf das übliche mechanische Endlos-Gerammle. Viele ihrer Produktionen wurden ausgezeichnet, etwa «Christine's Secret», «Sensual Escapes», «Three Daughters». Querschnitt durch 14 ihrer Filme: «Candida's Choice». Alle zu bestellen z. B. bei «Sexclusivitäten», Tel. 030/6936666.
- **Jenna Jameson,** mehrfach prämierte Sexdarstellerin, produziert ihre eigenen Streifen mit sich selbst in der Hauptrolle. Die sind zwar für Männer gemacht, aber dank der sehr hübschen Jenna, ihren hohen Ansprüchen und ein bisschen Handlung sicherlich auch für einige Frauen antörnend.
- **Sarah Young:** Von dem berühmten Pornostar gibt's zwar viel Schmuddelkram, aber auch einige Videos mit Handlung und phantasievollem Drumherum. Einfach mal schauen, was der Videoladen hergibt! Oder gleich in einen der Sarah-Young-Shops gehen.
- **Petra Joy** macht Sex-Videos für Frauen: sehr ästhetisch, authentisch, «Art-core» statt Hardcore. Statt der üblichen Pornodarsteller gibt's echte Liebespaare und respektvollen Umgang mit Frauen zu sehen. DVD «Sexual Sushi»: bei Beate Uhse.
- **Andrew Blake** produziert Hochglanz-Pornos mit wirklich schönen Darsteller(inn)en in schönem Ambiente; Handlung gibt's nicht allzu viel, aber wer gern Frauen in lesbischer Sex-Action sieht, guckt hier richtig.
- Einzelne Videos und DVDs: «Der Duft der Liebe», «Decadence Extreme», «Constanze» – zu bestellen bei «Inside Her», Tel. 069/295100.
«Die Geschichte der O»: Neuverfilmung des berühmten Romans, erhältlich als fünfteilige DVD bei Beate Uhse.

INTERNET-ADRESSEN

Hier kann ich leider am wenigsten garantieren, dass der Inhalt Ihnen gefällt, weil sich im Internet die Dinge so schnell ändern können. Aber Schauen kostet ja nix ...

www.das-erotische-sekretariat.de
www.erozuna.de
www.eva-et-adam.de
www.petrajoy.com
www.sexualpositionsfree.com
www.sexclusivitaeten.de/darlinks/darlinks.html
www.marterpfahlverlag.com
www.lycos.de/life/gesundheit/sex-beratung
www.erotische-literatur.de
www.frauenerotik.de

Kapitel 8
Orgasmustechniken

In diesem Kapitel zeige ich Ihnen Stellungen und Praktiken, die dem Orgasmus auf die Sprünge helfen können – KÖNNEN! Einiges davon wird Ihnen nützen, anderes weniger. Versuchen Sie also nicht, etwas zu erzwingen. Aber probieren Sie's auf jeden Fall aus, und zwar am besten mehrmals – denn manchmal reagieren unser Körper und unsere Sinne auf etwas besser und manchmal nicht so gut.

a) Stellungen

«Super-Orgasmus-Stellungen», «Positionen mit Höhepunkt-Garantie», «Geheimtipps für 100 Prozent Befriedigung»: Solche oder ähnliche Schlagzeilen finden sich immer wieder in Zeitschriften und auf Internetseiten. Manche Artikel zeigen auch eine Reihe Positionen und verteilen «Orgasmus-Punkte» oder so etwas, je nachdem, wie «Orgasmus-sicher» eine Stellung ist. Selbst im Fernsehen wurde solcher Quatsch schon öfter verbreitet. Quatsch deshalb, weil diese Texte suggerieren, dass man einfach nur bestimmte Stellungen einnehmen muss, und schon landet jede «normale» Frau im siebten Himmel. Dann wieder werden G-Punkt-Stellungen angepriesen, als wären sie der einzige Schlüssel zum Glück. Dabei kann eine Frau von Glück sagen, wenn sie überhaupt ein G-Dingsda hat!

Im Klartext: Es gibt nicht DIE Stellung. Natürlich kann man sagen, dass zum Beispiel mehr Frauen beim Reiten kommen als im

Stehen. Aber damit ist noch lange nicht gesagt, dass potenziell *alle* Frauen beim Reiten kommen können. Das stimmt nämlich keineswegs. Zumal – und das habe ich ja nun oft genug erwähnt – die Mehrzahl gar nicht durch bloßen Verkehr abhebt. Oder es funktioniert nicht, weil Ihr Partner nicht lang genug durchhält oder sich nicht genug auf Sie einstellt; oder sein Penis nicht das nötige Format hat, nicht dick genug, nicht lang genug oder in die falsche Richtung gebogen ist.

Andererseits kann frau ja nicht wissen, ob sie nicht doch koital kommen kann, bevor sie nicht möglichst viele Stellungen durchprobiert hat. Deshalb zeige ich Ihnen in diesem Kapitel alle Grundpositionen und etliche Variationen. Oft entscheidet ja schon eine kleine Veränderung über top oder Flop; also ob Sie Ihre Beine gestreckt oder angewinkelt, zusammen oder geöffnet haben; ob Ihr Oberkörper waagerecht oder senkrecht ist; ob Ihr Liebhaber tief oder flach eindringt, gerade oder schräg usw. Also lohnt sich auch hier, zu experimentieren.

Außerdem sind etliche Stellungen dabei, bei denen Sie oder Ihr Lover zusätzlich Hand an Ihren Magic Spot legen können – was Ihre Chance auf Befriedigung enorm erhöht!

Ach ja, und noch etwas: Falls der Mann dauernd die Stellung wechselt oder auf andere Art eine Riesen-Hektik im Bett veranstaltet, ist bei fast allen Frauen Essig mit Orgasmus. Ebenso, wenn es unbequem ist – das betrifft sowohl die Stellung als auch den Tatort. Sex in gebückter Haltung hinter einem Gebüsch kann zwar aufregend sein, bringt die weibliche Täterin aber selten ins Ziel. Der orgasmusfreundlichste Ort ist und bleibt das Bett.

1) Die Missionarsstellung

Dieser gute alte Klassiker ist etwas verpönt. Weil er so spießig und «normal» ist. Weil Männer ihn anstrengend finden (stundenlanges Liegestützen!). Weil er angeblich nicht optimal für den weiblichen Orgasmus ist und überhaupt für beide zu wenig Reibungsreiz bringt (Technikfrage!).

Trotzdem ist das «Er-oben-sie-unten»-Prinzip bei 96 Prozent der Deutschen zumindest gelegentlich Teil des Aktes und bei über 50 Prozent stets. Und in Umfragen zur weiblichen Lieblingsstellung sackt der Missionar immer die meisten Punkte ein. Klar: Man kann sich in die Augen gucken und hat viel Hautkontakt (das ist «Liebe machen»!); zudem können wir Frauen einer geschätzten Beschäftigung nachgehen: passiv herumliegen und ihn ackern lassen. Genau das lässt nämlich die entspannte Hingabe aufkommen, die so viele von uns zum Höhepunkt brauchen und in der wir unser Empfinden voll auf seine Machenschaften richten können (vorausgesetzt, wir haben einen Liebhaber, der nicht wie ein nasser Sack auf uns liegt). Und Männer schätzen den Missionar mehr, als sie vorgeben, können sie dabei doch Stoßtempo, -richtung und -intensität vorgeben und somit auch im Bett das Ruder in der Hand halten.

Der VW Golf unter den Stellungen muss auch nicht langweilig sein. Schauen Sie, wie wandlungsfähig er ist ...

1a) «Missionar Standard»

Sie liegt flach da, die Füße auf dem Bett, die Beine leicht gespreizt und eventuell etwas angewinkelt. Was der Mann macht, ist klar.

Er ist zwar vielleicht nicht so begeistert, weil er nur so weit reinkommt, wie ihre Beine es zulassen (im Normalfall also selten bis zum Anschlag), jedoch für uns Frauen kann genau das von Vorteil sein: Erstens geht's nicht so leicht rein-raus wie bei anderen Stellungen und unser Scheideneingang erfährt mehr Stimulierung. Zweitens tut's bei langen Penissen weniger weh. Weitere Pluspunkte habe ich oben genannt: Der Missionar fördert die Verbundenheit und die Hingabe.

Lustvariante: Er setzt sich auf seine Fersen, und zwar zwischen ihre gespreizten Beine; dann hebt er ihr Becken auf seinen Schoß und dringt ein.

1b) «CAT»
Er rutscht im Missionar-Standard ein Stück hoch, sodass seine Beckenknochen oberhalb der ihren sind und er mehr von oben eindringt – sein Penis sitzt dann ein wenig schräg in der Scheide. Die Unterleiber bleiben in ständigem engem Kontakt und bewegen sich nur so weit, dass sein Penisschaft den Kitzler immer mitstimuliert. Er stößt nicht, sondern führt eine flache, wiegende Bewegung aus.

Die «Coital Alignment Technique» (Koitus-Ausrichtungs-Technik) wurde vor einigen Jahren in den USA als Superorgasmus-Technik hochgejubelt. Bei einigen funktioniert sie ja auch. Für andere ist der Druck auf die Klit zu unpräzise und zu stark. Einen Versuch ist es allemal wert. Er muss nur drauf achten, dass er im missionarischen Eifer nicht unversehens in den Standard verfällt, und sie sollte seine Hüften so dirigieren, dass sich der für sie genehmste Eintrittswinkel ergibt. Gleichwohl, dem Manne schmeckt CAT nicht so, weil er sich dabei nicht gehen lassen kann. Nur: Wer fragt ihn schon?

Lustvariante: Indem er seine Füße gegen das Bettende oder eine Wand stützt, kann er noch exakteren Kontakt zu Ihrer Klitoris halten.

1c) «Missionar Beine hoch»
Sie zieht die Knie etwas an und hat die Füße oben oder umschließt den Mann mit ihren Beinen. Je höher und geöffneter ihre Schenkel, desto tiefer gelangt er; hier liegen zu kurz Gekommene richtig.

Das ist mal einer, den Männer eher schätzen, weil sie dabei weit vordringen und wühlen dürfen. Und uns kann das ein schönes Gefühl des Genommenwerdens oder Verschmelzens geben.

Lustvariante: Wenn Sie die Knie nah an den Busen ziehen, verstärkt sich der Druck des Penis in der Scheide – für einige Frauen sicher ein Antörner.

Koitus-Orgasmus oder «Kommen durch Kopulieren»: Wie geht das?

Ich betitle diesen Abschnitt nicht mit «Vaginaler Orgasmus», weil er oft nicht über die Vagina entsteht, sondern über eine direkte oder indirekte Reizung der Klitoris oder anderer Zonen, etwa des Harnröhreneingangs.

Sehr viele der Höhepunkte durch reinen Verkehr kommen zustande, indem der Schaft direkt auf die Klit drückt oder indem die Schamlippen bzw. der Venushügel in Bewegung geraten, und diese strahlt auch auf den Kitzler aus. Aber dazu muss er erregbar genug sein. Vulven fallen ja sehr unterschiedlich aus, vor allem in Größe und Gestalt der eben erwähnten Kleinteile. Und möglicherweise tragen nur manche dieser Formen dazu bei, dass ein Koitus-Orgasmus zustande kommt. Bestimmte Stellungen können das unterstützen, oder auch ein dicker Phallus, weil der mehr Bewegung und Druck bringt – aber eben nur bei einem Teil der Frauen. Einige haben auch eine reizempfängliche G-Zone, die auf starke zielgenaue Stöße reagiert – bei der Mehrzahl geht das bedauerlicherweise nicht bzw. geht es bei manchen Penisformen nicht. Drum liegt die Ursache viel öfter im Anatomischen als im Psychischen.

1d) «Schere»

Bei dieser Position hat er einen Schenkel zwischen den ihren bzw. sie zwischen den seinen – kommt aufs Gleiche raus.

Die Schere ist für den Mann gleich viel spannender – im wahrsten Sinne des Wortes, weil der zwischengeklemmte Schenkel die Reibung erhöht, was auch bei der Frau einen reizvollen Druck auf die seitliche Scheide ausübt (ausreichende Feuchte vorausgesetzt). Aber: Falls sein erigiertes Teil nach links oder rechts gekrümmt ist, muss man ausprobieren, welches Bein man zwischenklemmen soll, weil sich im ungünstigen Falle die Empfindung einstellt, gleich durchbreche der Ständer die Vaginalwand.

Lustvariante: Erproben Sie, ob's für Sie lustvoller wird, wenn er ein Knie nach vorne nimmt.

1e) «Klemmi»

Hierbei bildet man zunächst eine Schere (s. o.), dann nimmt sie auch ihr anderes Bein nach innen, sodass der Penis fest zwischen ihren Schenkeln eingeklemmt ist.

Vieler Männer Lieblingsmissionar, weil die Frau dabei die Scheidenweite einer 15-jährigen Jungfrau gewinnt – was leider den Nachteil hat, dass dadurch oft schnell endet, was so schön begonnen. Denn auch für sie ist die Klemmerei sehr nett, weil sein Zauberstab sich da so schön dick anfühlt und sie viel von ihm spürt. (Achtung! Zu lange Anwendung beschert Wundheit!) Wenn er mit dem Becken etwas nach oben rutscht (wie bei CAT), gibt das mächtig Druck auf unseren Hot Spot, was viele Frauen zum Kommen bringt, gesetzt den Fall, er hält lang genug durch und hat die passenden Ausmaße. Eignet sich nämlich wenig für Kurzbestückte (rutschen raus), aber hervorragend für Jungs mit 'nem längeren Dünnen.

1f) «Missionar erhoben»

Das Becken der Frau liegt erhoben, und zwar auf mindestens zwei Kissen oder einem Polster; oder noch besser: Sie legt ihren Po auf die Bettkante, er kniet auf dem Boden zwischen ihren Beinen. Tipp: weiche Unterlage (Decke o. Ä.) unter seine Knie!

Das soll dafür sorgen, dass der weibliche G-Punkt besser stimuliert wird. Sie meinen, Sie haben keinen? Wie auch immer – je höher Ihr Unterleib, desto mehr Auslauf hat Ihr Lover und kann mächtig Dampf machen oder auch nur mit seiner Eichel am Eingang herumspielen. Und für ihn ist es weniger anstrengend, weil er dabei knien kann und sich nicht so sehr abstützen muss. Großer Vorteil: Wenn er den Oberkörper aufrichtet, kann er zusätzlich per Finger die Klitoris stimulieren.

Lustvariante: Manche Männer packen bei dieser Stellung Ihre Beine und nehmen sie hoch (erhöht den Dampframmen-Effekt); gefällt Ihnen das nicht, haben Sie vielleicht mehr Spaß, wenn Sie dabei geerdet bleiben dürfen, sprich, die Füße auf dem Boden haben.

1g) «Auster»

Sie hat ihre Füße auf seinen Schultern und die Beine (fast) gestreckt. Er kniet und hält ihre Hüften, Schenkel oder Knöchel.

Männer lieben die Auster, denn sie kombiniert 1) den Augenkontakt des Missionars mit 2) dem obszönen «Von hinten» und 3) dem völligem Besitzergreifen von der Bettgefährtin: Man kann bis zum Anschlag in ihr versinken, denn sie ist gespreizt-gefangen. Genau das sorgt eher für weibliche Abneigung: Wir können uns kaum rühren, allzu leicht kommt ein Gefühl auf, als wolle er unsere Eingeweide aufspießen, und in den Schenkelrückseiten zieht's mächtig wegen Überdehnung.

Es soll Frauen geben, denen diese peinvolle Position tatsächlich einen Orgasmus verschafft, und zwar den seltenen Exemplaren mit dem ominösen «AFE»-Punkt. Der liegt angeblich sehr tief in der Scheide.

Wenn überhaupt, mögen die meisten Frauen die Auster nur in großer Erregung – denn dann «streckt» sich die Vagina. Geeignet also mehr als Intermezzo gegen Ende des Koitus. Und bitte bei Blähungen vermeiden.

Lustvarianten: «Auster light» – sie zieht die Knie zum Busen, legt aber die Füße nicht auf seine Schultern, sondern stemmt sie gegen seine Brust (so kann sie die Tiefe seines Eindringens dirigieren) oder lässt sie einfach seitlich davon locker hängen. Oder «Bambusspalten», die frauenfreundlichere Form der Auster: ein Bein oben und das andere unten lassen.

Ein Wort an die Männer: Stossarten

So ein Penis ist ein wunderbares Spiel- und Werkzeug – ein Jammer, dass viele seiner Träger ihn nur zu simplem Rein-raus einsetzen. Das ist, als würde man einen edlen PC mit allen Schikanen bloß für Geschäftsbriefe nutzen. Männer, die virtuos mit ihrem Gerät umgehen, können eine Frau nicht nur dazu bringen, süchtig danach zu werden, sondern auch ihre Gipfelchancen vergrößern.

Aber es erfordert Willen und Körperbeherrschung, seinen geilen kleinen Freund im Zaum zu halten – und seine «natürlichen» oder auch animalischen Triebe. Die nämlich geben dem verkehrenden Manne ein: geradeaus reinstecken, vor- und zurückbewegen, kommen. Sprich die Grundform, die alle draufhaben, und manche leider *nur* die! Klar ist das der einfachste und direkteste Weg zum Orgasmus (zu seinem). Aber wenn Sie den Weg des geringsten Widerstandes wählen, spüren wir Mädels genau deshalb oft zu wenig: Da geben Techniken, die in/an der Frau viel Bewegung und Reibung erzeugen, mehr her.

Der «Standardstoß» eignet sich am besten für die Verkehrseinleitung, um die Hauptstraße vorzubereiten auf das, was noch kommen mag. Aber bitte sachte! Heftiges Hämmern sollten Sie sich eher für kurz vorm Abheben aufheben. Zwar gibt es anscheinend Frauen, die immer nur die Dampframme wollen; doch die Mehrzahl bevorzugt einen raffinierteren Einsatz des männlichen Freudenspenders: von gaaaanz langsam und gefühlig bis heftig-deftig.

Insofern ist Feeling gefragt, was der Dame allgemein und in diesem Augenblick gefallen könnte. Also bitte kein Stellungswechsel, wenn sie gerade in den höchsten Tönen jubiliert, sondern genau dann Gas geben, wenn sie signalisiert, dass sie mehr PS braucht.

Wussten Sie eigentlich, dass unsere rosa Grotte nur um den Eingang bzw. an den ersten paar Zentimetern schön reizempfänglich ist und der Rest der Röhre nur wenig Nerven hat? (Außer bei der Hand voll

Mädels mit funktionierendem G-Punkt.) Deshalb ist der Moment des Eindringens einer der schönsten im Akt, und es törnt sehr an, wenn der Mann sein Teil ganz herauszieht, um gleich wieder einzutauchen und so weiter, sanft oder kräftig, je nach Grad der Leidenschaft[14]. Und deshalb bewirkt ein Penis, der *schräg agiert* (von oben/unten/der Seite), mehr als einer, der ganz gerade eindringt.

Probieren Sie auch mal die Kamasutra-Variante namens «Buttern»: Sie rühren mit Ihrem Quirl kräftig im dafür vorgesehenen Gefäß herum – das geht besonders gut, indem Sie ihn am Schaft halten und führen. Allerdings sollte dazu die Gefäß-Inhaberin schon deutlich angeheizt sein – wenn nicht, wird sie sich fragen, ob Sie da unten Schaum schlagen wollen; im positiven Falle jedoch können Sie schon mal was zur Schalldämmung ihrer Lustschreie bereitlegen. Prima sind auch Stellungen, die ermöglichen, dass Sie mit dem Penis an ihrer Pforte rumspielen können, wie diese: Ihr Becken liegt auf dem Bettrand, und Sie knien zwischen ihren Beinen. Oder Sie lassen ihn flach über ihre Kleinodien gleiten (mit Hilfe der Hand oder ohne), rhythmisch, zart und gut befeuchtet – hmmm! Oder Sie schieben ihn von hinten zwischen ihren zusammengenommenen Schenkeln durch und reiben damit ihren Lustknopf (am besten mit dick Gleitmittel!), was für beide eine erotische Genitalmassage ergibt.

2) Reiterstellung

Der Männer liebste Stellung ist «Frau oben». Doch obwohl sie die höchste weibliche Orgasmus-Quote beschert[15], belegt sie bei den Frauen insgesamt nur Platz 2. Warum? Drei Pferdefüße halten Reiterinnen von genussvoller Hingabe ab: Erstens, es ist anstren-

---

[14] Nur allzu lang sollte mann das nicht machen: Erstens wird die Scheide oft zu trocken, weil der Penis zu viel an der Luft ist, zweitens pumpt er ebendiese hinein, die dann irgendwann geräuschvoll wieder entweicht – Erotikkiller!

[15] Von den Frauen, die gern reiten, schafft's knapp jede dritte damit übern Berg.

gend, kann sogar zu Schenkelschwäche und Wadenkrämpfen führen. Zweitens sein freier Blick auf Busen und Bauch, die in dieser Lage vielleicht nicht in Bestform sind. Drittens: Ist sein Glied recht lang, stößt es peinvoll gegen ihren Muttermund; ist es eher kurz oder nicht ganz hart, glitscht es raus und/oder knickt ab. Lästig!

2a) «Reiterin Standard»

Er liegt gestreckt auf dem Rücken, sie kniet über ihm oder sitzt so auf ihm, dass sie ihre Füße etwa in Höhe seiner Rippen ablegen kann, oder geht über ihm in die Hocke (dafür empfiehlt sich eine feste Unterlage). Je nachdem verändert sich der Winkel der Scheide – also alles testen!

Vorteil: Er hält durch seine entspannte Lage länger durch, sie kann sich alles so zurechtruckeln, wie sie's braucht: Bleibt sie gerade oder lehnt sie sich nach hinten, kriegt der G-Punkt eine Chance; lehnt sie sich nach vorn, reibt ihre Klitoris an seinem Schambein. Letzteres ist für viele auch deshalb eine gute Orgasmusstellung, weil das weiche Gewebe rund um die Klit dabei nach unten sackt und daher stärker durch die Verkehrsbewegungen mitstimuliert wird. Viele Frauen schaffen den O am besten durch sanftes Wiegen – dazu muss er aber stillhalten. Andere schaffen's, indem er ihre Hüften packt und sie rhythmisch rüttelt.

Nachteil: Es ist oft kaum aufregender als Masturbieren. Sie macht sich's ja praktisch selbst. Berührung durch jemand anders fühlt sich einfach besser an als Eigenberührung; das Gleiche gilt für sexuelle Stimulation und Stöße. Deshalb mögen es viele Frauen, wenn zunächst ihr Lover die Verkehrsleitung innehat – ins Ziel galoppieren dann sie.

Wenn Ihr Kerl von Anfang bis Ende auf dem Rücken liegen und die schöne Aussicht genießen will, soll er sich zumindest einen Heimvorteil zunutze machen: Er hat ja Muße sowie die Hände frei, um Ihre Hot Spots zu streicheln oder auch seinen Mund an Ihre Brust zu legen.

Lustvariante: Er winkelt seine Knie an, sie lehnt sich nach vorn, stützt sich ab, hakt ihre Füße an seinen Schienbeinen ein. Mit kleinen Bewegungen seiner Hände, Hüften oder Beine lässt er sie vibrieren.

2b) «Amazone»

Ausgefuchste Cowgirls sitzen auch mal umgekehrt im Sattel – mit dem Rücken zum Partner. Spielarten: siehe 2a!

Die Amazone ist prima für Frauen, die gern reiten, aber «richtig rum» Hemmungen haben: weil sie sich selbst anfassen wollen, weil der Busen zu sehr baumelt oder die Bauchfalten wackeln ... Und prima für Frauen, denen seine Hände am Po noch einen Extra-Kick geben.

Allerdings geht die Amazone noch mehr als die Reiterin in Richtung «Ich besorg's mir mit einer männlichen Sexpuppe». Sie zuckelt allein vor sich hin, schaut seine Füße an oder macht gleich die Augen zu; schade, denn seine Lust zu sehen, kann auch frau antörnen.

Lustvariante: Sie legt sich flach auf ihn, sodass ihr Rücken auf seiner Brust und seinem Bauch und ihre Schenkel auf den seinen ruhen. Er ergreift ihre Hüften und gibt den Takt an.

3) Von hinten

Geil, animalisch, einfach «Vögeln pur»: Das finden Männlein wie auch Weiblein. Und genau deswegen haben die Braveren ein Problem damit. Allerdings finden es selbst wildere Mädels etwas derb, den Akt damit einzuleiten – es sei denn, sie wollen ihren Beischläfer genauso wenig sehen wie er sie. Tipp: Wer's inniger und persönlicher gestalten will, macht's wegen des Blickkontakts vor einem großen Spiegel.

Übrigens: Alle Stellungen von hinten sind G-Punkt-freundlich; aber da dieser «Wunderspot» längst nicht bei allen Frauen funktioniert und der Hund den Kitzler nicht kitzelt (es sei denn, Mann legt Hand an), kommt nur etwa jede Sechste a tergo.

3a) «Hundestellung»

Muss ich die erklären? Das ist die, wo die Frau kniet und sich vorne auf den Ellenbogen oder Händen abstützt und der Mann sie von hinten beglückt. Geht im Stehen ebenfalls ... Testen Sie auch, ob es für Sie besser ist, die Beine zusammen- oder auseinander zu nehmen.

Wie schon bei der «Reiterin» erwähnt, ist ein Fremdreiz aufregender als einer, den man an sich selbst erzeugt; und das Element des Unerwarteten wird hier noch verstärkt, weil sie nichts sieht. Er kann es zusätzlich steigern, indem er wechselt zwischen Herumspielen und Hardcore. Sie ist ihm ausgeliefert ...

Wird allerdings der «Hundling» zum Rammler, kann ihr das inwändig ebenso wehtun wie die «Auster». Deshalb der Rat auch hier: erst hämmern, wenn sie heiß ist. Dann ist sie weniger empfindlich und ihre Scheide größer.

Lustvarianten: Sie stützt sich nicht auf den Händen ab, sondern senkt Kopf und Arme aufs Bett. Das ermöglicht ihm ein noch tieferes Vordringen und ihr, den eigenen Lustknopf zu betätigen oder zur Tiefenkontrolle seinen Schaft zu umfassen.

Oder beide richten den Oberkörper auf und halten sich an etwas fest, z. B. an der Stirnseite des Bettes oder der Sofalehne.

3b) «Eidechse»

Sie liegt flach auf dem Bauch und er auf ihr; zum Eindringen muss sie wahrscheinlich das Becken etwas anheben oder die Beine auseinander nehmen. Wenn er seine Schenkel auf den ihren ablegt, sollte er behutsam agieren. Er kann aber auch schmal zwischen ihren Beinen knien oder breit außerhalb davon.

Manchmal fühlt es sich gut an, das Gewicht des Mannes auf sich zu spüren; er bedeckt sie mit seinem Körper, warm und geborgen – und das in Verbindung mit dem eindringlichen Pfahl zwischen ihren Hinterbacken ... sehr nett!

Allerdings er in voller Länge auf ihr liegend und verkehrend, das geht nur mit längerem Penis oder, um Herausrutschen zu vermeiden, mit ganz kleinen Stößen. Die wiederum stimulieren allerliebst ihre Pforte. Alternativ kann er sich abstützen, damit sie den Po nach oben recken kann. Das ist nicht nur für ihn sexy – aber leider schmerzt nach kurzer Zeit ihr Rücken! Stützhilfe bietet ein dickes Kissen oder Polster unter ihrem Becken.

Die Eidechse heizt an, aber für den Big O wird der G-Punkt nicht kräftig genug getroffen. Andererseits kriegt auch die Klitoris was ab. Falls diese Zweifachreizung nicht zum Gipfel führt, eignet sie sich gut fürs Mittelfeld des Aktes.

Lustvariante: Positionieren Sie sich so auf dem Rand des Bettes, dass Sie Ihren Oberkörper Richtung Boden absenken können – entlastet den Rücken und erleichtert das Kommen.

G-Punkt: Gibt's den überhaupt?

Ja, es gibt ihn, aber meist ist es eher ein Bereich als ein Punkt. Er befindet sich an der Vorderwand der Scheide, aber die Höhe hängt davon ab, welche Art von G-Zone Sie haben. Es gibt nämlich mindestens drei verschiedene Arten (und lange nicht jede Frau kann irgendeine davon verzeichnen):

1) Der G-Punkt, der nach seinem (Er-)Finder Dr. Gräfenberg benannt wurde, liegt ca. 5–6 cm oberhalb des Scheideneingangs. Und zwar genau dort, wo neben der Vagina die Harnröhre in die Blase mündet. An dieser Stelle macht die Harnröhre einen kleinen Knick, und da deren Gewebe bei Erregung genauso anschwillt wie die Genitalien, ist der Knick durch die Scheide hindurch tastbar: eine fingernagelgroße Erhebung. Diese Stelle ist bei ca. 8 % Frauen sehr reizempfänglich; möglicherweise trägt auch die Erschütterung der Blase zur Erregung bei. Kräftige Stimulation löst anfangs Harndrang aus. Beim Orgasmus geht oft ein bisschen Urin ab.

2) Eine Art Mini-Prostata. Lage: 3–6 cm oberhalb des Scheideneingangs. Beim Mann ist die Prostata eine sehr erogene Zone, die

durch feste und gezielte Reizung heftige Höhepunkte auslösen kann. Die Prostata mündet in die Harnröhre und trägt eine farb- und geruchlose Flüssigkeit zum Sperma bei – ja, genau so eine Flüssigkeit wie bei der weiblichen Ejakulation. Manche Frauen haben Reste dieser männlichen Anlagen[16] – die eine mehr, die andere weniger. Daher auch die beträchtlichen Unterschiede in der Menge des weiblichen Ejakulats[17]. Die weibliche Prostata, so denn vorhanden, kann teils durch die Scheide hindurch angestupst werden.

3) Größere reizbare Bereiche an der Scheidenfront oder auch Zonen, die weder dem Blaseneingang noch einer Art Prostata zuzuordnen sind. Verantwortlich für die Reizbarkeit sind vermutlich Ausläufer der Klitoris. Die hat nämlich innere Fortsätze, die – wie kann's auch anders sein? – von Frau zu Frau unterschiedliche Längen und Lagen haben. Sie können bis zu 9 cm lang werden, und wenn Sie Glück haben, sind die Ihren nicht nur lang, sondern schmiegen sich auch noch direkt an die Scheide. Die Fortsätze der Klit schwellen, wie so vieles, bei Erregung an und funktionieren nur dann.

4) Seitenlage

Dieses Verkehrsmittel ergibt sich oft zufällig: Man liegt einander gegenüber oder hintereinander und verbindet sich mal eben, weil sich's grade so anbietet.

Auf die Beschreibung von «seitlich face to face» verzichte ich hier, weil mir noch nie von einer Frau berichtet wurde, die damit

---

16 Dies ist in Kap. 1 ausführlicher beschrieben.
17 Von ein paar Tropfen bis zu mehreren Esslöffeln!

besonders leicht käme; vielleicht sind die Beine bzw. Knie einander zu sehr im Weg, und der genitale Kontakt ist ungenügend.

4a) «Löffelchen»

Diese Position kennen wir alle, oder? Er schmiegt sich von hinten eng an sie. Eventuell muss er sie ein wenig dirigieren, um hineinzukommen, oder sie muss das obere Bein etwas anheben.

Optimal für Schwangere sowie für Frauen, die «von hinten» mögen, das Ganze aber etwas intimer wollen. Und die viel Zeit brauchen. Löffeln verbindet Kuscheln mit viel Hautkontakt und softem Sex. Weil die Lage seine Bewegungsfreiheit einschränkt, ist sein Stoßen mehr ein Streichen, das lässt sich beiderseits lange aushalten ... Der Höhepunkt kommt weniger durch den Verkehr selbst als durch seine manuelle Zuwendung. Zum Beispiel indem er mit der flachen Hand ihren Hügel massiert – unbedingt testen!

Lustvariante: Sie liegt auf der Seite, er kniet halb hinter ihr und dringt so ein.

4b) «Brücke»

Er liegt in stabiler Seitenlage mit etwas angezogenen Knien und sie direkt vor ihm auf dem Rücken, ihre Beine über seinen oberen Schenkel geschwungen, sodass sie andocken kann.

Das ist eine der besten Stellungen, um einen Orgasmus zu erleben, während er in Ihnen ist. Kitzler, Brüste, Mund, alles schön in Reichweite – noch schöner, wenn er reichlich Gebrauch davon macht.

Lustvariante: Gehen Sie in die Brücke und strecken Sie den Schenkel, der näher in Richtung seiner Füße ist, zwischen den seinen durch. Das kann zwar etwas klemmen, aber: So können Sie sein Bein ergreifen und sich hervorragend daran reiben.

Kann frau es selbst steuern, dass er weniger schnell kommt?

- Sie können ihn zu mehr Langsamkeit anhalten.
- Reiten Sie ihn und bestimmen Sie selbst den Rhythmus.
- Mindern Sie die Reibung, indem Sie Gleitmittel einbeziehen und/oder Ihre Beine weit öffnen und Ihre Vaginalmuskulatur bewusst locker lassen (siehe auch «Weichmacher», S. 240!).
- Ich habe festgestellt, dass Männer länger durchhalten, wenn man ihnen während des Beischlafs etwas zu tun gibt – also sie zum Beispiel bittet, die Klitoris zu streicheln oder den Busen zu küssen (oder beides). Das geht besonders gut in seitlichen Stellungen – und in denen wird er auch nicht so stark gereizt.

5) Sex im Sitzen

Okay, man kann's nicht unter der warmen Decke machen, muss sogar oft aus dem Bett heraus. Doch der Grund, das aufrechte Sitzen, macht wiederum grade den Vorteil aus: Es ist super für Nummern außerhalb des Schlafzimmers. Dafür lassen sich alle möglichen Sitzgelegenheiten zweckentfremden: Sessel, Schaukelstühle, Toiletten, ein Badewannenrand, Treppenstufen, Parkbänke, Hocker in Umkleiden, Fitnessbänke, Sitze in öffentlichen Verkehrsmitteln oder im Kino … Klar geht's auch im Bett: siehe 5a und 5b.

5a) «Sitzsex klassisch»

Er sitzt (auf dem Bett mit ausgestreckten Beinen oder auf seinen Fersen, auf einem Stuhl o. Ä.), am besten mit angelehntem Rücken, und sie setzt sich auf ihn drauf – ihm zugewandt oder auch nicht.

Ist ja im Prinzip ganz ähnlich wie die Reiterstellung, nur dass es hier noch mehr Körperkontakt gibt und er sich durch seine aufrechte Haltung mit Händen und Mund noch besser einbringen kann!

Lustvariante: Beim «Lotus-Ritt» sitzt er auf seinen Fersen, sie kniet sich so vor ihn hin, dass ihr Rücken zu ihm zeigt und einer ihrer Unterschenkel zwischen seinen Beinen ist. Dann lässt sie sich auf seinem Penis nieder und bewegt sich. Wenn sie sich nach vorn neigt, kann sie ihre Scham an seinem Schenkel reiben.

5b) «Welle der Glückseligkeit»

… auch Yab-Yum-Stellung genannt: Man sitzt Brust an Brust, verbindet die Genitalien und verschlingt die Beine hinter dem Rücken des anderen (er kann auch in den Schneidersitz gehen).

Lässt nur mäßiges Geschaukle zu, aber ist schön für Paare, die gern Sex mit viel Seele haben und sich gerne dabei in die Augen schauen, sich küssen, sich umarmen … oder sogar einen tantrischen Orgasmus versuchen wollen (siehe Kapitel 10).

Lustvariante: Sie dreht ihm den Rücken zu und begibt sich auf seinen Schoß. Super Ausgangslange für ihn, um herzhaft zuzulangen und/oder sie in den Nacken zu beißen. Oder er greift um sie herum, legt seine Hand auf ihren Venusberg und lässt Finger sprechen.

5c) «Sofa-Schaukel»

Er sitzt bequem angelehnt auf der Couch, sie setzt sich seitlich auf seinen Schoß und lässt ihn eindringen. Nun lehnt sie sich etwas zurück und zieht die Knie leicht an, er legt einen Arm an ihren Rücken, einen unter ihre Knie, als ob er sie tragen würde. So kann er sie auf seinem Stab sanft auf und ab wiegen.

Hier muss die Frau komplett passiv sein und sich seinen starken Armen überlassen – wie eine Braut, die über die Schwelle getragen wird. Reizvoll und romantisch!

Lustvariante: Er sitzt in derselben Grundposition, Sie begeben sich mit gespreizten Schenkeln so auf seinen Schoß, dass er andocken kann und Sie sich mit Ihrem Rücken an ihn anlehnen können. Sie ziehen die Beine an, er legt seine Hände oder Armbeugen so unter Ihre Knie, dass er Sie auf und ab bewegen kann. (Klappt nur bei kraftvollen Männern und leichten Frauen!)

6) Stehend

Zu Hause macht man's nicht unbedingt im Stehen, weil das – wie eingangs erwähnt – nicht grade die Top-Orgasmuslage ist. Aber manche Locations lassen nichts anderes zu! Etwa die Dusche, der Hausflur, Kabinen ohne Sitzgelegenheit, enge Toiletten, dunkle Gassen …

Leider ist die Paarung im Stand, Auge in Auge und auf vier Füßen, ab einem gewissen Größenunterschied knifflig. Damit er richtig rankommt, muss sie breitbeinig auf die Zehenspitzen und er etwas in die Knie gehen, was nach wenigen Minuten beiderseits zu Schenkelkrämpfen führen kann. Hier erschließt sich der wahre Sinn dieser unglaublich hohen Damenschuhe, die man «Fick-Töppen» nennt. Oder sie kann sich beidfüßig auf einen Schemel oder eine Treppenstufe stellen und sich gegen die Wand lehnen. Trotzdem rutschen kürzer bestückte Männer im Stehen leicht heraus.

Folgende Abwandlungen funktionieren besser:

6a) «Dreifuß»

Die Frau gewährt einen günstigeren Penetrationswinkel, indem sie ein Bein um seine Hüfte schlingt; er stützt es mit einer Hand. Sie kann zusätzlich ihrem Hintern etwas Halt geben, indem sie sich damit gegen eine Fensterbank o. Ä. lehnt.

Ich rate wärmstens, das zu Hause zu testen und zu üben, bevor Sie es außerhäusig praktizieren. Denn zu zweit mit Schmackes aus der Kaufhaus-Umkleide zu fallen, ist sicher nicht gerade das, was Sie sich unter einem sexuellen Höhenflug vorstellen!

Lustvariante: Mit Hilfe eines Stuhls geht's oft noch besser: Sie stellt einen Fuß darauf ab und hält sich an der Lehne fest, er kommt von hinten.

6b) «Stier»

Sie liegt rücklings auf Tisch, Kommode, Küchenzeile mit der Hüfte auf dem Rand. Er steht zwischen ihren Beinen. Empfehlung: weiche Unterlagen für ihre Rückseite!

Sie fühlt sich zwar ein wenig exponiert, aber in kaum einer Stellung kann der Mann so bequem und dosiert lieben sowie anfassen; kann kraftvoll zustoßen wie ein Stier oder auch nur die Eichel eintauchen; und dabei hat er mindestens eine Hand frei, um ihre Perle zu beglücken. Es sei denn, er packt ihre Schenkel wie eine Schubkarre und manövriert die Liegende auf seinem Schwengel vor und zurück – das geht am besten, wenn ihre Unterlage gut rutscht (z. B. Wolldecke auf dem Tisch).

Lustvarianten: Die Chose umdrehen und sie a tergo nehmen. Gefährlich intensiv, denn die Bett- oder Tischkante gibt guten Widerstand!

Oder sie setzt sich auf ein Fensterbrett, eine Waschmaschine, eine Anrichte o. Ä., und zwar so, dass er bequem zwischen ihren Beinen stehen und einstöpseln kann.

So, das waren jetzt schon mal die wichtigsten Positionen. Mit etwas Experimentierfreude lassen sich noch viele andere finden, aber das würde den Rahmen dieses Buches sprengen! Für mehr Ideen bitte in eine große Buchhandlung oder einen großen Sexshop gehen und schauen, was man da an Stellungsbüchern so auf Lager hat. Das klassische Kamasutra bringt's übrigens nicht so: viel verquaster Text, wenig brauchbare Praktiken ...

B) STELLUNGEN FÜR KITZLER-STIMULATION

Die Stellungen, bei denen *nur der Penis* den Kitzler stimuliert, funktionieren für sehr viele Frauen nicht – entweder weil das verflixte Ding einfach so ungünstig liegt oder weil's nicht präzise genug stimuliert wird. Man kann zwar Lagen wählen, wo der Penisschaft oder das Schambein des Mannes den Kitzler treffen, aber das ist dann eher so ein flächiges Drücken, und das vielleicht nicht mal im richtigen Rhythmus. Wenn Sie zum Beispiel eine ganz kleine und sehr schnelle Berührung brauchen, nützen wahrscheinlich die tollsten Stellungen nix. Aber probieren kann man sie allemal ... Das sind oben vor allem die 1b, 1d, 1e, 2a, 5a, 5b.

Hier möchte ich lieber das Augenmerk auf Positionen legen, bei denen mann (oder auch frau) bequem Hand anlegen kann. Das geht in fast allen außer der klassischen Missionarsstellung. Etliche habe ich schon unter Punkt A erwähnt, aber der Übersichtlichkeit halber hier eine Beispielliste:

- fast alle Versionen der Reiterstellung,
- «Löffelchen»,
- «Brücke»,
- sitzende Positionen, in denen Sie ihm den Rücken zudrehen,
- «Missionar erhoben»,
- die Lustvariante von «Missionar Standard»,
- «Stier»,
- die «Hundestellung».

Leider gibt's auch hier keine Gipfelgarantie – hilfreiche Tipps finden Sie in Kapitel 10, Punkt C.

SICH BEIM KOITUS SELBST BEFRIEDIGEN?

Einige Frauen berichten, ihr Freund wünsche sich, dass sie sich während des Verkehrs selbst anfassen – aber wenn sie es tun, spüren sie (fast) nichts! Das ist keineswegs außergewöhnlich. Es liegt wahrscheinlich daran, dass sie beim Masturbieren sexuelle Phantasien benutzen und beim Akt mit dem Freund nicht oder dass sie Hemmungen haben, vor ihm zu masturbieren.

Vorschläge:

- das Zimmer verdunkeln;
- auch beim Koitus Phantasien walten lassen (dazu ist es aber meist nötig, dass er nicht allzu viel Action und Wechsel macht);
- etwas Vibrierendes anhalten.

Wenn das alles nicht viel bringt, muss eben doch ER Hand anlegen. Ist ja auch nicht so schlimm, oder?

c) Handarbeit

Handwerk hat eben doch goldenen Boden ... Meine persönlichen Umfragen und Studien ergaben, dass – abgesehen von Vibrationen – die manuelle Stimulation der erfolgsträchtigste Weg ist, eine Frau zum Kommen zu bringen. Warum? Weil Frauen dabei weniger Bedenken haben als beim Oralsex. Weil sie dabei ihrem Schatz näher sind. Weil Beischlaf aus anatomischen Gründen auf den letzten Platz fällt. Und weil Handarbeit sich so wunderbar mit anderer Stimulation verbinden lässt – Koitus, Vaginal-Fingern, Brustlecken ...

Aber das macht die Sache noch lange nicht idiotensicher. Falls Ihr Schatz da noch Lernbedarf hat, geben Sie ihm bitte Folgendes zu lesen:

Ein Wort an die Männer: Handarbeitsanleitung

Frauen bemängeln immer wieder drei typische Fummelfehler: zu grob, zu direkt, zu einfältig. Nur in Ausnahmefällen kommt «schnell & direkt» gut; normalerweise muss das Maschinchen erst auf Betriebstemperatur gebracht werden. Wenn Sie schon vorher am Startknopf hantieren, kann es passieren, dass alles stockt und stottert – und vorbei ist es mit «Aaah» und «O». Im Klartext: Setzen Sie Ihre Energie zuerst anderswo ein: Küssen (nicht nur auf den Mund), Knabbern, Streicheln, süße Worte, Ganzkörper-Expeditionen usw. usf.

Und selbst wenn sie schon kleine Seufzer von sich gibt, ist es taktisch nicht klug, gleich Hand an ihr Lustgärtchen zu legen oder gar einen Finger in ihre Scheide zu stopfen. Zarte Berührungen an den Innenseiten der Schenkel, am Unterbauch und am Venushügel machen Lust auf mehr: Viele Frauen drücken Ihnen dann schon ihr Becken entgegen und signalisieren so, dass Sie zum Punkt kommen sollen – also zur Klitoris. Wobei mindestens jede zweite Frau dort lieber *indirekt* angefasst wird. Das heißt: bitte nicht die Schamlippen auseinander ziehen und den Rubbelfinger anlegen (autsch!), sondern zum Beispiel das Gewebe neben oder über der Klit mit den Fingern hin und her bewegen. Bei ein paar wenigen Frauen darf's – vor allem bei zunehmender Erregung – auch mal etwas derber sein: Da kann man den Knopf richtig reiben, zupfen, kleine Trommelwirbel drauf niederlassen oder zwischen den Fingern rollen (wobei es dazu schon ordentlich feucht sein sollte) – aber so was sollte man nur tun, wenn man Gewissheit hat, dass sie das auch verträgt. Bei der Mehrheit bewirkt diese Vorgehensweise nämlich Überreizung und Taubheit.

Ein Freund von mir, 43, der ein ziemlicher Casanova ist, sagte: «Ich kann 95 Prozent mit der Hand zum Kommen bringen. Der Trick ist eine extrem leichte Berührung, so leicht, dass sozusagen ein hundertstel Millimeter Platz zwischen dem Kitzler und meiner Fingerkuppe ist. Und Feuchtigkeit ist wichtig. Ist vorne nicht genug, stippe ich ab und zu mit dem Finger in die Scheide und hole mir da Gleitmittel. Ist es dort trocken, weiß ich, dass sie noch Vorspiel braucht. Aber das kommt selten vor, weil ich es liebe, eine Frau mit einem langen Vorspiel anzuschärfen, bevor ich an ihre Muschi gehe. Zum Beispiel massiere und streichle ich sie von der Kopfhaut bis zur Fußsohle, das kann schon mal eine Stunde oder länger gehen, falls sie mir nicht schon vorher signalisiert, dass ich ans Eingemachte soll.

Diese extrem leichte Berührung funktioniert so gut, weil sie dann nicht so schnell überreizt ist, sondern da ist Potenzial für mehr. Ihr Verlangen und ihre Erregung werden immer größer, ihr ganzer Körper sagt: ‹Mehr! Mehr!› Ich hab's nicht eilig, und das spürt sie; sie wird ganz leicht und frei.»

Woran erkennen Sie, was bei der jeweiligen Partnerin angesagt ist? Entweder indem Sie vorsichtig herumprobieren und auf ihre Körpersprache, Atmung und kleinen Geräusche achten. Oder indem Sie sie beim Rumprobieren fragen («Wie ist das?»). Oder indem Sie sie bitten, Ihre Hand zu führen.

Wobei man grundsätzlich unterscheiden muss zwischen «erregen» und «befriedigen». Zum Erregen ist es schön, an ihrem Lustgärtchen herumzuspielen, sie zu necken und Abwechslung ins Spiel zu bringen. Das ist auch eine gute Einleitung zum Befriedigen, denn je heißer die Frau ist, desto weniger müssen Sie sich einen Tennisarm rubbeln, um sie per Hand zum Kommen zu bringen. Apropos Tennisarm: Führen Sie die Bewegung locker aus! Aus dem Handgelenk! Sind Sie nicht locker, wird's Ihre Partnerin wahrscheinlich auch nicht.

Also zum Befriedigen gilt es, die Handhabung beizubehalten, die der Partnerin offensichtlich am meisten Freude gemacht hat, und dann *ganz gleichmäßig* auszuführen! Wird sie dauernd geändert, rutscht die Bergsteigerin jedes Mal wieder ein Stückchen ab. Bei den meisten muss auch die Intensität genau gleich bleiben,[18] bei anderen darf sie zum Schluss hin fester werden (körpersprachliche Hinweise siehe oben). Manche werden in der End-

---

[18] Das Beibehalten der Bewegung und der Intensität ist besonders wichtig, falls Sie sie während des Verkehrs am Kitzler streicheln. Denn vielen Männern geht mit zunehmender eigener Erregung das Fingerspitzengefühl verloren.

phase ganz still und konzentrieren sich auf's Kommen – davon sollten Sie sich nicht irritieren lassen und schön weitermachen.

Das alles erfordert viel Lernen und Übung, und zwar bei jeder Frau neu. Deshalb ein Tipp: Verlassen Sie sich nicht drauf, dass die Technik, die an Ihrer Ex funktioniert hat, auch Ihre Aktuelle zum Explodieren bringt.

Etliche Männer denken zudem, «das mach ich doch mit links». Genauso fühlt es sich dann auch an. Drum als zweiter Tipp: Die Hand benutzen, mit der Sie auch sonst schamlose Handbewegungen ausführen.

Viele Sexratgeber empfehlen, mann solle seine Partnerin auffordern: «Zeig mir, wie du masturbierst, und ich mach's genauso.» Aber die meisten Mädels mögen das für sich selbst behalten; und sie wollen nicht unbedingt genauso befingert werden. Der Reiz eines Handlangers besteht ja meist darin, dass er's anders macht. Nur aus derselben Richtung könnte die gefällige Pfote kommen: Legen Sie sich parallel neben die Liegende oder setzen Sie sich hinter die Sitzende, lassen Sie Ihren Handballen auf dem Venushügel ruhen – eine gute Ausgangslage für Fingerübungen.

Bitte lesen Sie unbedingt auch Kapitel 5, Punkte D, E, F, Kapitel 6, Punkte B, H, I, und Kapitel 7, Punkt F!

MANUELLE G-ZONEN-STIMULATION

Zuerst einmal gilt es, Ihren G-Spot zu orten. Falls Sie das bei sich selbst machen wollen: Es kann gut sein, dass Sie ihn nicht finden, weil erstens der Winkel Ihres Armes und Ihrer Hand so ungünstig zur Scheide liegt, dass Sie nicht rankommen, zweitens lassen sich die meisten G-Zonen und -Punkte nur ertasten, wenn frau erregt ist.

Deshalb geben Sie am besten Ihrem Schatz die Info «G-Punkt: Gibt's den überhaupt?» (S. 198f.) zu lesen, knöpfen ihm ein anständiges Vorspiel ab und fordern ihn dann unverzüglich auf, auf die Suche zu gehen. Dazu legen Sie sich am besten auf den Rücken, öffnen die Beine; er soll seinen Mittel- oder Zeigefinger einführen und mit sanftem, aber deutlichem Druck an der Vorderseite der Scheide langfahren. Bei manchen Frauen stellt die G-Zone eine kleine Erhebung dar, bei manchen nicht. Ein präziseres Anzeichen dafür, dass er fündig geworden ist, ist plötzlicher Harndrang und/oder kleine Lustwogen. Und dass das Wohlgefühl immer größer wird, je länger er mit dem Finger kräftig daran langstreicht – so ähnlich, als wolle er jemanden herwinken. Falls Sie dann auch noch kommen, gratuliere ich Ihnen zur offiziellen Entdeckung Ihres G-Punkts.

Bei Gisi, 41, war mehr der Zufall im Spiel – beziehungsweise ein fingerfertiger Liebhaber:

«*Ich war lange Zeit in einer sexuell unbefriedigten Ehe und lebe erst seit einem Jahr mein Frau-Sein richtig aus – seit ich meinen jetzigen tollen Freund habe. Ich bin früher nie rein durch Verkehr gekommen. Jetzt habe ich sogar den absoluten Superorgasmus – und das mehrfach –, seit ich meinen G-Punkt gefunden habe. Richtiger gesagt, saß ich vor einem halben Jahr auf dem Schoß meines Freundes, und er führte mir seinen Mittelfinger in die Scheide ein. Er stimulierte mich, und plötzlich explodierte ich aus heiterem Himmel. Seine Hose kriegte einen ordentlichen Schuss ab.*

Obwohl ich oft das Gefühl einer vollen Blase habe, glaube ich nicht, dass es Urin ist. Ich habe jetzt beim Reiten oder von hinten im Stehen öfters richtige Mehrfach-Orgasmen.»

d) Cunnilingus –
Der mündliche Dienst an der Frau

Von allen Praktiken bringt Oralverkehr viele Frauen am schnellsten auf den Gipfel – aber nur die, die es zulassen und einen mündlichen Könner im Bett haben. Abgesehen davon, dass mann bei dieser sensiblen Angelegenheit so manches falsch machen kann, lassen es viele Frauen nicht mal bei einem «Lecker-lecker» zu, weil sie es ihm aus verschiedenen Gründen nicht «zumuten» wollen. Aber seien Sie versichert: Die meisten Männer muten sich das gerne zu, erstens weil sie hartgesottener sind als wir Frauen, zweitens weil der Vorgang sie oft selbst anmacht, drittens weil es doch – trotz aller Widrigkeiten – ein relativ erfolgreicher Weg ist, die Partnerin zu befriedigen. Bitte blättern Sie nochmal zurück zu S. 133: «Unbehagen beim Oralverkehr». Dort finden Sie eine Menge Tipps, wie Sie ihm sein Mundwerk versüßen.

Ein Wort an die Männer: Mundart

Neulich erzählte mir mein Kumpel Tobi: *«Also ich bin zum ersten Mal mit ihr in der Kiste, und wie ich anfange, sie zu lecken, drückt die mich weg!»*

«Na ja», sagte ich, «für Frauen ist es nicht immer das Größte, Mundverkehr zu bekommen.» Aber bevor ich ihm Tipps dazu gab, riet ich Tobi, seine Flamme erst mal zu fragen, ob sie überhaupt Cunnilingus mag, und die Gründe für ihre Ablehnung herauszufinden. Denn die beste Technik bringt ja nix, wenn die Süße von vornherein gar keinen Oralsex haben will – etwa wegen:

Scham-Scham Vor allem jüngere Mädels genieren sich, wenn Sie mit Ihrem Gesicht ganz nah an ihrer Scham sind. Die ist ihnen noch nicht ganz geheuer. Sie mögen finden, dass die ein heißer

Anblick ist, aber selbst ich fand früher die meine nicht gerade anziehend. Eine Schleimschnecke mit Fusselhaaren! Ich konnte mir nicht vorstellen, wie es jemandem gefallen könnte, seine Zunge und Nase da reinzustecken. Außerdem war es mir unangenehm, mich so bedienen zu lassen.

Ferner hat schon jede Frau Sprüche gehört von wegen «Fischdose» und vielleicht auch festgestellt, dass das manchmal nicht ganz unrichtig ist. Auf jeden Fall hat sie immer im Hinterkopf, dass sie stinken könnte. Zum Beispiel weil sie vor der Nummer keine Gelegenheit hatte, sich zu waschen.

Sie können Ihre Süße in diesen Punkten beruhigen, indem Sie ihr vermitteln, dass es Höllenspaß macht, sie mit dem Mund zu verwöhnen. Falls Sie das Gefühl haben, sie hat Angst zu miefen, oder falls sie's tatsächlich tut, dann schlagen Sie zum Beispiel vor, zusammen zu baden oder zu duschen. Oder erregen Sie sie vorher mit der Hand, denn ihre eigenen Säfte können den Geruch auch verschwinden lassen.

Und was das Haarige betrifft: Sagen Sie ihr nicht, sie soll sich rasieren. Das ist ihre Privatsache. Sie können sie höchstens fragen, ob Sie ihren Busch ein wenig kürzen dürfen, falls er so lang ist, dass Sie sich drin verheddern.

Anpirschen Nicht nur einmal schrieb mir jemand, seine neue Freundin reagiere negativ auf seine Leckkünste. «Meiner Ex hat es gefallen...» Ha! Man kann nicht bei allen dasselbe anwenden. Das fängt bereits beim Runtergehen an. Sehr viele Männer finden es toll, gleich als Erstes Oralsex zu kriegen. Übertragen Sie diesen Wunsch nicht auf Frauen. Tun Sie's nur bei denen, von denen Sie mit Sicherheit wissen, dass sie exakt das wollen. Die meisten haben vorher lieber Vorspiel, denn Lecken gehört für sie eher zum Hauptgang.

Also Vorspiel... und wenn Sie merken, dass sie allmählich warm wird, gehen Sie auch dann nicht einfach mit der Zunge an ihre Perle. Überhaupt: Viele Frauen hassen es, dabei die Schenkel auseinander gezwängt zu bekommen. Ein Gentleman streichelt und kost zunächst die Beine, bis sie sich ein wenig lockern oder öffnen, dann küsst er die Innenseiten oder fingert zärtlich um die Muschi herum ... Ihre Freundin wird ihre Schenkel genau so weit auseinander nehmen, wie es ihr zusagt. Falls sie sie zusammenklemmt, dann verschieben Sie Ihr Vorhaben. Oder legen Sie erst mal einen Finger dazwischen.

Die richtige Stelle Weiträumiges Geschlabbere im ganzen Schritt oder eine Zunge in der Scheide: Das kann ja ganz nett sein, entspricht aber selten dem, was eine Frau unter einem gelungenen Oralverkehr versteht. Das wäre, als ob sie Ihre Eier in den Mund nimmt und drauf wartet, dass Sie kommen (okay, falls Sie unter 18 sind, wird das wahrscheinlich klappen).

Also die Zunge muss an den Kitzler oder in dessen unmittelbare Nähe. Falls Sie sich über deren Lage nicht ganz sicher sind: Machen Sie sich lieber vorher schlau (Fachliteratur; oder an der Frau ertasten), statt sie einer Generalinspektion bei hellem Licht oder mit einer Taschenlampe zu unterziehen. Selbst wenn Sie noch so gern Ihre eigene Peepshow hätten. Machen Sie auch keine Bemerkungen wie «Deine Schamlippen sind ganz schön lang» oder «Das sieht ja putzig aus». Kommentieren Sie ihre Scham am besten gar nicht. Sagen Sie lieber, Sie finden sie von Kopf bis Fuß sexy und lecker.

Sensibelchen Manche Frauen sind am Kitzler so empfindlich, dass Sie nicht mal mit der Zunge rangehen dürfen, obwohl die schon viel weicher ist als ein Finger. So oder so kommt's auch drauf an, wie Sie sie führen. Viele Männer machen sie spitz und hart, was sich für die meisten Frauen nicht gut anfühlt. Besser, Sie entspannen den Lappen, also lecken schön weich über die Klitoris. So können Sie auch länger. Falls Ihre Süße dabei unruhig zappelt oder einen Tick zurückweicht, ist der Reiz immer noch zu stark – dann bitte ihre Perle umkreisen oder daneben züngeln. Oder nur ganz zart drüber mit viel Spucke.

Allerdings kann eine zu leichte Berührung auch wieder so kitzeln, dass es nicht mehr erregend ist. In dem Fall kichert oder lacht sie aber. Dann sollten Sie Ihre Zunge flächiger und etwas fester führen.

Was man in Pornovideos öfter beobachten kann, ist, dass beim Cunnilingus gesaugt wird, und zwar oft so heftig, dass die inneren Schamlippen lang gezogen werden. Die Männer sehen das gern, weiß Gott, warum. Die Frauen nicht so, denen tut's schon beim Hingucken weh. Ich rate Ihnen, lieber vorsichtig mit dem Saugen zu sein. Und die Zähne ganz aus dem Spiel zu lassen!

Kleine Kniffe Eine brauchbare Variante zeigen Pornovideos allerdings auch ab und zu: dass die Jungs beim Lecken mit dem Kopf schütteln oder nicken. Das sieht ziemlich dämlich aus, hat jedoch zwei Vorteile: Erstens, wenn die Zunge lahm ist, lässt man sie einfach hängen und bewegt stattdessen den Schädel. Zweitens, für die Frau bringt's etwas Abwechslung ins Spiel – fühlt sich anders, aber auch sehr nett an.

Apropos Abwechslung: Wenn Ihre Freundin sehr im Feuer ist, stecken Sie ruhig auch mal einen oder zwei Finger in ihre Scheide oder streicheln Sie mit einer Hand ihre Brust oder ihren Damm (Übergang zwischen Scheide und Po).

Und kennen Sie den Film «Eiskalte Engel»? Doofer Streifen, aber er hat eine gute Stelle: Die kleine Teenie-Unschuld erzählt nach ihrer ersten Verführung, ihr Lover habe ihr den Schlüpfer runtergezogen und mit der Zunge das Alphabet geschrieben: «Du weißt schon, wo.» Feine Sache, eignet sich aber eher zum Erregen. Für ihren Gipfelsturm ist es ungünstig, wenn Sie immer wieder absetzen oder die Technik wechseln.

Viele Männer meinen auch, sie müssten die Leckintensität steigern, wenn es auf den Höhepunkt zugeht. Die meisten Mädels bevorzugen aber eine völlig gleich bleibende, rhythmische Bewegung der Zunge. Machen Sie ruhig damit weiter, wenn sie schon ihre erste Orgasmuswoge hinter sich hat – es werden wahrschein-

lich noch stärkere kommen! Wenn sie genug hat, wird sie sanft Ihren Kopf wegdrücken.
Na denn – good leck!

Kapitel 9
Orgasmittel

Hier finden Sie Informationen zu Sexspielzeug, Gleit- und Lustmitteln und ähnlichem «Kleinkram» mit oftmals großer Wirkung. Und selbst wenn sie nicht groß ist: Vielleicht liefern sie den entscheidenden Schubser ins Land der Wollust. Spaß beim Testen bringen sie allemal ...

a) Toys

Vor vielen Jahren bekam ich von einer Frauenzeitschrift den Auftrag, eine Reihe verschiedener Sextoys zu kaufen und zu testen. Mein Fazit war: «Braucht man so etwas wirklich? Ich meine: Nur wenn einem Finger, Duschkopf und elektrische Zahnbürste fürs intime Solo nicht mehr genügen.» Ich war außerdem der Ansicht, dass ein Paar mit gutem Liebesleben überhaupt nicht auf Sextoys zurückgreifen muss.

Inzwischen habe ich diese Meinung gründlich revidiert. Zur damaligen Zeit hatte ich null Erfahrung mit der Materie und die falschen Bezugsquellen: Ich ging nur in vier fiese Sexshops für Männer und kaufte eben den Kram, den man aus den entsprechenden Katalogen kannte. Das war vor allem billig gemachtes, optisch wenig ansprechendes und nicht übermäßig funktionelles Zeug. Kein Wunder, dass meine Testberichte nicht besonders schmeichelhaft ausfielen.

Leider gab es früher auch noch nicht viele dieser schön designten und frauenfreundlichen Toys, die heute in großer Auswahl auf dem Markt sind – und auch kaum Sexshops speziell für Frauen.

Heute finde ich, dass erotisches Spielzeug sowohl den Solo- als auch den Zweiersex durchaus bereichern kann – vorausgesetzt, es ist genau auf Ihre Bedürfnisse zugeschnitten und ersetzt nicht gänzlich die Eigenaktionen!

Vibrierendes

Phallusförmige Vibratoren

Trotz ihrer Form wendet die Mehrzahl der Frauen diese Sorte Vibratoren nicht in der Scheide an, sondern hält sie außen an. Natürlich bereiten sie auch vaginal Vergnügen, zum Beispiel wenn Sie fest die Beine zusammenklemmen, sodass nicht nur Ihr Inneres, sondern der ganze Bereich in Schwingung gerät. Oder Sie stimulieren die Klitoris extra.

Madonnen

Madonnen sind aufwändige Vibratoren mit ein oder zwei zuckenden Neben-Fortsätzen (für Klit und/oder Anus); oftmals kreist das obere Ende (die «Eichel»), und im Schaft rotieren Perlen, die am Scheideneingang für angenehme Sensationen sorgen sollen. Meist sind die verschiedenen Partien individuell einstellbar, zum Beispiel können Sie nur die Ärmchen wackeln lassen, und der Rest macht Pause.

G-Punkt-Vibratoren

In der Regel sind G-Punkt-Vibratoren phallusförmig und haben, um gezielt die G-Zone zu reizen, im oberen Teil sowohl eine Biegung als auch die stärkste Vibration. Allerdings muss diese tatsächlich stark sein, sonst passiert wenig! Den G-Punkt und zugleich den Kitzler stimuliert eine raffinierte Neuerung namens «Delight» – als Weiterentwicklung des Auflage-Vibrators.

Auflage-Vibratoren

Das dezente Design von Auflage-Vibratoren erinnert eher an moderne Handschmeichler. Und ist obendrein sehr funktionell. Die neuen, ergonomisch geformten Auflage-Vibratoren lassen gleichzeitig Scheideneingang, Kitzler und Venushügel erbeben. Marktführer und sehr empfehlenswert ist der «Laya Spot» aus antiallergenem, sehr pflegeleichtem Elastomed und mit variablen Programmen (z. B. pulsierende oder gleichmäßige Vibration).

Mini-Vibratoren

Sehr viele dieser Minis kann man um Penis, Dildo oder Finger schnallen und sie so zum Vibrator machen – einige sogar um die Zunge, um dem Mann ein bisschen Oral-Arbeit abzunehmen! Oder Sie platzieren den Mini-Vibrator so im Schritt oder Slip, dass er Ihnen Freude bereitet. Warnung für den Außer-Haus-Gebrauch: Diese Teilchen sind zwar leise, aber nicht lautlos. Jedoch in öffentlichen Verkehrsmitteln kann man sie ohne Schamesröte anwenden (bei Flügen vorher die Batterien rausnehmen, separat aufbewahren und dann in der Fliegertoilette wieder einfügen).

Tipp: Beim Einsatz am Penis eher Slowsex praktizieren – sonst spürt frau statt der Vibrationen nur, wie das Ding gegen ihre Perle ballert.

Anal-Vibratoren

Da ihr Einsatzort noch viel sensibler ist als die Scheide, sollten Anal-Vibratoren gewisse Grundvoraussetzungen erfüllen:

- lieber ein bisschen zu dünn als zu dick;
- die Oberfläche muss absolut glatt sein;
- um sie nach dem Gebrauch wieder hygienisch sauber zu kriegen, sollten sie wasserdicht sein und kochendes Wasser vertragen;

- und sie sollten entweder eine verbreitete Basis haben, damit sie nicht in den Darm rutschen, oder am unteren Ende eine mit Kunststoff oder Silikon ummantelte Schnur. Ohne diese Ummantelung sammeln sich nämlich die Bakterien daran.

Butterflies

Die meisten Produkte, die sich Butterflies nennen, sehen eher aus wie missratene Mini-Ufos. Vorn ein Gnubbel als Kitzler-Kitzler, dann eine Reihe Noppen (für die Schamlippen?), hinten zwei angedeutete Eier, männlich (wofür die?). An diesem Korpus sind dehnbare Schlaufen angebracht, um ihn so an der Hüfte zu befestigen, dass er an den entsprechenden Intimteilen liegt.

Katalogtext: «Unauffällig, aber diskret trägt die Dame ihren Butterfly und lässt ihn leise vibrieren, massieren und stimulieren» – also der unsichtbare Wonnespender, der dröge Bürostunden versüßt. Blöd ist nur, dass er laut genug ist, um seine Trägerin in Verlegenheit zu bringen – er surrt wie ein Monster-Maikäfer. Außerdem sind die Schlaufen oft fehlkonstruiert und bringen die Vibration nicht nah genug an den Körper! Mir persönlich ist es noch nicht gelungen, einen empfehlenswerten Butterfly zu finden...

Vibrierender Aufsatz für Penis oder Dildo

Die meisten Versionen dieser Spezies sind aus weichem Gummi und haben die Form eines kleinen Tieres (etwa Hase, Bär, Delphin), dessen Schnauze oder Ohren die Klitoris erzittern lassen und der Schwanz den Anus-Bereich. In der Mitte ist ein dehnbarer Ring oder ein Loch, um den Aufsatz auf den Penisschaft zu ziehen. Diese Schätzchen funktionieren oft nicht schlecht, wenn der Mann mal eine Stoßpause einlegen will; etwas störend ist nur das Kabel mit der Steuerung. Klar spielt das beim Einsatz am Dildo keine große Rolle – oder wenn Sie ihn einfach ohne alles zwischen die Beine klemmen.

Welcher Vibrator gibt den besten Effekt?

Das ist von Frau zu Frau verschieden. Manche brauchen nur leichte Schwingungen, manche kräftigere. Zwar haben die meisten Vibratoren verschiedene Stufen, vielleicht sogar pulsierende, oder sie sind stufenlos verstellbar von «soft» bis «turbo». Allerdings gibt es riesige Unterschiede in der stärksten Stufe: Manche schnurren dann nur sanft, andere erinnern an Schlagbohrer. Ferner kommt es drauf an, welche Zonen stimuliert werden sollen:

- Bei einer kitzlerlastigen Frau tut's im Prinzip alles Vibrierende, solange die für sie richtige Intensität einstellbar ist.
- Einer «Vaginal-Kommerin» würde ich etwas Phallusförmiges mit starken Schwingungen empfehlen (sehr intensiv und von super Qualität sind die handgemachten Silikon-Toys von Nobra, einem kleinen deutschen Hersteller; www.nobra.de); oder, falls sie eine gezielte G-Zonen-Reizung braucht, eher einen G-Punkt-Vibrator.
- Wer beim Kitzler-Kitzeln gern noch etwas in der Scheide hat, ist mit einer Madonna gut beraten.
- Für die, die Scheideneingang, Klit und Schamhügel zugleich stimuliert haben wollen, ist ein Auflage-Vibrator optimal.

Dildos

Viele verwechseln Dildos mit Vibratoren; der große Unterschied ist: Ein Dildo vibriert nicht; Handbetrieb ist angesagt, oder Sie können ihn auch einfach in der Scheide oder im Anus platzieren, wenn Sie das Gefühl der Füllung mögen, während die eigentliche Stimulation woanders stattfindet.

Dildos gibt es nicht nur in allen möglichen Größen, Formen und Strukturen (von «sehr glatt» bis «variationsreich»), sondern auch aus verschiedensten Materialien: Plastik, Gummi, Silikon, Holz, Glas, Plexiglas, Leder, Holz, Stein, Granit, Marmor, Metall ...

Nicht nur meist sehr ästhetisch, sondern auch etwas ganz Spezielles sind Aluminium-Dildos: Im Gegensatz zu Stahl nimmt Aluminium schnell Körperwärme an und hält sie sehr lange. Zudem verursacht es keine Reizungen, wie es bei Dildos aus unedlen oder nickelhaltigen Metallen oder auch aus Jelly und Leder der Fall sein kann.

WIE WENDET MAN DILDOS UND VIBRATOREN AN?

Vibros sind vielfältig einsetzbar: Man kann sie an jeder beliebigen Körperstelle erzittern lassen (Scham, Scheideneingang, Po, Brust, Fußsohle usw.) oder vaginal einführen.

Dildos finden viele witzlos, weil sie einfach nur längliche Teile sind, die man selbst bewegen muss. Manche Paare mögen sie und machen damit beispielsweise Folgendes:

- Während der Mann die Frau leckt oder per Hand stimuliert, schiebt er den Dildo in ihrer Scheide hin und her.
- Während sie vaginal verkehren, hat sie oder er den Dildo im Hintern.
- Während er sie anal nimmt, platziert er den Dildo in ihrer Scheide. (Bitte nie vom Anus direkt in die Scheide wechseln – das verursacht Infektionen!)

Genau dasselbe kann man auch mit einem Vibrator machen, während dieser an- oder ausgeschaltet ist.

Für manche Frauen ist die Anwendung solcher Toys nur dann der Bringer, wenn sie bereits heftig erregt sind. Vorher fühlt es sich nicht gut an.

Wichtig: Wenden Sie Vibratoren und Dildos immer in Verbindung mit Gleitgel an! (Es sei denn, Sie sind SEHR feucht.)

Noch mehr Toys

Kugelstäbe

Das sind 20 bis 30 cm lange Stäbe (z. B. aus Marmor oder Edelstahl), die aus mehreren aneinander gereihten Kugeln bestehen, die gleich oder verschieden groß sein können.

Laut Anleitung bleibt «eine Führungskugel immer in der Frau, über die nächsten zwei bis vier Kugeln springt der Vaginalmuskel rhythmisch auf und zu und wiederholt so das lustvolle Moment des Öffnens». Tipp: den Stab so führen, dass er nicht ans innere Schambein stößt. Aber man kann die Klitoris Richtung Scheide drücken und sie so mitstimulieren.

Liebeskugeln

Die meisten Liebeskugeln enthalten innen einen kleineren Ball, der bei Bewegung Schwingungen erzeugt. Einen direkten Lustgewinn gibt das nicht gerade, aber es stimuliert die Scheidenmuskeln und kräftigt sie dadurch, was bekanntermaßen wieder der Lust dient.

Eine weitere Sorte Liebeskugel ist einfach aus schweren Materialien gemacht (Edelmetall, Stein, Marmor o. Ä.) und stärkt die Vaginalmuskeln dadurch, dass die Besitzerin sie anspannen muss, um die Dinger in sich zu behalten.

Von Billig-«Lustkugeln» rate ich ab, weil sie oft aus scheidenunfreundlichen Materialien bestehen (z. B. metallfarbenen Legierungen, die sich ablösen) und/oder Schnüre haben, in denen sich Bakterien einnisten. Empfehlen kann ich hingegen «Smartballs»: Die sind komplett mit einem antiallergenen Soft-Kunststoff überzogen, haben ein tolles Design und sind einigermaßen angenehm zu tragen.

Tipp: wie bei allen Sextoys immer Gleitmittel zugeben; aber bitte kein Fett (stört das Vaginalklima!), sondern Gleitgel.

Noppenüberzieher

Diese Toys sind aus ganz weichem, superdehnbarem Latex, um sie über Finger, Vibrator oder Penis zu ziehen. Das ergibt einen gewissen Verfremdungseffekt oder auch mehr Reibung, so denn erwünscht. Kann man natürlich auch zum Streicheln anderer Körperteile als der Genitalien einsetzen.

> KAUFTIPPS FÜR TOYS
>
> Zuerst einmal lassen Sie Ihr Gefühl walten. Finden Sie, das Toy sieht gut aus? Fühlt es sich gut an? Schnuppern Sie dran: Was Sie nicht riechen können, sollten Sie auch nicht einführen. Außerdem spielt es eine Rolle, wofür Sie's einsetzen wollen. Zum Einführen etwa darf der Umfang nicht zu groß sein.
>
> Qualität zahlt sich aus, denn Billigware geht oft schnell kaputt und hat verletzungsträchtige Schweißnähte, Kanten oder eine Außenbeschichtung, die sich im sauren Scheidenklima auflösen kann. Produkte aus Gummi oder Soft-Jelly riechen meist recht streng. Silikon kostet zwar mehr, aber ist fast geruchsneutral und darüber hinaus hautverträglicher, hygienischer, pflegeleichter und langlebiger. Wobei es auch hier Qualitätsunterschiede gibt. Silikon-Toys aus Massenproduktionen fassen sich oft klebrig an oder riechen merkwürdig.
>
> Ähnlich verhält es sich bei vibrierenden Spielsachen mit der Betriebsart. Die mit Batterien sind zwar die billigsten, sind aber auch schnell alle – oft dann, wenn's gerade am nettesten ist! Die Alternativen: Vibratoren mit Kabel und Netzstecker oder mit integriertem Akku und Ladestation (meine Empfehlung: «Sinnflut» – sehr ausdauernder Akku, sehr intelligentes Design und SEEEHR effektiv!).
>
> Bestehen Sie vor dem Kauf im Shop darauf, das Ding einzuschalten und in die Hand zu nehmen. Gefallen Ihnen die Vibrationsstärken? Ist der Sound auch nicht zu laut? Ist es leicht zu bedienen?
>
> Von Vorteil ist auch Wasserdichte, denn sonst ist das Toy nicht gut zu

> reinigen und kann kaputtgehen, sobald Wasser, Gleitgel o. Ä. ins Innere gelangt.
>
> Fast durchweg gute und praxiserprobte Toys finden Sie in Sexshops für Frauen, z. B. bei www.sexclusivitaeten.de (Laden in Berlin), www.insideher.de (Frankfurt), www.ladiesfirst.de (München), www.forladies.de (Bremen, Münster), www.bella-donna-erotik.de (Esslingen), www.liebhabereien.com (Hannover), www.magnolias.at (Wien).

Allergien oder Entzündungen durch Sextoys?

Produkte aus Fernost lösen oft Allergien oder Unverträglichkeiten aus, und zwar vor allem die Massenware aus Soft-Jelly oder Gummi. Diese Sachen enthalten viel zu viele chemische Zusätze, die ausdünsten und Hautreaktionen provozieren: Jucken, Brennen, Rötungen, Schwellungen u. Ä. Ferner können Sachen aus Latex Allergien verursachen. Derlei Reaktionen verstärken sich, wenn Sie das Toy bewegen: Die Reibung des Gummis macht die Schleimhaut trocken, die dann noch anfälliger für Hautirritationen wird.

Dazu kommt, dass Toys aus Soft-Jelly oder Gummi oft eine poröse Oberfläche haben, und Latex wird mit der Zeit porös; die Poren sind zwar so klein, dass man sie meist nicht sehen kann – aber sie sind groß genug, dass sich da Keime reinsetzen (die man oft nicht mal durch Abwaschen wegkriegt). Das kann bei häufiger Anwendung zu einem Keimwachstum führen, und das wiederum zu einer Scheidenentzündung.

Sollten Sie Ihr Toy im Verdacht haben, dann werfen Sie es weg oder ziehen Sie zumindest vor jedem Gebrauch ein Kondom über; verwenden Sie zusätzlich ein hautfreundliches Gleitgel.

Besser sind Qualitätsspielzeuge aus Hartkunststoff, Silikon oder medizinischen Materialien. Auf «Made in Germany» zu achten, ist hier oft nicht verkehrt, denn sehr viele deutsche Firmen liefern gute und unbedenkliche Ware. (Zum Beispiel «FunFactory» benutzt nur Silikon und Elastomed und ist einer der innovativsten Hersteller in Sachen Design wie Funktionalität; ihre Produkte findet man in fast allen Sexshops und im Erotikversand.)

Reinigung von Toys

Falls Ihr Spielzeug aus gutem Material ist, reicht ein sauberer Lappen mit warmem oder heißem Wasser und etwas Waschlotion. Danach mit einem Papiertuch gut abtrocknen!

Ein wasserdichtes Toy aus Hartplastik oder hochwertigem Silikon kann man nach dem Gebrauch mit kochendem Wasser übergießen und es so desinfizieren, was sich vor allem bei der Benutzung im Anus empfiehlt – bei Analtoys aus anderen Materialien ein Kondom drüberstreifen!

Mein Freund ist gegen Sextoys – wie kann ich sie ihm näher bringen?

Steffi, 29, schrieb mir:

«Da ich noch nie Sexspielzeug benutzt habe, aber sehr neugierig darauf bin, habe ich meinem jetzigen Freund davon erzählt, da wir über alle Dinge sehr offen reden. Doch leider ist dieses Thema total unnatürlich für ihn und er will Dildos, Vibratoren und Co. auch nicht in unser Sexualleben einbeziehen. Kann es sein, dass er denkt, dass er mich nicht genügend befriedigt? (Auch wenn ich des Öfteren zum Orgasmus komme.) Fühlt er sich vernachlässigt? Soll ich mir hinter seinem Rücken einen Vibrator besorgen und ihn heimlich benutzen?»

Wieder mal eine Frau, die sagt, sie könne mit ihrem Freund «offen über alles reden» – aber so ganz scheint das dann doch nicht zu stimmen. Ich finde, sie sollte ihn einfach fragen, ob er denkt, er befriedige sie nicht genügend, oder ob er sich vernachlässigt fühlt. Oder ob er etwa befürchtet, sie könnte seine Liebeskünste durch einen batteriebetriebenen Freund ersetzen.

Es kann durchaus sein, dass er so was denkt, aber vielleicht hat er auch andere Gründe. Sie sollte diese herausfinden und schauen, ob sie seine Bedenken auf liebevolle Art beseitigen kann. Wenn ja, dann kann sie mit den Sextoys ganz klein anfangen und mit etwas, was ihn direkt einbezieht. Vielleicht Spaßkondome oder ein Penisring oder Gleitgel mit Fruchtgeschmack? Im Internet-Sexversand kann man ja gut herumstöbern, was möglicherweise infrage käme.

Wichtig: Man darf seinen Schatz auf keinen Fall damit überfallen, sondern sollte ihn vorher vorsichtig fragen.

Und hinter seinem Rücken einen Vibrator besorgen und ihn heimlich benutzen? Warum nicht? Jeder hat ein Recht auf seine eigene Sexualität. Die meisten Menschen, die Sex mit einem Partner haben, masturbieren ja auch nebenher.

b) Penis- und Cockringe

Ein Ring, der stramm um die Peniswurzel sitzt, verhindert, dass das Blut aus den Schwellkörpern wieder in den Körper zurückläuft. Er bewirkt nicht nur, dass die Erektion groß und hart wird, sondern hilft auch bei Erektionsstörungen.

Ein **Penis**ring sitzt nur um den Penis, ein **Cock**ring um Penis und Hoden.

Wie er umgelegt wird, hängt vor allem vom Material ab. Nicht oder wenig Dehnbares wie Leder, Metall, Plastik wird vor der Erektion aufgezogen (bei Cockringen werden zuerst die Hoden, dann der Penis durchgezogen), Elastisches wie Gummi, Latex und Silikon kann meist auch im steifen Zustand angewendet werden.

Die richtige Größe ist nicht ganz einfach zu ermitteln. Der Ring muss eng genug sein, um den Blutrückstrom einzudämmen, aber wenn er zu eng sitzt, kommt entweder gar nicht erst genug Blut hinein, oder aber der Ständer wird so dick, dass der Ring nicht mehr abgezogen werden kann. Pech für die, die einen Ring aus Metall oder Plastik gewählt haben! Es ist nicht gerade nett, das Ding dann in der Notaufnahme entfernen zu lassen. Tipp: Ein Ring aus Leder mit Druckknöpfen oder aus Gummi lässt sich immer abziehen.

Zu schmal sollte er auch nicht sein, weil das neben Schmerzen auch unschöne Quetschungen und Blutergüsse machen kann. Der Träger muss sich damit wohl (und geil) fühlen und gleichzeitig spüren, dass es sexuell «was bringt». Sobald es sich unangenehm anfühlt, sollte er ihn abnehmen. Und bitte nicht länger als 30 (maximal 45) Minuten tragen, sonst nimmt das Gewebe Schaden!

Im Erotikfachhandel gibt's u. a. sehr dehnbare Latex-Ringe in verschiedenen Größen; die beste Cockring-Auswahl kriegt man in Schwulenläden!

Kommt sie eher, wenn er beringt ist?

Nun ja, ein steifer Zauberstab gibt schon mal höhere Chancen her als ein weicher. Außerdem: Cockringe, die um Penis und Hoden gezogen werden, unterstützen nicht nur die Potenz, sondern auch das Durchhaltevermögen, und zwar, weil die Hoden sich kurz vorm Ejakulieren ein Stück in den Körper hineinziehen. Werden sie jedoch durch den Ring draußen gehalten, hilft das oft, die Ejakulation zu verzögern.

Den Frauen, die über den Kitzler kommen, nützen eher die Penisringe, die extra vorne einen kleinen Aufsatz oder «Gnubbel» haben. Aber dazu muss a) der Gnubbel weich genug sein, b) in exakt der richtigen Höhe sitzen und c) der Mann genau so stoßen, dass der Aufsatz an der Klitoris schöne Empfindungen auslöst – tja, und für Letzteres sind Experimentieren und Einfühlungsvermögen vonnöten.

c) Gleitmittel

Neulich wollten Sie Sex haben, aber Sie waren trockener als die Sahara. Oje. Bitte lesen Sie zuerst einmal Kapitel 5, Punkt G, und Kapitel 6 J, um herauszufinden, ob's nicht auf «natürliche» Weise (wieder) feucht werden kann. Aber vielleicht haben Sie momentan auch nicht so viel Zeit, um sich auf Ursachenforschung zu begeben. Oder Sie sind von Haus aus ein trockener Typ. Oder Ihr Tampon legt Sie gerade trocken ...

Das Blöde ist ja, dass sich dann selbst die geschickteste Handarbeit und der netteste Beischlaf nicht gut anfühlen. Ein Klacks Gleitmittel, und alles flutscht viel besser!

Vaseline, Öl, Creme und dergleichen finde ich nicht optimal, weil Fett erstens in der Scheide nicht gut tut und zweitens Latex porös macht – das heißt, das Kondom oder Diaphragma bekommt Löcher. Hautcremes und Körperlotionen enthalten meist Parfüm und andere ungute Zusätze; zudem ziehen sie zu schnell ein. Spucke flutscht nicht gut genug und trocknet im Nu. Kaufen Sie am besten im Sexshop, im Internet-Versand, in der Drogerie (z. B. Rossmann) oder Apotheke ein richtiges Gleitgel ohne Fett.

Welches für Sie am besten ist, müssen Sie ausprobieren:

- Manche mögen **Gleitgels auf Wasser-Glycerin-Basis** (z. B. BioGlide, Aquaglide, Durex Play); die sind natürlicher, billiger und schmecken besser als Silikon-Gels. Einige sind sogar mit Geschmack, essbar und daher auch für den Oralverkehr geeignet (etwa BioGlide Erdbeer/Kirsch, FrenchKiss).
- Nachteil: Sie können nach längerem Liebesspiel klebrig werden. Tipp: etwas Spucke oder ein paar Tropfen Wasser (z. B. aus einer Spielzeugpistole) zugeben.
- Welche Menge ist angesagt? Etwa ein halber bis ein Teelöffel.
- Für ausdauernde Akte sind **Gels auf Silikonbasis** besser geeignet (z. B. Eros, Pjur, That's, Slick'n'Slide). Die haben auch eine Menge anderer Vorteile: Sie sind sehr ergiebig (oft reichen schon zwei bis drei Tropfen) und haben eine sehr angenehm geschmeidige Konsistenz, sodass man sie sogar für Körpermassagen verwenden kann. Sie trocknen nie aus und ziehen auch nicht ein. Und das ist gleichzeitig auch der Nachteil: Silikongels haften so lange auf der Haut, dass man sie hinterher mit einem Tuch oder Waschlappen wegreiben muss! Dazu kommt: Manche schmecken nicht besonders gut. Und man sollte sie nicht zusammen mit Silikon-Toys verwenden! (Sie lösen die Oberfläche dieser Toys an!)

Sie werden staunen, wie angenehm alle sexuellen Handlungen mit Gleitmittel sind – auch die Fingerarbeit.

Sie sind zu schüchtern, um Gleitgel beim Sex aus dem Kästchen zu holen und sich zwischen die Beine zu schmieren? Glauben Sie mir: Nur wirklich dumme Männer würde das stören. Und eventuell jemanden, der versteckte Schuldgefühle hat, dass er Sie nicht feucht kriegt. Das wäre doch ein guter Anlass, um ihm zu versichern, dass es nicht an ihm liegt! Oder wenn doch, ihm zu stecken, was er dagegen tun könnte ...

Sollten Sie trotzdem zu schüchtern sein: Es gibt Zäpfchen und Gels für die Scheide, die Sie schon vor dem Verkehr unauffällig im

Badezimmer einbringen können (z. B. HyaloFemme – zu kaufen oder zu bestellen in der Apotheke). Die werden nach ein paar Minuten durch die Scheidenwärme flüssig, und falls das nicht von selbst auch Ihre äußeren Genitalien benetzt, kann man mit dem Finger in die Scheide dippen und ein wenig Feuchte nach außen bringen.

d) Lustmittel zum Einnehmen

Wenn Ihr persönlicher Gipfelhemmschuh nicht im Kopf sitzt, sondern im Körper, können Mittel, die die Durchblutung des Unterleibs und der Genitalien fördern, oft die entscheidende Hilfestellung geben. Sehr effektiv sind da nachgewiesenermaßen Viagra und dessen Nachfolger Levitra und Cialis sowie Testosteron (das männliche Hormon) – bei beiden Geschlechtern! Aber da Erstere teuer sind und Hormone nicht ganz ungefährlich und beides verschrieben werden muss, nenne ich Ihnen hier lieber eine Reihe von Alternativen aus der Natur. Bei wem und wie gut sie helfen, ist sehr unterschiedlich – einen Versuch sind sie auf jeden Fall wert.

Fertigzubereitungen (Tropfen, Tabletten, Kapseln u. Ä.) enthalten oft zu wenig Wirkstoffe – vor allem Mittel aus dem Sexhandel. Apotheken und Naturware-Läden bieten verlässlichere Fertigprodukte oder auch die einzelnen natürlichen Substanzen. Wichtig: Die meisten hier aufgelisteten Mittel wirken kaum, wenn Sie sie nur einmalig anwenden. Versuchen Sie's mehrere Tage hintereinander bis zu einigen Wochen.

Yohimbe, die «Potenzrinde» eines afrikanischen Baums, steigert bei Männern und Frauen die Durchblutung der Sexualorgane, die

Hautsensibilität sowie die gesamte Energie. Das bewiesen weltweite Versuche.

Yohimbe-Fertigpräparate müssen vom Arzt verschrieben werden. Die Rinde kann man aber auch in der Apotheke kaufen: Ein bis drei Teelöffel auf eine große Tasse Wasser und «mindestens zehn Minuten kochen, sonst werden die Stoffe nicht gelöst», sagt der Naturheilkundearzt Dr. Wolfgang Rösner. «Die Zugabe von 1000 mg Vitamin C lässt den Effekt schneller und stärker eintreten und reduziert eine mögliche Übelkeit.» Der Tee schmeckt nämlich scheußlich!

Achtung: Beginnen Sie mit der niedrigsten Dosierung. Denn zu viel davon kann erhöhten Blutdruck, Herzrasen, Übernervosität, Krämpfe und Schlafstörungen verursachen. Leute mit Herz-Kreislauf-Problemen sollten den Tee besser nicht trinken.

Muira Puama, ein Strauch aus dem Amazonas Brasiliens, liefert das «Potenzholz». «Dort wird es traditionell als sexuelles Stimulans für beide Geschlechter verwendet», weiß Dr. Bernhard Uehleke, Wissenschaftler am Lehrstuhl für Naturheilkunde der Universität Berlin. Studien ergaben, dass es bei vielen den Trieb erhöht und die Reaktion der Geschlechtsorgane verbessert. Uehlekes Rezept: «Einen Esslöffel mit einem Drittel Liter Wasser aufkochen und zwanzig Minuten ziehen lassen.»

Ginseng gilt in China schon von jeher als potenz- und lustfördernd; bei uns dient er normalerweise der Stärkung, was ja schon für sich dem Liebesleben nützt. Und manche Heilkundler sagen, er harmonisiere bzw. ergänze die Geschlechtshormone.

Damiana ist eine Pflanze, deren Wurzel als Tee in Südamerika schon seit Jahrhunderten gegen Impotenz, Orgasmusprobleme und weibliche Sterilität getrunken wird. Damiana stimuliert die Zentren im Gehirn, die für die Produktion von Sexualhormonen zuständig sind. Ein Hamburger Ärztepaar testete es in Verbindung mit Ginseng an fünfzig Paaren. 70 % der Frauen und 90 % der Männer berichteten von erfüllterem Sex.

Hafer («Avena sativa»): Schon vor hundert Jahren empfahl der berühmte Homöopath William Boericke Hafer gegen «nervöse Erschöpfung» und «sexuelle Schwäche». Aktuelle US-Studien zeigen, dass Hafer das Lusthormon Testosteron erhöht – fast drei Viertel der getesteten Männer und Frauen gaben eine Verbesserung ihres Sexuallebens an. Allerdings muss man täglich eine ordentliche Portion essen (Müsli, Haferbrot, -kekse) oder Extrakte zu sich nehmen.

Gewürze und Kräuter: Alles, was scharf ist oder wärmt, kann auch «heiß» machen: Chili, Cayenne, Zimt, Kardamom, Galgant, Pfeffer u. a. Je nach Geschmack im Essen oder im Tee.

Petersilie, Brunnenkresse, Rettich, rohes Fenchelgemüse: Laut Dr. Uehleke «erhöhen sie die Tätigkeit und Funktion der Organe des kleinen Beckens» – regen also die Bildung von Sexualhormonen an und füllen die Blase. Eine gefüllte Blase wiederum fördert die Empfänglichkeit des G-Punkts.

Vitamin E wirkt regulierend auf Hormonhaushalt und Empfindungsvermögen.

Koffein ist einigen Mitteln beigemischt, vertreibt lustmindernde Müdigkeit und steigert die Durchblutung. Dr. Uehleke: «Somit kann mit Kaffee, Tee, Cola oft derselbe Effekt erreicht werden wie mit manchen teuren Mittelchen, welche womöglich auch (nur) Koffein enthalten.»

Übrigens: Wovon ich Ihnen abrate, ist die berühmt-berüchtigte «Spanische Fliege» (Cantharis). Sie ist ein hochgiftiger Käfer, der zu Pulver verarbeitet wird und bei uns nicht frei verkauft werden darf, denn er verursacht Haut- und Nierenentzündungen, Krämpfe, Vergiftungserscheinungen und wirkt ab 4 mg tödlich. Erhältlich ist die Spanische Fliege jedoch in homöopathischen Zubereitungen – so stark verdünnt, dass Schulmediziner ihnen die Wirksamkeit absprechen. Giftig sind solche Tropfen zwar nicht, aber meines Erachtens bringen sie auch nichts.

e) Lustmittel für äussere Anwendung

Klar ist das beste Lustmittel dieser Kategorie eine zärtliche Hand oder eine kundig geführte Zunge; aber vielleicht fühlen die sich NOCH ein wenig besser an, nachdem ein aufgetragenes Mittel schon mal die Stimulationsbereitschaft angeheizt hat? Hmm, probieren kann man's ja, zumal oft schon der Akt des Auftragens anheizen kann ... vor allem wenn Ihr Schatz Öle und Co. sanft einmassiert!

Kitzler-Cremes aus dem Sexshop: Bringen die was?

Sie heißen «Kitzler-Reizcreme», «Orgasmus-Creme», «Libido-Creme», «G-Power» oder ähnlich und enthalten Stoffe, die ein lokales Wärmegefühl und leichtes Brennen erzeugen; meist Gewürze wie Cayennepfeffer, Pfeffer, Zimt, Nelke, Rosmarin; ferner Nikotinsäure (Nikotinsäure-Benzylester, Isopropyl-Nicotinat).

Laut einem Hersteller erzeugt so eine Creme, «auf den Kitzler aufgetragen, bei der Frau ein unwiderstehlich schönes Juckgefühl; das sofort auftretende Wärmegefühl stärkt das Verlangen zum Liebesakt. Der Orgasmus der Frau kommt durch den herrlichen Juckreiz fast wie von selbst.»

Wenn das mal so einfach wäre! Die Salben bewirken zwar tatsächlich ein kleines «Britzeln», aber der Effekt hält nur ein paar Minuten an, und für Verlangen wie auch Kommen ist einiges mehr vonnöten.

Die weitaus preisgünstigere Alternative:

Ätherische Öle

Vor allem aus Anis, Rosmarin, Kampfer, Eukalyptus, Koniferen, Minze: Auf die Haut aufgetragen oder als Bad genossen, regen sie die Durchblutung an. Aber Vorsicht! Direkt auf den Genitalien können die Öle brennen! Vorsichtshalber erst Salben mit leichterer Dosierung ausprobieren – oder, falls Sie etwas wie Tigerbalsam oder Erkältungsbalsam anwenden wollen: Verdünnen Sie's mit einer neutralen Grundlage wie Gleitgel oder Vaseline, und zwar mindestens im Verhältnis 1 : 8. Das heißt, auf einen halben Teelöffel Balsam kämen dann vier Teelöffel Grundlage. Gut vermischen und eine erbsgroße Menge auf und um Ihre Erbse streichen.

Sollte der Effekt zu gering sein, können Sie nach und nach etwas mehr von der Wirksubstanz zugeben.

Gewürze

Ebenso können Sie Ihre eigene Kitzler-Reizcreme oder auch ein wärmendes Massage-Öl mit Gewürzen herstellen. Allerdings müssen Sie mit einer noch höheren Verdünnung anfangen als bei den ätherischen Ölen und gegebenenfalls die Gewürzmenge erhöhen.

Geeignet sind zum Beispiel Cayennepfeffer, Chili, Pfeffer, Zimt, Nelke, Ingwer, Galgant oder Kardamom. Und als Grundlage Vaseline, Öl oder Gleitgel.

Warnung: Bevor Sie die selbst gemixten Scharfmacher auf Ihren Schleimhäuten oder größeren Körperpartien anwenden, testen Sie sie bitte in der Armbeuge. Es gibt nämlich auch Allergien gegen Chili, Zimt und Co.

Kapitel 10
Orgasmen für Fortgeschrittene

Wenn Sie zu den Frauen gehören, die selten oder nur unter großen Mühen kommen, bitte ich Sie, zurückzublättern. Das folgende Kapitel nützt eher Frauen, die für sich einen zuverlässigen Weg – oder besser noch, mehrere Wege – zum Gipfel gefunden haben und ausprobieren wollen, ob noch «mehr» drin sein könnte.

a) Techniken zum Intensivieren

Zuerst einmal: Nicht alle Frauen haben starke oder gar mehrfache Orgasmen. Aber es wäre ja schon ein Gewinn, ab und zu intensiver und ausgedehnter zu kommen. Also nicht nur so ein Zwei-Sekunden-Plop, der eher im Unterleib stattfindet, sondern eine satte Woge, die mindestens bis in den Bauch hineinströmt oder auch mal den ganzen Körper erfasst.

Atem

Ein verspannter und verkrampfter Körper tendiert zu flachen, schnellen, kleinen Atemzügen, die mehr im Brustbereich erfolgen. Ebenso atmen auch viele Frauen, wenn sie die Spannung vorm Höhepunkt aufbauen. Die Folge ist, dass der dann auch eher klein und flach ausfällt und im Beckenbereich hängen bleibt.

Tantriker sagen: Wenn es Ihnen gelingt, kurz vorm Kommen und währenddessen **langsam** und **tief** in in Ihren Unterleib zu atmen, ist die Chance größer, dass ein intensiver Ganzkörper-O draus wird. Das ist keineswegs einfach – aber da diese Art zu atmen sich generell positiv auswirkt, wird es Ihnen auch in Sachen Höhenflug etwas bringen.

Üben Sie im Bett, tief in den Unterbauch zu atmen; spüren Sie, wie die Bauchdecke sich hebt und senkt; wie sich beim Einatmen der Beckenboden nach unten wölbt und beim Einatmen nach oben zieht: Einatmen: Beckenboden senkt sich ... Ausatmen: Beckenboden hebt sich ... Einatmen: senkt sich ... usw.

Üben Sie das so oft, bis es wie von selbst geht. Versuchen Sie, das auch beim Solosex beizubehalten. Klappt es? Verbessert es Ihren Höhepunkt? Dann integrieren Sie bewusstes Atmen auch in den Zweierakt. Sobald Sie einigermaßen firm darin sind, können Sie Ihren Partner auch bitten, Atmung und Stoßtakt Ihrem Rhythmus anzunähern. Das verstärkt Ihre eigene «Tiefe» – in allem!

Eine andere Technik besteht darin, **tief** und **schnell** zu atmen – wie bei einer großer Anstrengung. Das bewirkt eine Art leichten Trancezustand im Gehirn, der bei manchen Leuten einen Orgasmus der ganz eigenen Art hervorruft.

Oder Sie können sogar versuchen, in Ihre Liebesperle «hineinzuatmen» – allein schon die lebhafte Vorstellung kann bewirken, dass sich die Durchblutung der Klit deutlich verstärkt und Sie zudem dort Empfindungen besser wahrnehmen. Wenn Sie das eine Weile üben und gut beherrschen, werden Sie merken, wie das kleine Ding pulsiert.

Die «Locker-im-Schritt»-Übung

Neigen Sie zu einer Verkrampfung der Beckenboden- oder Scheidenmuskulatur? Mit dieser Yoga-Technik können Sie sie lockern: Nehmen Sie auf einer Matte oder Decke eine Art Schneidersitz ein, und zwar mit den Fußsohlen aneinander. Halten Sie Ihre Füße mit den Händen zusammen. Sitzen Sie aufrecht, aber bequem. Nun flattern Sie mit den Schenkeln auf und ab – mit variierendem Tempo. Stellen Sie sich dabei einen Schmetterling vor, erspüren Sie, wie sich Ihre Genitalien lockern und mit Leben füllen ...

Multistimulation

In Richtung Ganzkörpergipfel kann's auch gehen, wenn Ihr Liebhaber motorisch so begabt ist, dass er mehrere Ihrer erogenen Zonen gleichzeitig stimulieren kann, z. B. dass er Sie beim Verkehr auch küsst und am Po streichelt oder Sie dabei in den Nacken beißt. Viele Frauen lieben auch zärtliche Küsse auf den Mund und eine Hand an der Brust, während die andere ihren Kitzler reizt. Eine Leserin berichtete mir einmal, sie habe ihre wahnwitzigsten Orgasmen, wenn ihr Schatz an ihren Zehen nuckelt und sie zugleich manuell befriedigt.

Falls Ihr Bettgefährte sich nur auf eine einzige Sache konzentrieren kann, besteht selbstverständlich auch die Möglichkeit, dass Sie Ihre eigenen Hände und/oder vibrierende Dinge mit einbeziehen. Eine Sexdarstellerin, die ich einmal interviewte, verriet mir ihre Lieblingspraktik: Ihr Freund nimmt sie in der Dusche von hinten im Stehen und seift dabei ihre Brüste mit beiden Händen ein, während sie die Handbrause auf ihren Venushügel richtet.

Allerdings, falls Sie zu den Frauen gehören, die Multistimulation zu sehr ablenkt, sollten Sie ihm das sagen! Vicky erzählt:

> «*Obwohl es mich wahnsinnig anmacht, wenn mein Freund meine Brustwarzen leckt oder zart an meinen Lippen saugt, muss er das lassen, wenn ich versuche zu kommen. Denn es zieht meine Aufmerksamkeit und meine Empfindungen zu sehr von meiner Muschi ab.*»

VERLÄNGERUNG

Männer wie Frauen berichten mir: Fallen Vorspiel und Hauptakt besonders lang aus, tut das meist auch das Finale. Das gilt natürlich nicht für die Frauen, bei denen es lange dauert, weil sie immer wieder abstürzen. Sondern für die Paare, die so gut mit ihrem Körper und miteinander umgehen können, dass es ihnen gelingt, die Erregung eine ganze Weile auf hohem Niveau beizubehalten. Sie ziehen das Liebesspiel manchmal bewusst in die Länge, um ein Höchstmaß an Lust zu erreichen – und demgemäß ein Höchstmaß an Höhepunkten.

Dieses Prinzip können Sie auch bei der Selbstliebe antesten: Bringen Sie sich einige Male bis kurz vor den Gipfel, lassen Sie die Erregung ein klein wenig abklingen, jagen Sie sich wieder hoch usw.; oder zögern Sie's hinaus, indem Sie die Stimulation oder Position ändern.

SLOW SEX

Ein Mann, der das gut draufhat, kann eine Frau zum Zittern bringen – vor Wollust! Zum Beispiel indem er gaaanz langsam Zentimeter für Zentimeter eindringt, sich wieder zurückzieht, sich noch etwas weiter vortastet, wieder zurückgeht, und so weiter, bis er ganz drin ist. Dann ein paar tiefe Stöße, und das Ganze wieder von vorn.

In der asiatischen Liebeskunst gibt es auch folgende Technik: Er stößt neunmal flach (also dringt sachte und nur ein Stück weit ein), einmal tief, dann achtmal flach, zweimal tief, dann siebenmal flach, dreimal tief und so weiter. Ist er bei «neunmal tief» angelangt, geht's rückwärts wieder zum Anfang.

Tantrischer Orgasmus (eine Variante)

Sie nehmen die Yab-Yum-Stellung ein: Man sitzt einander zugewandt auf dem Bett oder auf Kissen, verschlingt die Beine hinter dem Rücken des anderen (der Mann kann auch in den Schneidersitz gehen), vereinigt Penis und Vagina.

Beide halten ganz still, fügen jeweils die Genitalien, Münder und Arme/Hände zusammen und bilden so einen energetischen Kreis; sie walkt seinen Penis mit rhythmischem An- und Entspannen ihrer Scheidenmuskeln durch (er wird entzückt sein!). Nach etwa fünfzehn Minuten kann sich, so die Frau denn eine verdammt gute interne Muskulatur hat, ein tantrischer Orgasmus einstellen: elektrisierend, verbindend und intensiv.

Erden

Achten Sie mal drauf, ob es für Sie orgasmustechnisch einen Unterschied macht, dass Ihre Füße beim Beischlaf «geerdet» sind, also sich abstützen können und festen Halt haben. So können Sie das Becken besser ent- sowie auch willentlich anspannen, und Sie können es besser in die optimale Position rücken – oder auch Bewegung und Takt vorgeben.

Kopf runter

Manchmal beschleunigt oder verstärkt ein tiefer gelegter Oberkörper den Höhepunkt – durch den Blutandrang im Hirn. Drapieren Sie sich über die Bettkante, sodass Sie ab etwa der Hälfte des Rückens nach unten hängen. Legen Sie ein oder zwei Kissen unter sich auf den Boden, damit Sie sich nicht den Kopf anstoßen. Ihr

Partner liegt oder sitzt auf Ihren Hüften und tut das, was Sie auch sonst nach oben bringt.

BAUCHDRUCK

Während des Verkehrs (oder auch während Sie sich selbst beglücken) drücken Sie oder er kräftig mit der flachen Hand auf Ihren Unterbauch, und zwar genau oberhalb dessen, wo der Schamhügel aufhört. Diese Technik kann vor allem die vaginale Stimulation verstärken, gelegentlich auch die klitorale.

WEICHMACHER

Einigen Frauen hilft es, tiefe Hingabe zu erreichen, indem sie erstens beim Beischlaf ganz passiv sein dürfen und zweitens sich etwas vorstellen wie: Ich werde ganz weich – ich lasse ihn in mich hinein – ich spüre ihn sehr tief – es ist gut so – ich lasse es geschehen – ich verschmelze mit ihm – ich zerfließe vor Lust …

Sie werden eins mit Ihrem Unterleib, mit Ihrer Vagina, ja sogar mit Ihrem Liebhaber; selbst wenn die Stimulation an sich keine besonders orgasmusträchtige ist, kann allein das schöne Gefühl des «Davongetragen-Werdens» oder «Vor-Lust-Zerfließens» einen Höhepunkt schenken. Vielleicht fühlt er sich anders an als die, die Sie bis dahin hatten, aber schööön …!

Kleiner Nachteil: Ihr Gefährte spürt es auch, dass Sie weich und locker werden. Vielleicht geht für ihn sogar zu viel Reibung verloren. Dafür gibt's aber eine ganz einfache Lösung: Nehmen Sie Ihre Beine eng zusammen!

GEISHA

Für nicht allzu viele, aber doch einige Frauen kurbelt es die Lust und den Zieleinlauf an, indem sie beim Paar- oder auch Solosex mit ihren Vaginalmuskeln spielen; das heißt sie immer wieder an- und entspannen, als wollten sie seinen Stängel melken. Zumindest dem Manne bereitet's Freude, und es ist auch eine gute Technik, um ihn bei Laune und Härte zu halten, während er Sie zum Gipfel kitzelt.

b) Der mehrfache Orgasmus

Jemand fragte mich einmal: «*Was ist ein multipler Orgasmus genau? Ist das, wenn die Frau ganz schnell hintereinander mehrere Orgasmen hat oder wenn sie in gewissen Abständen – sagen wir mal mit zehn oder zwanzig Minuten dazwischen – mehrmals kommt?*»

Beides. Bei der Frau klingt ja die Erregung nach dem Finale nicht so schnell ab wie beim Mann, das heißt, ihr Körper bleibt eine Weile auf einem hohen Lustlevel. Es braucht dann nicht viel, um ihr weitere Gipfel zu bescheren. Behält der Partner die Stimulation bei (per Hand, Zunge oder Penis), hat sie noch so viele Höhepunkte, wie ihr aktuelles Orgasmuspotenzial eben hergibt. Ein paar wenigen Frauen wird das Glück eines «Dauerorgasmus» zuteil, der minutenlang anhalten kann und meist wie eine lange, auf und ab wogende Welle verläuft.

Andere Frauen brauchen eine gewisse kleine Pause, das heißt, die Erregung geht zwar nach dem O weiter runter als beim eben geschilderten Fall, aber sie benötigen nicht so eine lange «Refraktärzeit» wie der Mann. Durch Zärtlichkeiten, Vorspiel und/oder Sex hat er sie relativ schnell wieder so weit, dass sie erneut kommt. Manche Frauen kann mann da schon mal im Verlauf von ein, zwei Stunden mehrfach glücklich machen. Gesetzt den Fall, er weiß genau, was er bei ihr zu tun hat.

Können das im Prinzip alle Frauen und vielleicht Männer

auch? ALLE Frauen nicht gerade, aber laut der Studie der Berliner Charité waren 56,9 % der teilnehmenden Frauen dazu fähig. Natürlich kommen viele davon nur gelegentlich multipel – wobei die Fähigkeit dazu in jungen Jahren seltener ist und im Laufe der Zeit zunimmt.

Warum haben so viele Frauen mehrfache Orgasmen und so extrem wenig Männer? Vermutlich weil Männer nach der Ejakulation eine Erholungspause brauchen, damit neuer Samen bereitgestellt werden kann. Da dies bei uns nicht nötig ist, kann sich unsere Scheidenmuskulatur immer wieder lustvoll zusammenziehen – bis sie ausgereizt ist.

Allerdings gibt es auch Frauen, die nach einem Orgasmus «genug» haben oder dann an den Genitalien so überempfindlich sind, dass sie keine weitere Stimulation vertragen. Ich habe bei meiner Recherche den Eindruck gewonnen, als ob das eher die Mädels sind, die rasch und leicht gipfeln.

Ist das nicht ausgleichende Gerechtigkeit? Die, die's zum Gipfel länger und schwerer haben, kommen oftmals auch länger und intensiver oder sogar multipel.

Wie kann man aus einem einfachen O einen mehrfachen machen?

Da gibt's verschiedene Möglichkeiten, und alle kann frau auch gut beim Masturbieren üben!

- **Nach dem ersten Höhepunkt einfach dranbleiben** (mit Hand, Mund, Penis, Vibrator …):

  Das heißt, nicht nur der Partner muss seine eben angewandte Technik verlängern, sondern auch die Frau muss das beibehalten, was bei ihr zum Orgasmus verhilft: Sei es eine hohe Muskelspannung in Unterleib und Beinen, seien es schmutzige Phantasien oder das Gefühl des wohligen Loslassens …

  Lisa erzählt: «*Früher hab ich immer nach dem ersten Höhepunkt aufgehört, also hab meine Hand weggenommen oder meinen Partner*

weggedrückt. Jetzt mache ich schön weiter, oder er tut das, und ich versuche es einfach auszuhalten. Das wird manchmal ganz schön mächtig, man denkt, man hält es nicht mehr aus. Aber man hält es aus! Und es kommen noch ein paar Explosionen!»

- **Kleine Pausen einlegen, aber Erregung aufrechterhalten:**
Nicoles Methode geht so: «*Ich brauche zwar relativ lange, um zu kommen, aber dann hält diese schöne Anspannung lange an. Nach dem ersten Orgasmus oder den ersten zweien ist meine Perle oft etwas überfordert; dann lasse ich sie in Ruhe, lege stattdessen die flache Hand auf meine Scham und mache eine große kreisende Bewegung. Das reicht, um die Erregung beizubehalten (na ja, plus ein paar Phantasien). Nach ca. zwei Minuten kann ich wieder an die Perle gehen und mich nochmal hochpushen. Und nochmal Pause und nochmal hoch. Dann ist meistens Ende.»*

- **Die Stimulation oder Lage wechseln:**
Britta ändert ihre Position: «*Ich masturbiere im Sitzen, und zwar auf meinem Bett. Und nach der ersten Gipfelwelle lege ich mich rasch zurück, strecke die Beine ganz stark bis in die Zehenspitzen und mache die ganze Zeit weiter mit meiner Eigenberührung. Auf diese Art habe ich noch mindestens zwei weitere Wellen.»*

Angelika nutzt Technik: «*Am besten geht's bei mir mit meinem Lieblingsvibrator. Erst mal wende ich ihn ganz normal an, halte ihn also an die Klit. Wenn ich dann die ersten ein, zwei Mal gekommen bin, schalte ich entweder auf ‹pulsierend›, oder ich führe ihn mir ein – oder beides. Oder ich spiele damit an mir rum. Für was Dreifaches reicht's immer, ich hab's aber auch schon auf ca. fünfzehn Orgasmen gebracht.»*

Ulla ersetzt klitorale Reize durch vaginale: «*Ganz oft, wenn mein Mann mich mit der Hand oder der Zunge zum Höhepunkt gebracht hat, bitte ich ihn: ‹Schnell, schnell, komm in mich rein!› Dann dringt er ein und stößt mich ziemlich fest, was mir noch ein paar Höhepunkte einträgt. Manchmal ist er nicht mehr hart genug zum Eindringen, dann reibe ich ihn rasch mit der Hand und bringe dabei mei-*

nen Eingang schon ganz nah an seine Penisspitze. Das erregt ihn so, dass es gleich losgehen kann. Wenn wir dazwischen nämlich zu viel Zeit verlieren, klappt das mit meinen verlängerten Höhepunkten nicht mehr.»

Ein Wort an die Männer

Andreas, 33, wandte sich mit folgendem «Problem» an mich:
«Ich hatte schon Frauen, die mehrmals kommen konnten. Bei meiner jetzigen Partnerin klappt's aber nur einmal, dann ist Schluss. Ich möchte sie aber gern zwei- bis dreimal hintereinander befriedigen, weil ich weiß, dass eine Frau das braucht.»

Falsch – lang nicht alle Frauen brauchen das. Vermutlich hat seine Aktuelle ebenso wenig diesen Wunsch geäußert wie die Freundin des ehrgeizigen Marcel aus Kapitel 3.

Es ist doch schon mal wunderbar, wenn eine Frau überhaupt einigermaßen zuverlässig kommt. Die meisten sind dann zufrieden, und wenn's noch ein paar Höhepunkte obendrauf gibt, ist das toll, aber eben ein «Extra», was frau nicht unbedingt erwartet.

Die Frage ist auch: Will Andreas ihr gern ein paar aneinander gereihte Os machen, oder meint er zwei bis drei komplette Akte? Falls Letzteres: Das ist vielen Frauen zu anstrengend und führt auch zu einer Art Überdrussgefühl oder sogar Wundheit, besonders falls der erste Akt intensiv oder ausdauernd genug war.

Ich habe das Gefühl, oft ist es nur (falscher) männlicher Ehrgeiz, es einer Frau mehrfach zu «besorgen», und nicht ihr eigenes Bedürfnis. Ganz schlichter Tipp: die Betreffende einfach fragen! Und falls sie sagt, einer reicht ihr, dann glauben Sie ihr und setzen Sie ihr nicht zu. Antwortet sie jedoch, sie hätte gern mehrere, können Sie beispielsweise den ersten per Vibrator hervorrufen (solche Orgasmen sind oft «flacher»), den zweiten per Hand oder Mund, den dritten per Verkehr.

Eine andere Technik besteht darin, wie oben erwähnt, die Stimulation nach ihrer ersten Woge einfach beizubehalten. Dazu möchte ich noch einmal den fingerfertigen Frauenkenner aus Kapitel 8 zitieren: Seine «extrem leichte Berührung funktioniert so gut, weil die Frau dann nicht so schnell überreizt ist; da ist Potenzial für mehr». Und zwar nicht nur überhaupt für einen Orgasmus, sondern sogar für mehrere.

c) Vaginaler Orgasmus für klitorale Frauen

Sie sind bis jetzt immer über Ihre kleine Wunderperle gekommen? Möchten aber so gern mal erleben, wie sich ein «Vaginaler» anfühlt?

Am einfachsten ist's natürlich, wenn Ihr Partner mit Ihnen verkehrt und gleichzeitig seine Hand an Ihrem Lustknopf betätigt (siehe dazu Kapitel 8, Punkt B). Dass das auch seine Tücken hat, beschreibt die 27-jährige Meike:

«Ich gehöre zu den Frauen, die beim reinen Verkehr nicht kommen, aber bei der ‹Handarbeit› schon. Seltsamerweise schaffe ich es nicht, wenn sein Glied während der Handarbeit in mir drin ist.»

So seltsam ist das nicht. Es liegt wahrscheinlich daran, dass sie beim Masturbieren sexuelle Phantasien benutzt und beim Akt mit dem Freund nicht – und weil sie das Stoßen ablenkt.

Mein Tipp: Meike sollte ihn bitten, zwar während der Handarbeit mit dem Penis in ihr zu bleiben – aber dort stillzuhalten. Dann sollte sie ruhig ihr Kopfkino einschalten. Oft kostet es mehrere Anläufe, bis das erfolgreich verläuft. Klappt es irgendwann regelmäßig, kann er mit vorsichtigen Stoßbewegungen anfangen. Und sobald sie auch auf diese Art regelmäßig kommt, ist der Weg zum freihändigen Orgasmus oft nicht mehr weit. Oft! Verzagen Sie nicht, wenn's nicht geht. (Recht nützliche Zusatzmethoden sind die Techniken «Bauchdruck» und «Weichmacher», S. 240)

Eine zweite recht effektive Methode besteht darin, die Frau per Hand oder Mund bis ganz kurz vors Abheben zu bringen und dann durch Stoßen weiterzumachen – möglichst mit der Stoßart, die sie am meisten antörnt. Der Übergang muss nahtlos und fließend sein, gefragt ist also eine stabile Erektion. Falls es da beim Manne hakt, hilft ein Penis- oder Cockring. Oder dass die Frau, während er sie stimuliert, das auch bei ihm tut, falls es sie nicht zu sehr ablenkt: mit der Hand an seinem besten Stück, in der 69er-Position oder indem sie ihre Vaginalmuskeln rhythmisch bewegt, während er in ihr steckt.

Methode Nummer drei besteht darin, dass Sie einen Weg finden, Ihren Hot Spot beim Beischlaf so zurechtzurücken, dass er genug abbekommt. Das können die Positionen sein, die ich in Kapitel 8 Punkt B erwähne, oder Ihre eigene kreative Lösung, wie sie Silke entwickelt hat:

«Wenn ich in der Missionarsstellung meine Beine eng zusammennehme und meinen Mann ein Stück nach oben ziehe,[19] ist die Reibung schon sehr intensiv und ziemlich nah an meiner Kleinen Doris. Mein Mann stützt sich weit genug ab, dass ich mit den Händen zwischen uns greifen kann und meinen Venushügel so nach vorn drücke, dass die Kleine bei jedem Stoß seinen Schwanz berührt. Manchmal öffne ich sogar mit je zwei Fingern von beiden Händen die Schamlippen ein bisschen, sodass der Kontakt noch direkter ist.»

---

[19] Silke kombiniert zwei Stellungen, die ich in Kapitel 8 beschrieben habe: «Klemmi» und «CAT» (siehe S. 189 u. 191).

d) «Nichtgenitale» Orgasmen über die Brust, den Nacken, den Mund ...

In einer US-Studie gaben 30 % der befragten Frauen an, über die Brust kommen zu können, 20 % über den Mund. Männer: 26 % durch anale Reizung, 7 % über die Brustwarzen. Manche Menschen haben auch Orgasmen über den Nacken, die Ohrläppchen, die Schenkelinnenseiten, die Kopfhaut o. Ä.

25 % der Frauen und 21 % der Männer hatten *mentale* Orgasmen erlebt, also ohne jeglichen Körperkontakt! Und da sind noch nicht einmal die Höhepunkte im Schlaf mitgezählt. Fast alle Männer kennen das Phänomen der «feuchten Träume», also eines nächtlichen Ergusses, der allerdings nicht unbedingt mit Gipfelgefühlen verbunden ist. Auch manche Frauen haben Schlaforgasmen, wenn auch viel seltener.

All diese Phänomene beweisen, dass Orgasmen nicht so stark von genitaler Stimulation abhängen, wie wir gemeinhin annehmen. Das Reizen der Genitalien ist zwar meist der schnellste Weg, aber eben nicht immer und nicht bei allen. Sollten Sie zu den Frauen gehören, die über die Kniekehlen kommen können, dann bringt es möglicherweise allen Beteiligten nur Verdruss, wenn Ihr Lover eine halbe Stunde lang zwischen Ihren Beinen züngelt.

Kann man es «lernen», über andere Stellen als seine gewohnten zu kommen? Wenn, dann geht das wohl am ehesten an Stellen, die ohnehin schon sehr erogen sind. Sexbuchautor Paul Joannides fand heraus: «Menschen, die eins ihrer Sinnesorgane verloren haben, wachsen nicht plötzlich neue, um den Verlust auszugleichen. Sie sind vielmehr dazu gezwungen, ihre verbleibenden Sinne besser zu nutzen. Dies lässt die Vermutung zu, dass viele von uns größere sexuelle Lustgefühle in anderen Teilen unseres Körpers empfinden können, wenn wir lernen, sie zuzulassen.»

Das kann ich bestätigen. Einer meiner Exfreunde war an den

Ohren extrem erregbar. Ab einem bestimmten Punkt hielt er mich davon ab, an seinen Ohren zu züngeln, und ging zum Sex über. Irgendwann bat ich ihn, mich weitermachen zu lassen – und er erlebte einen «Ohrgasmus»! Ähnliches wurde mir von einem Leser berichtet, dessen Frau sehr erogene Zehen hatte.

Manchmal kann man auch nichtgenitale Stellen mit genitaler Stimulation koppeln und so diese Stellen zu orgasmischen Zonen machen. Beispiel: Für Sie ist es erregend, im Nacken geküsst und beknabbert zu werden. Je erregter Sie sind und je intensiver Ihr Nacken liebkost wird, desto mehr kribbelt es auch unten. Wenn Ihr Partner die Nackenliebkosung mit einer Stimulation Ihrer O-Zone (z. B. Kitzler) kombiniert, kann das den Orgasmus beschleunigen oder intensivieren. Macht er das öfter, kann es sein, dass Sie irgendwann sogar allein über den Nacken gipfeln.

Übrigens könnte so auch ein Kitzler-Orgasmus für «rein vaginale Frauen» entstehen!

e) Gemeinsamer Orgasmus

In vielen Filmen, TV-Serien und in Sex-Blättern erleben Paare reihenweise gleichzeitige Höhepunkte; so entsteht der Eindruck, als ob das ein Leichtes, ja fast die Normalität wäre. In der Realität kommen sie viel seltener vor, weil es wirklich schwierig ist, das so exakt zu timen – manche Männer haben's drauf, für Frauen ist es fast ein Unding.

Die Natur hat den Mann nun mal als ICE eingerichtet, der aufs Ziel zudonnert, während sich der «Bummelzug Frau» langsam den Berg hochackert. Wollen beide zugleich auf dem Gipfel sein, muss der ICE seinen Dampf drosseln oder sogar mal stoppen. Wenn er ihr natürlich schon vor seiner eigenen Fahrt geholfen hat, fast bis oben zu gelangen, kann er dann selbst gern Vollgas geben.

Und was, wenn sie auch noch zu den Frauen gehört, die's nur per Hand- oder Mundbetrieb schaffen? Da kommt ein «Gipfeltreffen» nur durch kreatives Herumprobieren und ein paar Kniffe zustande, zum Beispiel indem man eine Stellung findet, in der er gleichzeitig gut verkehren und sie am Kitzler streicheln kann (siehe Kapitel 8). Aber auch das ist nicht so einfach: Erstens stört manche Frauen das Stoßen bei ihrer Konzentration, wie das Beispiel von Meike (S. 245) zeigte; zweitens können viele Männer nicht kommen, solange sie ihre Aufmerksamkeit auf die Feinarbeit an der Frau richten. Viele lösen es mit «Ladys first» und laufen dann gleich selbst ins Ziel ein. Möglicherweise kommt sie ja mehrmals, und er kann sich da einklinken.

Doch die Frage ist ohnehin: Muss es wirklich genau gleichzeitig sein? Klar ist man dann zusammen fertig, und keiner hinkt nach; aber oft bewirkt gerade das Streben nach dem Simultan-Finale, dass die Frau gar nicht ankommt. Mein Rat: Versuchen Sie's nur dann, wenn es für Sie kein Muss darstellt!

Letztlich möchte ich Ihnen auch hier das ans Herz legen, was ich immer wieder betone: Geben Sie nichts drauf, was jemand anders oder «die Allgemeinheit» im Bett angeblich alles macht oder kann. Es kommt allein darauf an, welche Art von Sex *Ihnen* ein entspanntes und entspannendes Vergnügen bereitet.

Liebe, Lust & Sex bei rororo

Eva B.
Mit dem Schmerz gehör ich dir
Bekenntnisse einer Masochistin
rororo 62222

Ich trage Striemen
wie andere Frauen ihren Ehering
rororo 62503

Kathrin Passig/Ira Strübel
Die Wahl der Qual
*Handbuch für Sadomasochisten
und solche, die es werden wollen*
rororo 62408

Beatrice Poschenrieder
Der beste Sex aller Zeiten
*Eine Expertin verrät, wie Sie
jede Frau glücklich machen*
rororo 61590

**Stöhnst du noch
oder kommst du schon?**
Der sichere Weg zum Orgasmus
rororo 62071

Christiane Bongertz
Das Flirtbuch für Frauen
rororo 61697

Nicole Kuhlert
Die Nummer mit der Nummer
Mein Leben mit der Hotline

rororo 62202

Weitere Informationen in der Rowohlt Revue oder unter www.rororo.de

Liebe und Partnerschaft bei rororo

Warum wir aufeinander fliegen – und wie wir dabei Bruchlandungen vermeiden

Michael Mary
Lebt die Liebe, die ihr habt
Wie Beziehungen halten
rororo 62451

M. Hassebrauck/B. Küpper
Warum wir aufeinander fliegen
Die Gesetze der Partnerwahl
rororo 61347

H.-W. Bierhoff/E. Rohmann
Was die Liebe stark macht
Die neue Psychologie der Paarbeziehung. rororo 61669

Robin Norwood
Wenn Frauen zu sehr lieben
Die heimliche Sucht, gebraucht zu werden. rororo 19100

Wolfgang Schmidbauer
Die Angst vor Nähe
rororo 60430

Die heimliche Liebe
Ausrutscher, Seitensprung, Doppelleben. rororo 61129

Peter Lauster
Die Erotikformel
Leidenschaftlich leben in Liebesbeziehungen. rororo 62022

Phillip von Senftleben
Das Geheimnis des perfekten Flirts
So werden Sie unwiderstehlich

rororo 62397

Weitere Informationen in der Rowohlt Revue *oder unter* www.rororo.de

Michael Lukas Moeller

Die Wahrheit beginnt zu zweit
Das Paar im Gespräch
rororo 60379

Die Liebe ist das Kind der Freiheit
rororo 60594

Gelegenheit macht Liebe
Glücksbedingungen in der Partnerschaft. rororo 61169

Leben. Lieben. Wege zum Glück.

Bestseller von Michael Lukas Moeller, Peter Lauster und Jürg Willi

Peter Lauster

Die Liebe
rororo 17677

Stärkung des Ich
rororo 62036

Stärkung des Ich/Selbstbewußtsein
rororo 62043

Lebenskunst
rororo 62040 (Juli 2009)

Ausbruch zur inneren Freiheit
rororo 62041

Jürg Willi

Psychologie der Liebe
Persönliche Entwicklung durch Partnerbeziehungen. rororo 61634

Was hält Paare zusammen?
Der Prozess des Zusammenlebens in psycho-ökologischer Sicht
rororo 60508

Die Zweierbeziehung
Spannungsursachen – Störungsmuster – Klärungsprozesse – Lösungsmodelle
rororo 60509

Weitere Informationen in der Rowohlt Revue *oder unter* www.rororo.de

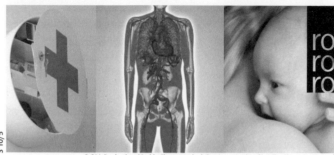

© 81A Productions/Corbis; Shutterstock; Grönemeyer Institut für MikroTherapie, Bochum

Kompetente Ratschläge, Tipps und Antworten für ein gesundes Leben

Petra Lukasch
Leichter durchs Leben
*Ohne Diät für immer schlank.
Erfolgsrezepte einer Bäckersfrau*
rororo 62324

Dr. Johannes G. Mayer
Das geheime Heilwissen der Klosterfrauen. rororo 62373

Susanne Holst
Klug essen – gesund bleiben
rororo 62381

Uta König
Wir wollen ein Baby
rororo 61561

Mechthild Scheffer
Die Original Bach-Blüten-Therapie zur Selbstdiagnose
rororo 61939

Geneen Roth
Essen als Ersatz
Wie man den Teufelskreis durchbricht
rororo 61965

Dietrich Grönemeyer
Grönemeyers neues Hausbuch der Gesundheit
Das umfassende Nachschlagewerk bei medizinischen Fragen und Problemen von Deutschlands bekanntestem und beliebtestem Arzt.
978-3-498-02503

Weitere Informationen in der Rowohlt Revue oder unter www.rororo.de

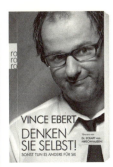

Vince Ebert
Denken Sie selbst!
Sonst tun es andere für Sie
Vince Ebert, der lustigste Physiker Deutschlands, klärt schonungslos auf. «Denken Sie selbst!» ist ein humorvolles Plädoyer für den eigenen Kopf. Dieses Buch ersetzt endlich nervige Halbbildung durch sympathisches Dreiviertelwissen.
rororo 62386

Humor von klugen Köpfen: Ansteckend lustig

Dr. med. Eckart von Hirschhausen
Glück kommt selten allein ...
Jeder ist seines Glückes Schmied. Und so sieht es auch aus: reichlich behämmert. Beim Zimmern unseres Glücks hauen wir uns oft genug mit dem Hammer auf den Daumen. Wenn aber Dr. Eckart von Hirschhausen humorvoll über das Glück schreibt, lässt der Schmerz nach.
978-3-498-02997-5

Die Leber wächst mit ihren Aufgaben
Arzt, Kabarettist und Bestsellerautor Dr. Eckart von Hirschhausen kennt sich aus im Leben. Mit diagnostischem Blick entdeckt er das Komische in Medizin und Alltag und kommt zu erstaunlichen Ergebnissen ...
rororo 62355

Weitere Informationen in der Rowohlt Revue *oder unter* www.rororo.de

1, 2, 3, 4 oder 5 Sterne?

Wie hat Ihnen dieses Buch gefallen?

Bewerten Sie es auf
www.LOVELYBOOKS.de
Die Online-Community für alle, die Bücher lieben.

Klicken Sie sich rein und
bewerten Sie Bücher,
finden Sie Buchempfehlungen,
schreiben Sie Rezensionen,
unterhalten Sie sich mit Freunden
und entdecken Sie vieles mehr.

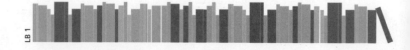